災害対応の地域研究 1

復興の文化空間学

ビッグデータと人道支援の時代

山本博之 著

京都大学学術出版会

津波（2004年スマトラ島沖地震・津波、バンダアチェ）

地震列島インドネシア

インドネシアは、地震・津波や火山噴火をはじめ、「災害のスーパーマーケット」と呼ばれるほどさまざまな災害に襲われてきた。2004年12月26日にスマトラ島沖で発生した巨大地震によって生じた大津波はインド洋沿岸諸国を襲い、死者・行方不明者は14か国で22万人以上、インドネシアだけでも17万3000人に上った。津波が街を襲う映像は報道を通じて伝えられ、世界中の人々が津波の脅威に衝撃を受けた。

地震（2006年ジャワ地震、バントゥル）

地すべり（2009年西ジャワ地震、チアンジュル）

スマトラの浜と山

世界第6位の面積を持つスマトラ島は、島の西側を南北に脊梁山脈が貫き、深い森に覆われている。人々は海沿いや尾根筋を通じて移動し、海岸沿いの平野部や内陸山間部の盆地に固有の生活世界が発展してきた。1970年代以降に経済開発の波が及ぶことで、浜の世界と山の世界の間の隔たりが拡大・固定化されていった。

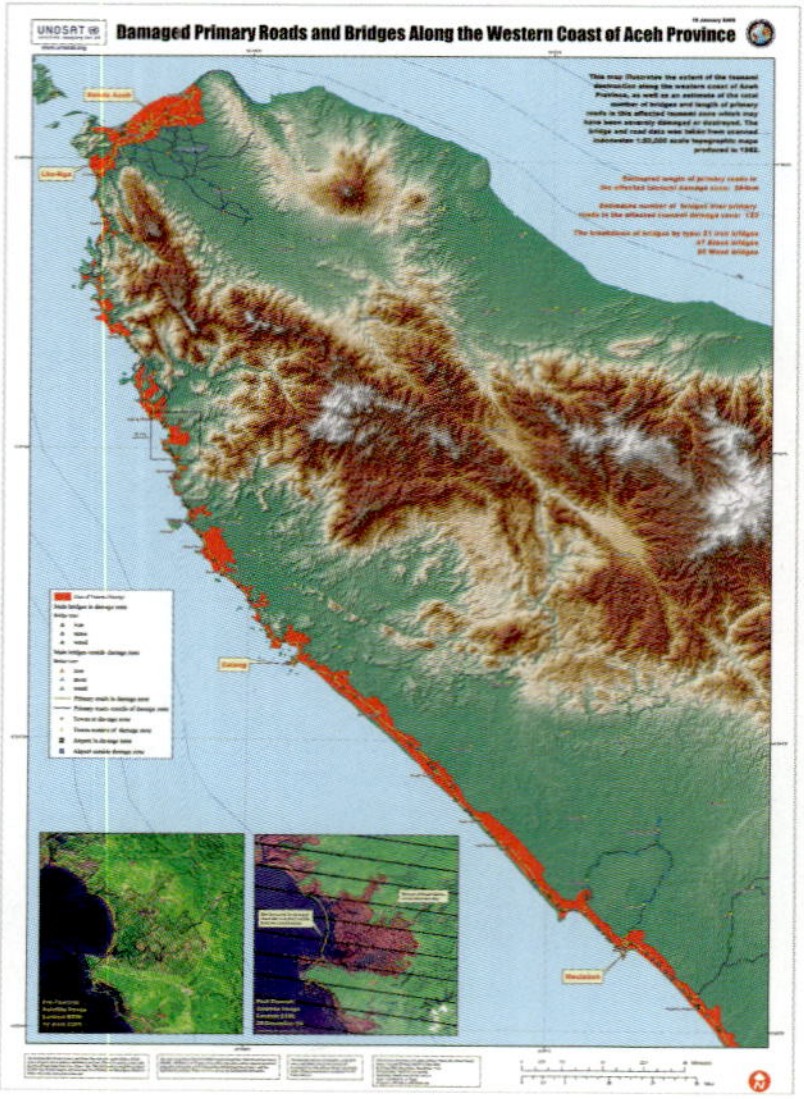

山と浜からなるスマトラの地図（赤色部分はスマトラ島沖地震・津波で浸水した地域。UNOSAT Maps より）

上）山あいの村
中）尾根筋の道。大雨で崩れやすい。
下）海岸沿いに発達する幹線道路。2004年スマトラ島沖地震・津波では幹線道路が寸断され救援活動の障害となった。

自助・共助・公助そして外助

災害は、その社会が潜在的に抱える課題を露わにし、社会の弱い部分に大きな被害を与える。被災地では、地元の人と域外からの支援者がともに復興再建に取り組む。危機への対応は、自分で守る自助、地域社会で助け合う共助、行政を通じて対応する公助に加え、国内外の被災地以外の社会から救いの手が差し伸べられる外助が大きな役割を担う。

上）壁新聞で情報を収集する被災者（第３章を参照）

中左）災害対策本部のメディアセンターでプレスリリースを確認する支援団体スタッフ

中右）被災者と支援者を橋渡しするアチェ・ニアス復興再建庁（BRR）のメディアセンター

下）国際スタッフ、地元スタッフ、地元住民のミーティング

右）仮設住宅での水の配給

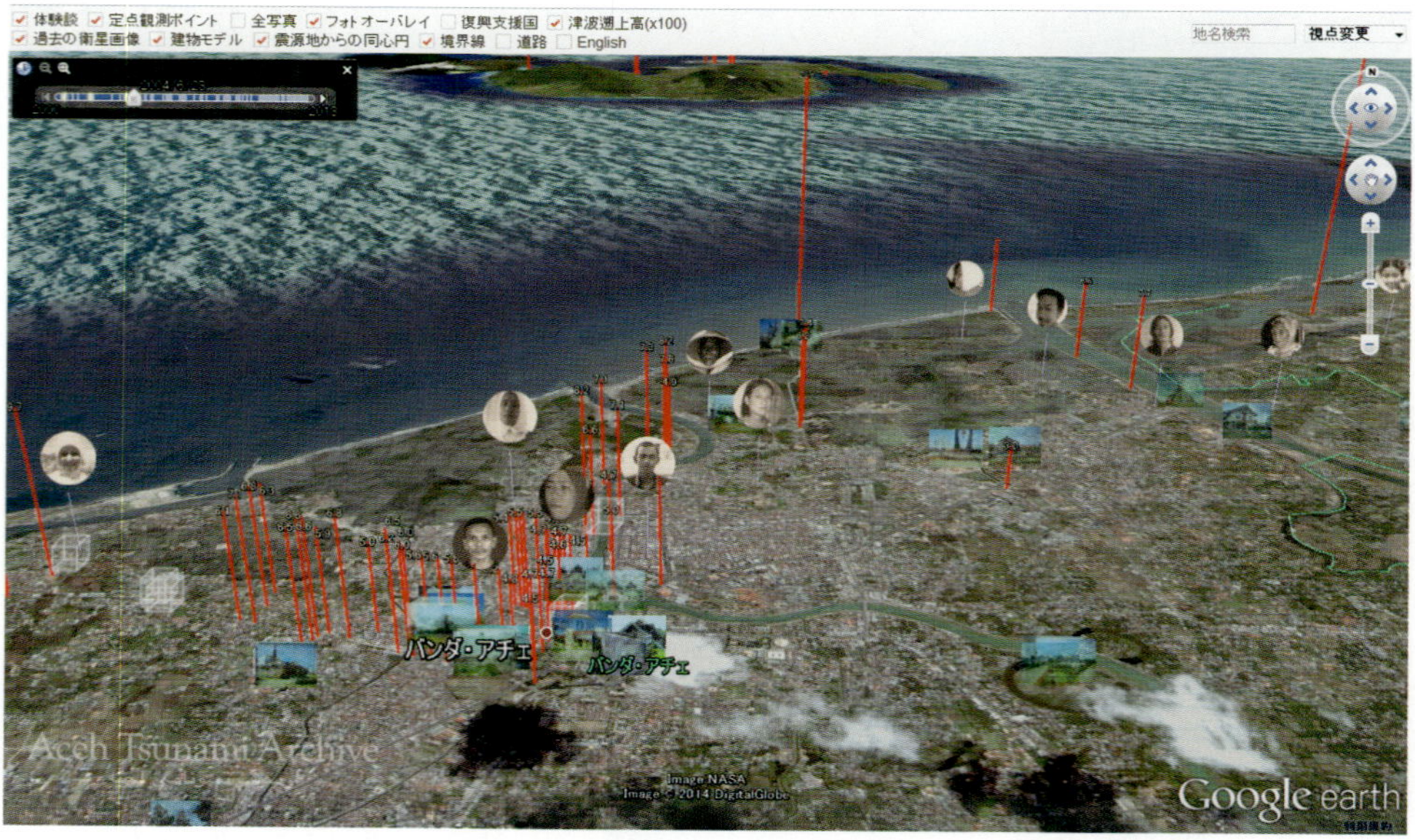

仮想地球儀の上に津波遡上高、生存者の証言、被災から現在までのアチェの様子を示す画像データ等を表現した「アチェ津波アーカイブ」（http://aceh.mapping.jp/）より

伝える知——支援・復興・防災

災害による喪失や再生は当事者にとって一回限りの経験だが、災害は繰り返し起こる。被災地と外部社会の人々がともに被災と支援・復興の経験を記録し継承することは、被災地や被災者の再生を支えるだけでなく、地域と世代を超えて人々の営みを結びつけ、次の災害への備えともなる。

復興を記録することは変化を記録することである。左は津波被災から2か月後、右は被災から2年後のバンダアチェ市街の様子

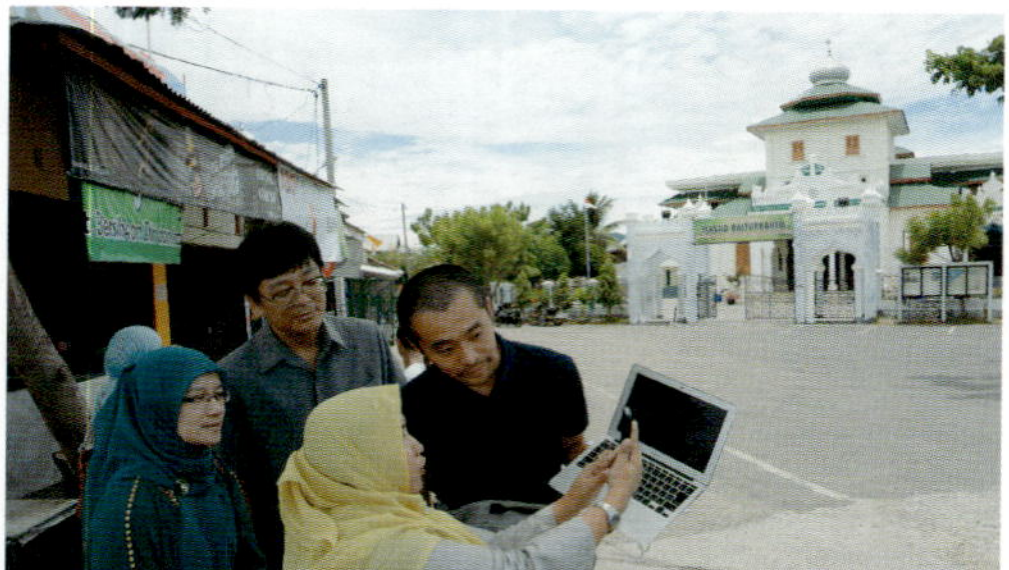

街全体を博物館に見立てるアチェ津波モバイル博物館の取り組み。モバイル端末を活用して目の前の景色に重ねて被災から復興の過程をたどれるようにする（第8章参照）。

「災害対応の地域研究」シリーズの刊行にあたって

山本　博之

東日本大震災と福島原発事故が発生した二〇一一年、日本社会は大きな変容を迎えた。震災と原発事故からの復興への長い過程が始まったことだけではない。「正しさ」に対する信頼が大きく揺らいだためである。

高さ一〇メートルに及ぶ頑丈な防潮堤が津波で破壊されることや、中東諸国で「民主化」運動が起こって長期政権が倒されることは、各分野の専門家にとっても想定外のことだった。私たちは自然現象でも社会現象でも想定外の事態が生じうることを改めて思い知らされた。また、震災と原発事故への対応を通じて既存の権威への信頼が崩れ、政府、マスコミ、学者、大企業などが発表する情報は常に信用できるわけではないという認識が広まった。現実社会の諸問題に対して誰もが納得する正解はもはやどこにも存在せず、私たちはどの選択肢にもリスクがあることを承知した上で自己の責任で一つ一つ決断していかなければならない状況に置かれている。そこでは、宗教や国家・民族といった古くからある規範も、科学技術のような客観性と合理性に重きを置く立場も、さらには個人的な信念や妄想までもが対等に扱われ、議論を通じて立場の違いが解消されることはほとんど期待できない。しかも、社会が深刻な亀裂を抱えているだけでなく、その亀裂ゆえに今の社会を次の世代に渡せるかどうかも危ぶまれている。

これは日本国内に限った問題ではない。今日では世界から孤立して生きていくことは不可能だが、だからといってボーダーレスでフラットなグローバル人になれれば幸せになれるという考え方にも現実味は感じられない。世界は繋がっているため、自分だけよい生き方をしようと努力しても幸せが得られるとは限らない。場の成員の出入りが激しく、考え方が互いに異なる人が常に隣り合わせに存在する世界で、何が正解なのか誰にもわからないまま、私たちは生活の場を築き、発展させていく術が求められている。

世界は災いに満ちている。しかし、逆説的だが、災いのなかにこそ、今日の世界が抱える問題を解消する可能性が秘められている。その意味で、二〇〇四年は日本社会にとって大きな変化を迎えた年として記憶されることだろう。自分たちの生活を守る上で国が頼りになるとは思えないが、そうかといって国にかわる現実的な選択肢も見当たらないという思いが、従来に増して強く印象付けられたのがこの年だった。その思いは、今世紀に入って米国同時多発テロや小泉純一郎による「構造改革路線」およびそれに伴う「格差社会」意識の浸透によって感じられはじめ、二〇〇四年になって年金未納問題や「自己責任」論などの登場により、国は何もしてくれないことがもはや仮説ではなく前提となった。その一方で、災害発生時のボランティアによる救援・復興支援に見られるように、国によらない人々の助け合いの輪は確かなものとなり、国境を越えた人と人との繋がりもいっそう現実味を増している。一九九五年の阪神淡路大震災で見られた被災地でのボランティア活動は二〇〇四年一〇月の中越地震ですっかり定着し、さらに同年一二月のスマトラ島沖地震・津波では海外の被災地に対しても多くの支援の手が差し伸べられた。東日本大震災では国内各地からのボランティア活動に加え、外国からも多くの支援が寄せられた。想定外の、いつ起こるともしれない災害に備えるためにも、そして起こってしまった災害を契機とする繋がりをより豊かなものにするためにも、二〇〇四年から一〇年を迎える今、救援・復興、防災・減災を含めた災害対応の全体を社会的な面に注目して捉え直すときが来ている。

災害は、特殊な出来事ではなく、日常生活の延長上の出来事である。私たちが暮らす社会はさまざまな潜在的な課題を抱えている。災害とは、物を壊し秩序を乱すことでそれらの課題を人々の目の前に露わにするものであり、社会の中で最も弱い部分に最も大きな被害をもたらす。災害で壊れたものを直し、失われたものの代用品を与えることで被災前に戻そうとすれば、社会が被災前に抱えていた課題も未解決の状態に戻すことになってしまう。災害への対応は、もとに戻すのではなく、被災を契機によりよい社会を作り出す創造的な復興でなければならない。災害時の緊急対応の現場はさまざまな専門家が集まる協働の場である。その機会をうまく捉えて創造的な復興に取り組むには、被災前からの課題を知り、それにどう働きかければよいかを理解する「地域研究」の視点が不可欠である。

復興には、街並みや産業、住居などの「大文字の復興」と、一人一人の暮らしや心理面を含む「小文字の復興」の二つがある。大文字の復興は目に見えやすく、達成度を数で数えやすいのに対し、小文字の復興は目に見えにくく、数えにくい。そして、大文字の復興と小文字の復興は必ず進み方にずれがあり、多くの場合、大文字の復興が先行して小文字の復興はその後を追う。小文字の復興は人によって長い時間がかかり、内容も個人差が大きいため、外から見てわからなくても内面で問題を抱え続けていることもある。災いを通じて人と人とが繋がるためには、目に見えにくく、数えにくい一人一人の復興の様子を読み解く力が求められる。

日本社会は今後、東日本大震災と原発事故からの復興に加え、他の災害や戦争を含む過去の出来事をどう捉えてそれにどう臨むのかを含めて、何重もの「復興」に取り組んでいくことになる。しかも、その「復興」は日本社会のなかだけで考えて済ませることはできない。本シリーズでは、世界にこれまでにどのような災いがあり、それに巻き込まれた人々がどのような経験をしてきたかを、被災直後・被災地だけではない時間と空間の広がりの中において捉えている。

災害対応は一部の専門家に任せるだけでは完結しない。協働の輪の欠けた部分を繋ぐのは、社会のそれぞれの立場でそれぞれの専門や関心を持つ私たち一人一人である。災害対応の現場で何が起こっているかを知り、それをどう捉えるかを考える手がかりを示すことで、協働がより豊かになることを期待して、ここに「災害対応の地域研究」シリーズを刊行する。

復興の文化空間学——ビッグデータと人道支援の時代

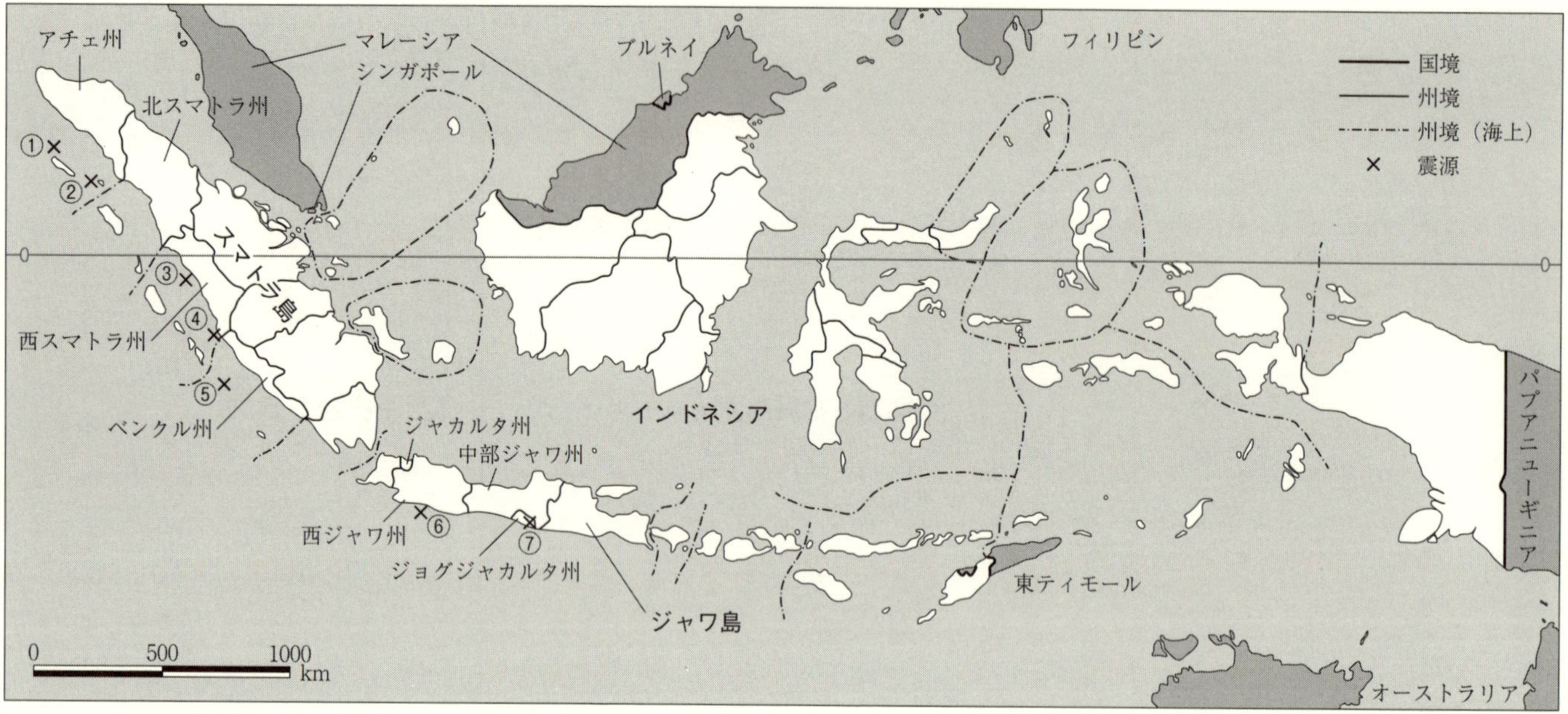

①スマトラ島沖地震・津波（2004年）　②ニアス地震（2005年）　③西スマトラ地震（2009年）　④⑤ベンクル地震（2007年）　⑥西ジャワ地震（2009年）
⑦ジャワ地震（2006年）

2004年以降のインドネシアにおける主な地震

目次

はじめに

復興をどう捉えるか——地球市民の一員として

災害は、被災地を無時間的で、非歴史的、非空間的な「平面」にする。あるべきものがあるべき場所になく、あるはずのないものがいきなり地面から突き出ている被災地の風景は、目の前の風景に対して遠近法が働かず、空間把握ができない状況をもたらす［黒瀬2013：18］。災害からの復興とは、このように「平面」になった被災地を再び立体的な空間にしていくことである。それは、建物や町並みといった物理的な空間を立ち上げるだけでなく、過去にその空間と関わりを持った人々やこれから関わりを持つ人々にとっての意味や物語が織り込まれた文化空間として立ち上げることである。

二〇一一年三月一一日に東北地方を中心に大きな災害を経験した今日の日本では、災害からの復興が社会全体で取り組むべき課題の一つとなっている。しかし、復興をどのように捉えるのかについて、社会全体で明確な合意が成り立っているわけではない。壊れた家や建物の再建、生業や地域経済の再興、生態環境の復旧、将来起こりうる災害に備えた安全で安心な街づくりなど、関心や専門によって復興に込めるイメージはそれぞれ異なっている。

復興の捉え方が異なるのは、報道、防災、人道支援、行政など専門の分野ごとに災害をどのように捉えるかが異なるためでもある。それでは、地域（現場）に立脚して現代世界の諸課題に取り組もうとする地域研究の

バンダアチェとその周辺にて、2005年２月撮影

観点からは、災害と復興はどのように理解されるのか。

災害は、日常から切り離された特殊な時間の特殊な出来事ではなく、日常の延長である。私たちが暮らす社会は、大小さまざまな潜在的な課題を抱えている。ただし、破局的な状況を迎えて表面化するのでない限り、私たちはそれらの課題がないかのように日常生活を営んでいる。それは、家庭や地域社会の課題かもしれないし、一国の政治経済に関わる課題かもしれないし、世界全体に関わる人類規模の課題かもしれない。私たち一人ひとりの時間も能力も限られており、目の前のすべての課題に対応していたのでは生活が成り立たない。そこで、課題があることはわかっていても、それに気がつかないふりをしたり経済発展や伝統慣習を優先したりして日常生活を営んでいる。

災害は、大地の動きや風雨の力によって景観や秩序を破壊し、社会が抱える潜在的課題を人々の前に露わにする。災害は何も問題がないところに突然被害を与えるのではなく、課題がありながらも持ちこたえてきたところに大きな被害をもたらす。それゆえに、災害の被害は一様ではなく、社会の中で最も弱い部分に最も大きな被害を与える。このように、災害とは日常生活が極端なかたちになって現れた状態であり、決して日常から切り離された特殊な時間の特殊な出来事ではない。

災害は人命や財産や景観や記憶などさまざまなものを奪う理不尽な出来事であるが、社会が潜在的に抱える課題を人々の目の前に明らかにし、外部社会の人々にも関与する機会を与えるという意味で、被災社会が外部社会とつながる扉を開く機会ともなる。

もし単純に被災前の状態に戻すことを復興の目標にするならば、その社会が被災前に抱えていた課題も元に戻すことになる。災害によって壊れたものを直し、失われたものの代用品を与えるだけでは、災害を契機とした社会の復興としては不十分である。創造的な復興のためには、その社会が被災前にどのような課題を抱えていたかにも目を向け、潜在的な課題の解決を含め、よりよい社会を目指すべきである。[*1] そのためには、被災後

だけ、そして直接の被災地だけに目を向けるのではなく、時間と空間の広がりの中で災害と復興を捉えることも必要となる。

日本の例で考えてみよう。東日本大震災が発生した二〇一一年三月一一日より前、日本社会はどのような課題を抱えていたのか。関心や専門によって答えは異なるだろうが、たとえば国会では、政治家への「外国人」からの献金問題が議論されていた。これは、日本が中国や韓国などの近隣諸国との関係における自分たちの位置づけを考えるうえで、東アジアでは国境を越えて人々が行き来する長い歴史の積み重ねがあり、すべてのことを国境で切り分けて対応しようとする発想が一部で限界を迎えていたことをよく示している。また、国際社会では「アラブの春」と呼ばれる中東諸国の政治状況に関心が集まり、日本国内でも大きな話題になっていた。これは、私たちと同時代に暮らす人々が民主化を求める動きにどのように呼応するのかという問題であるとともに、産油国が集まる中東・アラブ諸国の政治的安定の問題でもあり、日本や世界がどのようにして化石燃料に過度に依存しないエネルギー政策を採りつつ経済成長を維持できるかという課題や、さらには代替エネルギーとしての原子力発電をどのように捉えるのかという課題とも結びつくものだった。

ここでは国際社会に目を向けて東日本大震災前の日本社会が抱えていた課題をいくつか挙げたが、関心や専門が違えば異なる課題を挙げる人もいるだろうし、課題の解釈も人によって異なるかもしれない。日本国内に目を向ければ、東北地方では内陸部の交通網を中心に物流が形成されていたことや、水産業の国際競争力をどのように高めるか、地方の医療や介護をどうするのかといった課題も挙げられるだろう。[*2]

*1　ここで「よりよい」社会とは、必ずしも「より大きく、より速く、より高く」を意味しない。「よりよい」社会のあり方を検討した結果、「より小さく、より遅く、より低く」を目指すという判断に至るかもしれない。

*2　たとえば［宇野・濱野 2012：45–48］を参照。

国家と民族の現在——ネットワークで世界は救えるか

災害からの復興を考えるには、その社会が被災前にどのような課題を抱えていたのかを踏まえる必要がある。社会といっても学校や職場のような小規模のものから地球社会のような大きなものまでいろいろあり、社会が被災前から抱える課題を考えるには地域性や時代性といった観点も重要になる。そこで、ここではいったん災害から離れて、私たちは今どのような時代のどのような社会に生きているのかを考えてみたい。

私たちは長く国家を基礎とする世界の中で暮らしてきた。そこでは、人は原則としていずれかの国家の国民として登録され、その国家による保護の下にある。この仕組みが問題を抱えながらもこれまで機能してきた背景には、一つには、災いは常に国外からもたらされるものであり、少なくとも国内にいる限り国家は国民の生活や安全を十分に守ってくれるという信頼があった。もう一つには、国民は均質な文化を持つために情報は国民全体に同じように伝わり、その解釈のされ方もほぼ同じになるという考え方のもと、適切な方法を採れば社会全体の意見を集約できるという信頼があった。

これは、国民主義と民主主義の組み合わせとなっている。同じ文化を共有する集団である民族が互いに自立して社会を営み、各民族の内部では、固定された少数派の意見ではなく議論を通じて多数が納得するように形成された意見に従って社会を運営するという工夫である。別の言い方をすれば、国ごとや民族ごとによりよい社会を作れば全体で理想的な社会が実現するという考え方である。この考え方は、特に二〇世紀前半のアジアにおいて、人類社会を理想に導く輝かしい考え方として受け入れられ、その実現のために自らの生命や財産を投げ打つ人々も多く見られたが、今日の世界では国民国家と民主主義のどちらにも陰りが見えつつある。

国家によっては国内の住民を保護する意思がなかったり、意思はあっても力が伴わなかったりするものがあることがわかってきたし、国境を越えて移動する人々はどの国家が保護する責任を負うべきなのかという問題も生じている。国外で事故や事件に巻き込まれても、自己責任だからと国家が保護しない例も出ている。従来

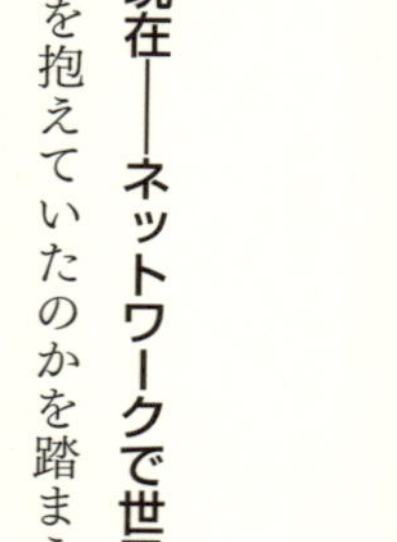

のように国家任せでは解決できない問題が多くあることが明らかになってきた。

それに加えて、冷戦後の世界においては、災いが国境を越えて及ぶことが強く意識されるようになった。感染症や災害やテロなどのように国境を越えて影響が及ぶものや、環境変動や少子高齢化などのように国境によらず遍在するものの比重が大きくなった。そこでは敵の正体が明確でなく、国内にいれば外敵から守られるという発想は通用しない。

また、人や情報が国境を越えて自由に行き来するようになると、国家や地域社会の内部にいろいろな考え方が生じるし、場の構成員の入れ代わりが頻繁になるため知識や経験が場に蓄積されにくくなる。このことは、場における意思統一や意思決定を難しくするし、何らかのかたちで意思決定ができたとしても、それを構成員にどう守らせるかという問題が残る。つまり、社会内部が多様化した結果として、ものごとを決定することとそれを執行することが難しくなっていると言える。

これに対し、その場に古くからいた成員の考え方を慣例として、それに従わない人々を「外来者」「新参者」として排斥し、慣例が成り立つ共同体を守ろうとする考え方がありうる。国や民族を持ち出すのもその一つである。しかし、場の流動性が高くなると、誰が慣習を維持して誰が違う考え方を持ち込んでいるのかという区別が意味を持たなくなり、「外来者・新参者の排斥」と「伝統・慣習の強化」では対応しきれなくなる。

国民国家と民主主義の二つが十分に機能しなくなっているのは、社会の構成が多様化し、人や情報の出入りが激しくなった状況に十分に対応できていないためである。流動性が高い社会では、社会内部で情報を共有・蓄積し、意思を決定して、その決定を人々に守らせるにはどのような工夫が必要か、十分な答えはまだ得られていない。

これは、どこか遠い海外にある開発途上国だけの問題ではない。しばしば単一民族社会といわれるほど均質性が高い日本社会でも、社会の流動性の高まりが見られ、そのことは東日本大震災によって明確に私たちの目

の前に示された。日本社会にはさまざまな文化背景を持つ人々が暮らしており、災害時には世界各国からさまざまな支援の手が差し伸べられた。また、震災後に原発に対する日本社会内の意見が分かれたように、社会内に考え方の食い違いがある。これらは東日本大震災を契機に現れたが、震災前から日本社会が抱えていた課題が震災によって明らかになったものである。[*3] そのため、これらの課題への対応を念頭において復興に取り組むことが、災害とは直接関係ないように見える社会の課題の解決にも繋がりうる。

国家や民族をかけがえのないものとする考え方は、今日では見直しが迫られている。国家や民族の名のもとに利害勘定抜きに自己犠牲を求める考え方はますます受け入れられなくなっている。ただし、国家や民族を含むさまざまな枠組みが単一のプラットフォームに乗っているため、相互の接触やそれに伴う摩擦が増えている。国家や民族の枠組みに積極的な意味が見出せなくなった状況はやがて、すべての個人が他人との関係に意味を見出しえない「原子化」に向かうか、国家や民族の外部にあるものとの敵対関係の強調に向かうことになる。

この両極化を避ける工夫の一つがネットワーク化である。ネットワークの考え方は、存在位置や関係性を固定することで被る物理的な被害を最小限に抑えるために決まった所属や現場を持たないという特徴がある。これに加え匿名性で特徴付けられる仮想空間はそれを支えるインフラをシステム内部に持ち得ず、インフラをネットワークの外部に依存しなければならないという特徴も持つ。インターネット上のコミュニケーション手段であるソーシャルネットワーク・サービス（SNS）を支えるインフラも、政府や企業が構築した仕組みの上で運用される。あるサービスに飽きたら別のサービスに乗り換えることができるように、仮想空間では身体は壊れても交換可能なものとして扱われるが、どれほど仮想空間の技術が発展しても、生身の身体を持つ私たちは現実世界のどこかに場所を占めなければならない。[*4]

ここに、私たちがインドネシア、とりわけスマトラの災害対応を見る意義がある。

世界の災害対応に学ぶ――スマトラの事例から

インドネシアは地震・津波や火山噴火などの自然災害が多いことで知られる国だが、なかでもスマトラ島は、インドネシアだけで約一七万三〇〇〇人、インド洋諸国全体では一四か国で約二二万人の死者・行方不明者を出した二〇〇四年一二月二六日のスマトラ島沖地震・津波（インド洋津波）をはじめ、地震・津波だけでも、二〇〇五年三月のニアス地震、二〇〇七年九月のベンクル地震（スマトラ島南西部沖地震）、二〇〇九年九月の西スマトラ地震などの災害が続いている。また、ジャワ島では、二〇〇六年五月のジャワ地震（ジャワ島中部地震）や二〇〇九年九月の西ジャワ地震（ジャワ島西部地震）のほか、二〇一〇年一〇月にはムラピ山が噴火して火砕流により多くの人が亡くなっている。[*5]

スマトラは伝統的に流動性の高い社会である。人口密度が希薄な一方で、天然資源や農林水産物は豊富にある。自然災害が繰り返し発生するが、面積は広大であり、全域にインフラ整備を施すことによる防災は現実的ではない。むしろ、人々は危機に際して職業や住まいを変えることで対応してきた。[*6] このような社会では、工学的な防災力を高めたり、知識や技術を特定の場に蓄積しようとする方法だけでは災害に十分に対応できな

*3 東日本大震災については第9章を参照。

*4 ネットワークメディア技術による「電脳空間」を情報のみから構成された透明性の高い「空間」と見て、それはネットワーク端末と個人の意思さえあれば万人にアクセスが認められた「公共」的な空間であって、完全な合意に向けて討議を行うことが可能な電子公共圏であるとの見方や、全人類による直接的政治参加を可能とする電子アゴラであり、その理想的共同体の住人が社会の先駆者であるネット市民として協働により集合的知性を作り出すとする議論に対し、大黒岳彦は、蔵書技術、マスメディア技術、ネットワークメディア技術の段階に分けて、ネットワークメディアはツールではなく環境であって、電脳空間と地縁的場所の二重性を維持すると指摘する［大黒 2010］。

*5 二〇一四年一月にはスマトラ島のシナブン山が、同年二月にはジャワ島のクルド山が噴火した。

い。

日本ではこれまで自由と豊かさが結びつけて捉えられてきた。高度経済成長期には、選択の自由を得ることと豊かさを得ることは矛盾せず、選択肢が増えることは自由に選べることを意味していた。生まれに左右されずに学校や就職先や結婚相手が選べることが幸福の実現だと捉えられてきた。実際には、選択の幅を広げることは競争を激化させたが、経済成長と技術革新が続く限り全体の水準が底上げされ、「一億総中流時代」と言われたように、不公平感や格差意識より豊かさを享受しているという感覚のほうが勝っていた。

社会的インフラや法制度の整備が進むことで、特定の組織や共同体の正規のメンバーにならなくても十分に暮らしていける環境が整い、一生を一つの会社に捧げないことが自由選択の結果として肯定的に捉えられるようになった。生活の安定を確保するために特定の組織や共同体の正規のメンバーとなることを目指してその場のルールに従うことを拘束として消極的に捉える考え方が生まれた。このように、日本では豊かさや自由の実現を求めた結果として社会の流動性が高まりつつある。

しかし、経済成長が鈍化すると、社会的流動性の高さは豊かさを保障しなくなる。生活に必要なものはコンビニエンスストアに揃っていて、お金を出せば誰にも干渉されることなく自由に手に入れることができ、自分一人で何でもできるようになると、いざというときに自分を助けてくれる人との関係を維持することを面倒や縛りのように消極的に捉える考え方を促すことになる。一人で生きていける度合いが高まることは、助け合うことでしか対応できないことがらへの対応力を弱めているかもしれない。

そのような状況を端的に示すのが「自己責任」という考え方である。この言葉は、二〇〇四年四月のイラクの日本人人質事件を契機に人々に知られるようになり、その年の流行語にもなった。生活の自由度が高まったことは、個人の境遇を選択の結果と捉え、その責任を当事者に帰す考え方をもたらした。自己責任社会は、社会の流動性の高さに対する一つの対応と考えることができる。

自由に豊かさを追求できることと、危機が生じたときに個人で対応することとは裏表の関係にある。自己責任の考え方では、危機に対する対応や情報が場に蓄積されない。東日本大震災は、日本社会全体がこのような状況に達していた状況での被災だった。自己責任という考え方が豊かさよりも個人が単独で危機に直面しなければならないという厳しい状況を示しているとき、社会の復興を考えるならば、自己責任社会にどう対応するかも考えなければならない。

現在の日本では、知識や技術を特定の場に蓄積し、それを正規メンバーのあいだで共有する方法が有効でなくなりつつある。流動性の高い社会で、意思決定や執行がどのように行われ、どのような課題を持っているかを知るには、流動性の高い社会における危機対応のあり方を見るのが最も参考になる。本書では、日本や世界のことを念頭に置きながら、スマトラおよびインドネシアの事例について考えてみたい。

人道支援とビッグデータ――東日本大震災に見る

国家による保護に対する信頼と国民の均質性への信頼が後退したことは、人道支援の重要性とビッグデータへの期待を高めている。人道支援とビッグデータについて、東日本大震災での表れ方を中心に簡単にまとめておきたい。

人道支援とボランティア

東日本大震災では、それまで主に海外の紛争地や被災地で支援事業を行ってきた人道支援団体が日本で支援事業を行うことになった。[*7] 災害時の緊急人道支援の専門家として経験豊かな人道支援団体は、日本で支援活動

*6　日本と他のアジア諸国の災害を研究してきた牧紀男は、「元の場所ですまいを再建」するという考え方は地震活動の静穏期に生まれた一時的な幻想ではないかと問い、災害は人々が移動する契機となっており、また、災害を生き抜く上で移動することの重要性を指摘している［牧 2011a; 2011b］。

を行うにあたって二つの障壁に直面した。人道支援団体の戸惑いは、「人道支援とボランティアの区別がなくボランティアとして扱われた」と「人道上必要な最低限の栄養や衛生という考え方が日本にないことに驚いた」という言葉に表れている。

「ボランティアとして扱われた」というのは、人道支援団体が救援復興活動の専門集団として認知されなかったことを意味している。日本では災害対応においても基本的に行政が主導し、非政府組織が救援復興に関わる場合でもボランティアとしてであって、医師などの一部の例を除いて専門的な職業集団とはみなされていない。支援活動においても、行政の監督下に入る補助的な立場に位置づけられる。自分のことは自分で守る「自助」、地域社会や友人知人のネットワークで支えあう「共助」、社会全体に関わることは行政が担当する「公助」という考え方に照らせば、非政府組織による活動は共助にあたるが、共助はあくまで公助をサポートするという位置づけとなる。

これに対し、人道支援団体が活動してきた海外の事業地では、災害のため（あるいは日常的に）現地政府が十分に機能していないこともあり、人道支援団体は現地政府にかわって地域住民に公共サービスを提供する役割を担ってきた。また、その活動は人道という規範に照らして公共の利益に資することが目指され、スタッフは人道支援の専門家として技術を磨き、経験を積み、職業として人道支援に携わってきた。

人道支援団体は、人道支援の国際標準をもって自らを縛り律する規範としている。それは、人間が生きていくうえで一日に必要な水や栄養、避難所の衛生環境など、出身や居留地などによらず等しく最低限が保証されるべき環境の基準であり、この基準がすべての支援対象者について達成されることが目指される。東日本大震災の避難所にはこの基準に照らして水準以下の場所がたくさんあり、人道支援団体は状況を改善するよう働きかけたが、現場で支援にあたる行政やボランティアとの間でこの考え方が共有されないという課題に直面したという。*8

人道支援団体が直面した右記の課題は、日本では行政の枠外に公共サービスを担う強力な主体がいることが前提とされていないこと、そして国境をまたいで共有されるべき規範が国内に持ち込まれることが想定されていないことという日本の状況を明らかにした。人道支援団体が東日本大震災の被災地で活動するという事態は、活動主体と活動領域、そして行動規範や行動理念という二つのレベルにおいて、それまで適用してきた「範囲」を揺るがすものだった。

ビッグデータ

インターネットの普及により、個人が情報を公開・発信し、また複数の情報源から情報を検索・収集することが容易になった。新聞やテレビのようなマスメディアからではない情報が大量に発信・公開され、マスメディアが報じる情報と比較検討されることもある。このことは、これまでほぼ独占的に情報発信を担ってきたマスメディアの権威や信用の低下をもたらす。ただし、マスメディアの権威や信用の低下といったとき、そこでは以下のようにいくつかの異なる状況が見られる。

第一に、マスメディアが発信する情報のどこが誤っているかを示す情報や意見がインターネットなどを通じて公開されることで、情報発信を独占してきたマスメディアの権威や信用が相対的に低下すること。第二に、マスメディア以外の発信者がマスメディアの情報に対する独自の解釈を提出し、それを巡る議論を通じて、マスメディアが提示する解釈と異なる解釈が生み出され、定着すること。第三に、マスメディアの情報に対して否定的な意見に「いいね！」がつけられたり、リツイートが重ねられたりすることで、マスメディアが発信する情報に対する批判的な意見が多く見えるようになること。これらは、既存の権威が相対化されているという

*7 人道支援と災害については［「大災害と国際協力」研究会 2013］に簡潔にまとめられている。

*8 第9章を参照。

点では共通点があるが、それぞれの意味は異なっている。

ビッグデータとは、多種多様なデータが大量にあり、しかもその更新頻度が高く、現実世界の変化に応じて最新の情報が得られるようなデータ群のことである。データを短時間で大量に処理できる技術やその結果を視覚的に表現できる技術により、いくつかの分野ではビッグデータの活用が試みられている。

ただし、ビッグデータへの関心の高まりの背景には、情報技術の発展だけでなく、世界の捉え方に関する従来の方法が限界を持つという認識があるように思われる。部分的なサンプル調査に基づいて統計学的な手法で全体の傾向を把握しようとする方法は、社会が多様化して流動性が高まっている状況でもなお社会の全体像を十分に把握できるのか。また、個人の価値が多様化している状況では、調査者があらかじめ用意した項目によって分類するのではなく、実際のデータに基づいて分類項目を作り出す方が適切なのではないか。全データに基づいて状況や動向を把握したいという欲求の背景にはこういった考え方があるように思われる。

ビッグデータの活用方法は、これまでのところ、個々のデータの内容解析ではなく、個々のデータを等価のものとして数量的に扱うことが多い。分野やテーマが同じデータ群の処理と活用が中心であり、等価として扱えるデータを大量に処理するプロセスや、その結果の表現方法に関心が寄せられている。ツイッター分析、商品流通のＰＯＳデータ（販売流通データ）、カーナビゲーションのＧＰＳ（全地球測位システム）情報のように、形式が似たデータが大量にあり、それを加工・処理・分析できる条件が整ったことを受けて、「それで何ができるか」が問われている。災害対応との関連でいくつか例を挙げてみよう。

カーナビから得られるＧＰＳ情報を地図と重ねると、その車が通った経路を地図上で示すことができる。その情報を使えば、過去二四時間に車が全く通らなかった道路を示すことも可能である。これは、災害発生直後にどの道路が車両通行可能であるかを、一本一本の道路を実際に調べることなく広範囲にわたって知るために利用できる[*9]。この方法は、車の種類や大きさ、走行速度などがそれぞれ異なっていたとしても、どの車もデー

タ上は等しく一件と扱い、その車がある時刻にある地点に存在したかどうかを○か×のどちらかで答えるかたちで処理している。

同じように情報の存在と不在を可視化したものに「東日本大震災マスメディア・カバレッジ・マップ」[*10]がある。このシステムは、テレビ放送で言及された地名や施設名を抜き出し、緯度経度や時間の情報をもとに地図化することで、テレビの報道で言及された場所を可視化すると同時に、言及されなかった「報道の空白」も可視化するものである。これにソーシャルメディアで言及された場所を重ねることで、テレビ報道の空白域をソーシャルメディアの情報が補完していたことなどもわかる。[*11]

本書のねらいと構成——地域のかたちを読み解く

災害は、人命や財産や景観や記憶などさまざまなものを奪う理不尽な出来事であるが、その一方で、社会が抱える課題を人々の目の前に露わにし、しかも外部社会の人々に関与や介入の機会を与えるという意味で、被災した社会が外部社会とつながる「人道の扉」を開く機会となる。[*12] しかし、「人道の扉」が開くのは被災直後の一瞬だけである。被災直後には、被災地の内外の人々が集まり、災害ユートピア[*13]と呼ばれる状況が生まれるが、緊急段階から復興段階へと移る過程で災害ユートピアは解消される。復興段階に入ると地元社会の個性が前面に出るようになり、被災前の状況に戻そうとする力が働く。そうなる前の一瞬の隙を捉えて被災地に飛び

*9 東日本大震災自動車通行実績情報マップ（http://www.its-jp.org/saigai/）

*10 http://media.mapping.jp/

*11 http://www.huffingtonpost.jp/hidenori-watanave/post_5121_b_3548913.html?utm_hp_ref=tw

*12 「人道の扉」とは、アチェの学際調査を行った研究プロジェクトの議論の中で得られた考え方である。学際調査については第7章を参照。

込み、災害によって露わになった「地域のかたち」を読み解いて、同じ時代に生きる被災地の人々に共感するとともに、その共感を具体的なかたちにして他者と関わっていく力は、緊急人道支援の専門家だけでなく、この時代に生きる私たちがみな身につけるべきものだろう。

もっとも、緊急対応時を見て地域社会のかたちを読み解くことは容易ではなく、その地域を専門とする地域研究者にとっても挑戦である。一般に、地域研究者は研究対象社会について深く広い知識と理解を持っているが、それは平常時に関する知識や理解であって、それを緊急対応時にそのまま当てはめても通用するとは限らない。緊急対応時には平常時に想定されていなかった対応や行動が現れるためである。ただし、平常時に想定されていなかった状況にこそ、その地域の課題が鮮明に浮かび上がるという面もある。限られた時間内に断片的な情報をもって地域社会のかたちを読み解き、それを緊急対応の現場で活用しやすいかたちで提示することは、学術研究が守り伝えてきた厳密さや慎重さを欠くと見られるかもしれない。それでもなお、緊急対応時に地域の専門家である地域研究者が現地入りし、たとえ断片的な情報で限られた分析時間しかなくても、そこから言えることを積極的に発信することは、現実社会の課題を解決する上でも学術研究を深める上でも大きな意味があるはずである。[*14] そのことを念頭に置き、本書では災害対応時の情報をもとに地域のかたちをどう読み解くかを考えることに重点を置いている。

観察・翻訳・世界観

本書は、地域研究を専門とする著者が、インドネシアで二〇〇四年以降に起こった災害の被災地について、被災直後の状況を観察し、そこからどのような地域のかたちが読み取れるかを考えるものである。被災直後に何を見聞きしたかを紹介し、それをもとに何をどう考えたかの道筋を示すことで、被災直後に地域のかたちがどのように表れるかを読み解いてみたい。なお、地域研究は、言語や歴史・文化に関する基礎研究から災害や紛争などの具体的な課題への取り組みを含む実践研究まで幅広い広がりを持ち、一口に地域研究といってもさ

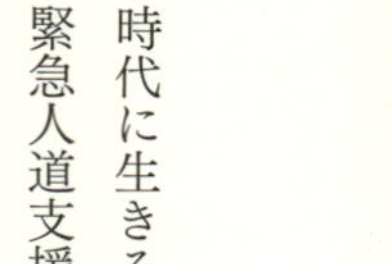

まざまな研究が含まれる。本書では、地域研究を基礎とし、文化の空間性を意識して情報の意味を読み解くアプローチにより、防災・人道支援との連携を通じて災害対応と復興という課題に取り組むことを試みる。

なお、本書でいう地域研究の専門とは、かなり単純化して言えば、観察、翻訳、世界観の三つから成り立っている。したがって現地語の運用能力や現地事情への理解が肝心だが、本書ではその部分は筆者が必要な情報を提供するので、インドネシア社会にあまり馴染みがない読者にも読み解きを試みていただきたい。ほかに必要なものは地域研究的想像力である。他人との関係において、何か問題や違和感があるとき、それを相手個人の資質のせいにせずに社会のあり方に由来する可能性を考えるのが社会学的想像力である［ミルズ 1995］。その上で、その相手が自分と同じ文化背景を持つとは限らないことに頭を巡らせるのが人類学的想像力であるとするならば、その系譜に連なり、観察する側と観察される側の間の隔たりがなく、観察する側が観察される側によって観察され、観察される側が観察する側に積極的にメッセージを発信しうることを前提とするのが地域研究的想像力であると言える。別の言い方をすれば、それが結局は「他人ごと」であることを意識しながらも、そこに自分がどのように関わることができるかを考えながら問題を捉えようとするのが地域研究の臨み方である。

したがって、本書では、それぞれの災害や、被災した地域社会についての詳細情報を示すことには重点を置

*13 米国の著述家で活動家であるレベッカ・ソルニットが二〇〇九年に出版した *A Paradise Built in Hell* は『災害ユートピア』という邦題がつけられた。ソルニットは、この著作でサンフランシスコ地震（一九〇六年）やハリケーン・カトリーナ（二〇〇五年）などの災害をとりあげ、災害後に被災者の間で相互扶助的な連帯が生まれることや、国家による管理された救援体制のもつ「エリート・パニック」などの問題を、被災者の証言や豊富な事実描写に基づいて描いた。被災後の相互扶助に焦点をあてた著作として紹介される機会が多いが、この著作の主眼は、よりよい社会を構築する契機が一人ひとりの被災者に実感として災害後に生じるということ、それをどのように平時の社会の中で実現できるだろうかということを問うところにある。

*14 このような地域研究の捉え方については、『地域研究』第一二巻第二号（総特集・地域研究方法論）を参照。

かない。「人道の扉」が開いているわずかな時間に、限られた情報をもとにどのように地域のかたちを読み解くかという考え方の道筋を示し、災害時に見える地域のかたちの一例を示すことが目的である。限られた時間で被災社会を網羅的に観察するのは不可能であるため、観察対象は被災社会の一部でしかなく、しかもその一部を選んだ理由は偶然に左右される部分が少なくない。したがって、ここで示される読み解きが時間や空間に関してどの範囲まで通用するのかといった問題は別に検討する必要がある。ただし、限られた情報をもとに限られた時間で得た仮説であっても、目の前で進行中の事態にどのように取り組むかについての一つの指針を示すという意味で、そのような仮説を提示することにも意味があると考える。

各部の構成

本書は以下の構成をとる。第一部「情報と地域文化」では、四つの章により、情報の向けられ方や発信のしかたに注目して災害発生時の対応を検討する。第1章と第2章は、二〇〇四年スマトラ島沖地震・津波（およびその直後に発生して被災地域が一部で重なった二〇〇五年のニアス地震）を対象に、外部社会から被災地に向けられた関心を取り上げ、情報を広がりと重なりによって捉えることの重要性を考える。第1章は、日本の報道に見るスマトラ島沖地震・津波を課題や関心に即して並べ替えることで被災地の様子を把握することにより、個々の情報が空間的な広がりを持っていることが示される。第2章は、インターネット上のスマトラ島沖地震・津波に関する検索語の推移や、スマトラ島沖地震・津波の直接の被災地であるアチェ州で発行されている雑誌およびインドネシアの全国紙の記事の頻出語彙を見ることで、被災地の内と外とでは災害や復興に対する関心が異なっており、それらが重なって災害や復興への関心が作り出されていることが示される。

第3章と第4章は、被災した地域社会の人々が災害時にどのように情報をやり取りしていたかを題材として、文化と科学を語る際にも広がりと重なりが意味を持っていることについて考える。第3章は、二〇〇六年のジャワ地震の際に、ジャワの地元NGOがコミュニティ・ペーパーを発行し、国際社会や中央政府と地元社

会の仲介者の役割を担ったことをもとに、誰が「地元」文化を語ることができるのかを考える。「地元」文化を語る際には広がりだけでなく重なりによっても正しさが異なることが示される。第4章は、二〇〇九年の西ジャワ地震の際に、建物や人命に直接の被害は出なかったものの大きな揺れが感じられた首都ジャカルタについて、高層ビルから人々が避難し、帰宅者のために交通渋滞が起こった事例をもとに、「正しい」災害情報を求めて人々がインターネット上で議論を重ねている様子を紹介し、普遍的な真理を記述しているはずの科学技術も現実世界に応用する上では広がりと重なりを意識することが重要であることが示される。

災害対応の現場は、さまざまな専門性を持った人が協働する場である。同じ現場で同じ事象を見ても、専門性に応じて事態の受け止め方は異なる。また、緊急時には平時に見られない状況が生じているため、それぞれの専門性に照らして現場を見てもよくわからないところもある。そのような状態で発せられた質問や感想が、平時に見えなかったその社会のかたちをよく表していることがある。第二部「支援と格差、そして物語」の第5章から第7章までは、防災や人道支援の専門家が発した疑問や感想を手掛かりに、現地での被災者や関係者との具体的なやり取りを交えながら、災害時に垣間見られる地域社会のかたちの読み解きを試みる。

第5章は、二〇〇七年のベンクル地震で、被災二日後に現地入りして人道支援団体の初動調査に同行した際に、支援物資の米を道路に投げ捨てる被災者が見られたことをもとに、被災地となったベンクル州の地域のかたちを考える。第6章は、二〇〇九年の西スマトラ地震で、被災から半年後、人道支援団体が支援事業をほぼ終えて撤退の準備を進めていた段階で人道支援団体の事業評価を行ったことを通じて、水が得にくく土地が崩れやすい尾根筋に集落が集まっていることをもとに、西スマトラの地域のかたちを考える。第7章は、再び二〇〇四年のスマトラ島沖地震・津波を取り上げ、被災から三年半が経ち、人道支援団体の支援事業が終わって一、二年が経過した時点で支援事業地を訪れた学際調査に参加したことを通じて、被災者の記憶の書き換えが進む中で記憶に残っている支援があることをもとに、支援の現場における「物語」の意味について考える。

第三部「流動性と想像力」の第8章と第9章では、スマトラの文脈を離れた本書の議論の適用可能性について検討する。第8章では、ビッグデータと人道支援の時代における災害情報と復興のあり方を考える。ビッグデータも人道支援も全体性や普遍性の側面が強調されるが、どちらも広がりと重なりを意識することの重要性について考えてみたい。第9章では日本の事例を扱う。東日本大震災は被害が甚大かつ広範囲に及び、現在なお復興過程が進行中であるために包括的に論じるのは難しいが、本書の議論を踏まえて東日本大震災に関してどのようなことが考えられるかを検討する。日本で支援事業を行った人道支援団体がペットや携帯電話の扱いに戸惑った話をもとに情報の重なりについて考え、震災後の雑誌記事が「国民的災害」という方向に向かったことを通じて情報の広がりについて考えた上で、情報の洪水に飲み込まれた「情報災害」の状態を脱するために情報の広がりと重なりを意識する工夫について、三つの「震災映画」をもとに考えてみたい。

最後に補論として、地域研究が災害対応にどのように取り組んできたかについて、東南アジアの災害を中心に整理する。これまでの研究動向を「災害対応を通じた社会の再編」と「情報共有とレジリエンス」の二つのテーマに分け、「災害対応を通じた社会の再編」では「移動と自立」「社会変革の契機」「外部者の役割」の三つの角度から、「情報共有とレジリエンス」では「社会の亀裂の修復」「記録と記憶の継承」「体験の共有化」の三つの角度から考察し、災害を契機に災害に強くしなやかな社会を作る上での文化遺産と歴史・行政文書、小説、記念碑、ミュージアムなどの役割について考える。

情報の妥当性の度合い

本書では、検証した結果だけを記すのではなく、新聞・雑誌やコミュニティ・ペーパーの内容や聞き取り調査の内容をほぼそのまま引用して、調査研究の手の内を一部明かしながら、インターネットや現地調査を通じて被災地で得られる情報をどのように収集・分類し、内容を分析し、その結果を提示するかという過程を提示することも目的としている。情報の種類や形に関しては、第1章と第2章では主に新聞・雑誌記事の見出しや

検索語を利用し、第3章と第4章ではコミュニティ・ペーパーや新聞・雑誌記事などの文字で書かれた資料を読み、第5章から第7章まででは現地で見聞きした振る舞いや言葉から考えている。また、そのようにして得られた地域のかたちを表現する方法に関しては、文字情報だけによる発信を試みた第一部から、地図上での表現を試みた第二部（第5章）を経て、仮想地球儀やスマートフォンでの提示に取り組んだ第三部へと展開している。

このことは、本書が地域研究という学問分野に拠っていることと無関係ではない。現実世界で進行中の事態について限られた情報をもとに限られた時間で分析結果を示すことがときに期待される地域研究では、情報には広がりと重なりがあることを意識することに加えて、それぞれの情報はどの程度まで確からしいかを常に意識しながら発信するという妥当性の度合いも意識しなければならないためである。伝統的な学術研究の分野では、繰り返し調査や実験が可能であり、いつ誰が検証しても同じ結果が得られるものが理論や学説として積み重ねられ、その応用にあたって適用可能範囲が意識され、想定内の条件でのみ結果が保証されるのに対し、地域という現場に立脚して常に現実世界の課題を対象とする地域研究では、常に応用の性格を持つために得られた結論の適用可能範囲が意識されることに加え、想定外の事態が生じた場合でも学問上の免責にはなったとしても課題解決が進まなかったことの免責にはならないと考えるためである。

第一部

情報と地域文化

悠々と流れよって、見かけは静かで優しゅうて、色も青うて美しい。やけど、水流に添う弱い川は全部自分に包含する気や。そのかわり見込みのある強い川には、全体で流れ込む気魄がある。

（有吉佐和子『紀ノ川』1959年）

第1章

災害情報を地図化する

スマトラ島沖地震・津波(二〇〇四年)

災害報道の空間学

右:津波の直撃を受けた海岸にあり奇跡的にもちこたえたモクマオウの木(バンダアチェ、2005年2月)

本章下部の写真:バンダアチェとその周辺にて、2005年2月撮影

スマトラ島沖地震・津波（インド洋津波）

2004年12月26日（日）午前７時58分（西部インドネシア時間）発生

スマトラ島北部の西方沖

北緯3.316度、東経95.854度、震源の深さ30キロメートル

マグニチュード9.1

死者16万6671人、行方不明者6244人、住宅を失った人の数44万192人、全壊家屋32万2821棟、道路被害３万4884キロメートル、耕地被害５万8087ヘクタール（国家災害対策庁発表、以下同じ。）

「現場に入ると全体像が見えず、救援活動を行いにくかった。」

これは、二〇〇九年九月三〇日に発生した西スマトラ地震[*1]で被災地入りして救助活動を行った日本の緊急援助隊員が帰国後に語った言葉である。この言葉が端的に示しているように、災害時の緊急対応では断片的な情報からいち早く全体像を把握することが極めて重要だが、現場に行けば情報が手に入るとは限らない。インターネットが発達した今日では、被災地の外で情報収集した方が通信環境がよく、多くの情報を手に入れられることもある。ただし、情報量が増えることと、被災と救援の全体像が把握できることは別の問題である。全体像を把握するには、情報には広がりがあることを意識して、何らかの方法で情報を分類し、地図上で示すなどの工夫が必要となる。

1　緊急時の情報収集――グローバルに捉える

人道支援の情報収集

災害発生時に情報を収集・整理して発信する試みはすでに存在する。たとえばReliefWeb[*2]は、自然災害が発生すると、国際機関・NGOや地元政府が提供する地図や情報を取りまとめてインターネット上で提供している。被災直後に迅速に情報を提供しており、被害や救援の状況を把握する上で有益だが、以下に見るようにいくつかの特徴があり、求める情報の種類によっては不十分な点もある。

ReliefWebで提供される情報は、情報提供者の活動地域と関心分野ごとに多種多様なかたち

---

*1　西スマトラ地震については本書第6章で扱う。

*2　ReliefWeb（http://reliefweb.int/）は災害・紛争などの人道上の危機が生じた地域に対する支援事業をサポートする目的で、国連人道問題調整事務所（UNOCHA）により一九九六年から始められた。対象地域に関する地図、人口統計、被害状況などの基礎情報のほか、現地でのニーズ調査の結果や支援事業を実施している団体の活動報告が国別・災害別・分野別に提供され、国際社会が現在どの地域のどのような人道上の危機に対応しているかが一目でわかるようになっている。現在ReliefWebでは以下の一七分野に焦点を当てている。農業、気候変動、災害対応、干ばつ、地震、教育、洪水、食糧・栄養、健康、人道基金、地雷、平和構築・平和維

で提供される情報がそのまま公開されている。地図で表現されていたとしても、情報ごとに元の地図が異なるため、それらを繋げて一枚の地図にすることは難しい。また、分野に関しても、水・衛生、栄養、教育のように国際的な人道支援業界の関心[*3]に応じて対象が切り取られて情報が提供されるため、これらの関心の枠組みに入ってこないもの、たとえば文化財や宗教施設に関する情報は出てこない。

これは、どの地域で起こった災害でも共通して見られる分野を設定することで、緊急事態が生じたときに状況を把握してとるべき対応を即座に知るための工夫である。他方で、個々の被災社会には独自の関心があり、現地語情報ではそれらが共有・発信されているが、国際的な人道支援業界が英語で行うグローバルな情報収集にはそのような地域社会の関心は表れてこない。

現地語情報を用いることは、救援・復興の方向付けの問題とも関係している。従来の被災地支援においては、災害発生時を起点として、その直前の状況に戻すことが目標とされてきた。図式的に言うならば、「壊れたものは直す」「失われたものは（代用品を）与える」「それでも回復しなければ心のケアを与える」とまとめることができる。これに対し、災害とはその社会が被災前から抱えている課題を明らかにするものであり、復興とはその課題に対応してよりよい社会を作ることであるとする考え方では、被災前からどのような課題を抱えており、それに対してどのような取り組みがなされてきたかを理解する必要がある。現地語情報を積極的に用いることは、被災社会にとって好ましい復興の方向に沿った支援のために不可欠である。このように、災害時に求められる地域情報とは、地域社会が被災前から抱える課題とそれへの取り組みの経験を、災害時の救援・復興に組み込みやすいかたちで示したものだと言える。これを簡単に「地域のかたち」と呼ぶことにしよう。災害発生時に「地域のかたち[*4]」を捉えるには、そ

持、人権保護、復興再建、衛生、人道支援ワーカーの安全、暴風雨。

*3　複数の国際人道機関が支援事業を行う現場では、支援活動の重複や漏れが生じないようにクラスター会議と呼ばれる事業分野別の調整・連絡会議が定期的に開催される。クラスターの設定は被災地の状況に応じて異なるが、基本的に以下の一一のクラスターが想定されている。食糧の確保、教育、シェルター、避難キャンプの調整・運営、緊急通信、保健、ロジスティクス、栄養、保護、水・衛生、早期復旧。このように分野別に事業を調整し、効果的な支援活動を行おうとする手法をクラスター・アプローチと呼ぶ。

*4　「災害対応の地域研究」では、インドネシア（スマトラ）

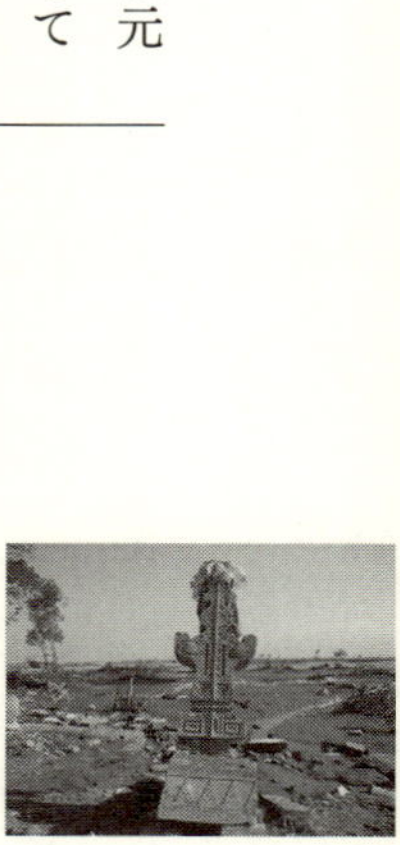

の地域社会の被災前からの状況を踏まえた上で、災害ごとに被災と救援・復興の情報を収集・整理して両者を重ねてみることが必要になる。

2　新聞の災害報道——個人の顔に迫る

二〇〇四年一二月二六日に発生したスマトラ島沖地震・津波がどう報じられたか、日本の主要新聞別に見てみたい。地震・津波発生の翌日から七週間目までの時期を対象とする。*5

スマトラ島沖地震・津波の被害は、震源地近くのスマトラ島西南海岸部から北端の州都バンダアチェ付近まで海岸線に沿って広範囲に及び、救援活動や報道も地域ごとに行われた。ここでは、バンダアチェ市およびその周辺地域に限定し、現場での被災と救援の様子が示された記事のみ対象とした*6（表1-1～1-4）。

これらの記事を見ると、新聞社ごとに多少の傾向の違いはあるが、災害報道にはほぼ同様のパターンがあることがわかる。はじめは被害の大きさが強調され、救援が届いていない人々がいることが報じられる。しばらくすると、被災者が苦労して日々を送っている様子が報じられる。そして日本を含む国内外の救援隊が現地入りして活動している様子や、被災地の生活が一部で日常を取り戻した様子が報じられる。

これは、新聞報道の関心の置き方を反映している。新聞報道は、世の中の問題は常にグローバルでありながら個人的なものでもあることを前提に、時代や世界の問題がどのようなかたちで個人に表れているかに関心を向ける。そのため、新聞は、それが海の向こうの出来事であっ

についての「流動性が高い社会」のように、地域事情に詳しくない人でもその地域社会に対するイメージを掴みやすく、緊急支援や復興支援を進める上で助けになるような地域の捉え方を試みている。

*5　アチェでは被災直後に公務員に対し、職場に出勤しなくてよいので家族や近隣地域の救援活動に取り組むようにという指示が出され、やがてそれが解除されて二〇〇五年二月一五日までに職場に復帰するようにとの指示が出された。また、避難キャンプのテントで寝泊りしていた被災者の仮設住宅への入居が二月一五日に始まった。なお、諸外国からの支援のうち各国軍によるものの多くは二月上旬に活動を終了して撤退した。

*6　スマトラ島沖地震・津波

ても、自分と同じ人間の営みとして読者に共感を呼び起こす。その一方で、記事で紹介される出来事はいずれも人類社会の経験としては同列に扱われるため、たとえば災害であれば、どの災害であっても「〇日ぶりに救助」「被災地で結婚・出産」「商店やラジオや学校の再開」といった記事が書かれることになる。また、新聞メディアの特性上、救援・復興支援が順調に進んでいるとするだけでは記事にしにくいこともあり、被災地の状況を報じるには支援がうまくいっていない面を強調するきらいがある。

実際に記事を見てみよう。朝日新聞では、「孤立数万人、頼みは米ヘリ　道路寸断、空から物資」から「はしか心配　接種で防げ」「水道管復旧進まず」「なけなし貴金属　売って生活費に」などの記事が続き、そこから「陸自チーム診療所開く　予防接種に長い行列」という記事とともに、「テントで学校再開」「めんの店にぎわう」「避難所テントに電気」「スーパー再開一号」などの記事が掲載されるようになる（表1-1）。毎日新聞では、「地域間の援助格差が拡大　スマトラ西岸など困窮」から「復興へ活力、ミニＦＭ局「アチェの声」元気発信」「子ども一〇人が重症はしか」などの記事になり、「自衛隊、被災者にワクチン」「待望の学校再開」「安息提供の喫茶、ＴＳＵＮＡＭＩ」などの記事が続く（表1-2）。読売新聞も、同様に「バンダアチェでマラリア発症者確認」「陸上自衛隊がバンダアチェで医療活動開始」「学校は再開、再会は半数」などの記事を掲載している（表1-3）。なお、日本経済新聞は、スマトラ島沖地震・津波に関する記事を国別に分けずにインドネシア、タイ、スリランカに関する記事を一つにまとめて報じることが多く、記事内のアチェに関する記述と見出しがかけ離れているため、アチェに関する写真のキャプションを見てみると、同じような傾向を見ることができる（表1-4）。

より詳細に比べると、日本のＮＧＯの支援もあってずいぶん早く復興が進んでいるとの印象

は複数の国に被害を及ぼしたため、国別・被災地別に分けた記事と、複数の国の様子をまとめた記事がある。後者の記事でアチェを含むものでは、記事の見出しと記事中のアチェに関する情報が合致しない場合がある。

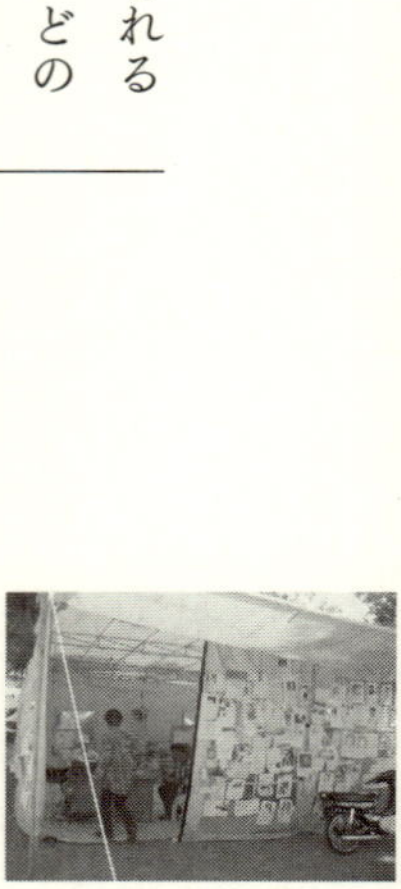

表1-1　朝日新聞の記事一覧

被災から	掲載日	内容
3日目	2004年12月29日	進まぬ復旧、食料も不足　道断たれ住民孤立　底つく抗生物質
4日目	2004年12月30日	犠牲者　大半は「水死」　海岸から5キロも奥に　検視できず、外見から身元推測
11日目	2005年1月6日	「被災孤児売買も」ユニセフ　インドネシアで警告
16日目	2005年1月11日	救援活動中に米軍ヘリ墜落　スマトラ、10人けが
17日目	2005年1月12日	孤立数万人、頼みは米ヘリ　道路寸断、空から物資
17日目	2005年1月12日	バンダアチェに空自輸送機が到着　スマトラ沖大地震で救援活動
18日目	2005年1月13日	［被災地から］点滴飲んで治療
18日目	2005年1月13日	救援活動　国連主導　調整は難航　「態度尊大」と地元NGO
19日目	2005年1月14日	スマトラ島北部　被災地に支えあいの輪　イスラム団体と日本援助隊協力　元留学生ら駆けつける
22日目	2005年1月17日	はしか心配　接種で防げ
22日目	2005年1月17日	陸自医療チーム　アチェに到着
23日目	2005年1月18日	教員1600人死亡か不明
23日目	2005年1月18日	水道管復旧進まず　街中の75％が破損
24日目	2005年1月19日	なけなし貴金属　売って生活費に
24日目	2005年1月19日	陸自チーム診療所開く　予防接種に長い行列
25日目	2005年1月20日	［被災地から］ラジオ局の復活
26日目	2005年1月21日	臨時事務所をアチェに設置　外務省
27日目	2005年1月22日	孤児向け保護施設　日本が支援策　心のケア・感染症対策
28日目	2005年1月23日	陸自隊200人　被災地到着へ　アチェで救援活動
29日目	2005年1月24日	配給ヘリに群がる住民　ナングロアチェ州西岸　被災1ヵ月なお孤立
29日目	2005年1月24日	陸自隊がアチェ到着　救援活動本格化
31日目	2005年1月26日	［被災地から］「庶民の台所」再び
31日目	2005年1月26日	テントで学校再開　スマトラ沖地震1ヵ月　登校して安否も確認
32日目	2005年1月27日	ツナミ被災地で陸自が初空輸　国際緊急救助隊
34日目	2005年1月29日	巡礼者　悲しみの帰郷　アチェ州出身の公務員「家壊れ家族は不明」
34日目	2005年1月29日	陸自が防疫活動開始　スマトラ沖地震支援
35日目	2005年1月30日	［被災地から］日本の知識　生きた
37日目	2005年2月1日	［被災地から］めんの店にぎわう
37日目	2005年2月1日	巡礼終え悲劇と対面
37日目	2005年2月1日	復興ともす　避難所テントに電気
38日目	2005年2月2日	漁船　被災者の足に「船賃、払える額でいいよ」
39日目	2005年2月3日	救援中の陸自ヘリ、屋根飛ばす　負傷者情報も
40日目	2005年2月4日	［被災地から］写真で肉親探し
41日目	2005年2月5日	津波被災地を黒柳さん訪問
41日目	2005年2月5日	廃材集めて仮設住宅
42日目	2005年2月6日	鉄くず回収　被災者の糧
43日目	2005年2月7日	［被災地から］スーパー再開1号
43日目	2005年2月7日	「服喪」最後の日
47日目	2005年2月11日	［被災地から］耐える移民の一家
49日目	2005年2月13日	［被災地から］金の飾り　再び輝け
52日目	2005年2月16日	津波の被災者15万人仮設に

表1－2　毎日新聞の記事一覧

被災から	掲載日	内容
2日目	2004年12月28日	密林襲う、波の壁／紙一重の生と死
4日目	2004年12月30日	「水・薬・食料　早く」人手足りず　進まぬ遺体収容
4日目	2004年12月30日	がれき・遺体、救助なく…震源近く
8日目	2005年1月3日	津波直撃　村が消えた
10日目	2005年1月5日	被災孤児400人が不明　人身売買の可能性も
13日目	2005年1月8日	インドネシア軍、救援活動に銃武装
14日目	2005年1月9日	70歳男性、11日ぶり救助
15日目	2005年1月10日	インド洋大津波　大波「数回押し寄せた」
16日目	2005年1月11日	22歳男性を約2週間ぶりに救助
16日目	2005年1月11日	救援物資輸送の米軍ヘリが墜落
17日目	2005年1月12日	地域間の援助格差が拡大　スマトラ西岸など困窮
18日目	2005年1月13日	救援物資つなぐ橋に大きな穴
18日目	2005年1月13日	復興へ活力、ミニＦＭ局「アチェの声」元気発信
19日目	2005年1月14日	インドネシア・アチェ州で、子ども10人が重症はしか――国連
20日目	2005年1月15日	粉ミルクも…
22日目	2005年1月17日	陸自医療チーム、最大被害のインドネシア・アチェ州に到着
23日目	2005年1月18日	被災孤児
23日目	2005年1月18日	復興めざし懸命の作業
24日目	2005年1月19日	自衛隊、被災者にワクチン
24日目	2005年1月19日	崩れた家、亡き家族に涙
29日目	2005年1月24日	がれき撤去で住民に現金、日本のＮＧＯが支援
30日目	2005年1月25日	低利の融資が…
30日目	2005年1月25日	困難乗り越え再建へ
31日目	2005年1月26日	待望の学校再開
31日目	2005年1月26日	不明の5歳娘と1カ月ぶり再会
32日目	2005年1月27日	陸自が物資輸送開始
32日目	2005年1月27日	［負けないで・ＴＳＵＮＡＭＩ］ヘリのごう音、恐怖の色
33日目	2005年1月28日	モスク残し全滅した村
33日目	2005年1月28日	日本政府、臨時事務所を開設
33日目	2005年1月28日	［負けないで・ＴＳＵＮＡＭＩ］「たくさん勉強して先生に」
34日目	2005年1月29日	自衛隊、インドネシアで医療活動を開始
35日目	2005年1月30日	インドネシア・アチェで「津波症候群」
35日目	2005年1月30日	離れ離れの父子が再会
36日目	2005年1月31日	国際緊急援助隊長「復興へ向けて、精力的に活動」
36日目	2005年1月31日	津波で陸路遮断
37日目	2005年2月1日	自衛隊アチェ医療支援2週間、戸惑いながら奮闘
39日目	2005年2月3日	橋落ちた川で「渡し」が活躍
39日目	2005年2月3日	スマトラ島西岸、外国人記者立ち入り禁止
39日目	2005年2月3日	陸自ヘリ風圧で住民2人が負傷――建物の屋根飛び
40日目	2005年2月4日	［負けないで・ＴＳＵＮＡＭＩ］せめて夢安らかに
40日目	2005年2月4日	被災の理髪店経営者、看板に思い
40日目	2005年2月4日	アチェ訪問の黒柳徹子さん「心の傷深い」
41日目	2005年2月5日	安息提供の喫茶、ＴＳＵＮＡＭＩ
42日目	2005年2月6日	「救援インフレ」深刻
43日目	2005年2月7日	愛する村、離れない　自主再建も…多難
46日目	2005年2月10日	「肉や卵食べてない」――援助の先細り懸念
48日目	2005年2月12日	仮設住宅「遠く不便」――山間部建設に漁師ら
49日目	2005年2月13日	土地台帳も被災
51日目	2005年2月15日	6頭の「象部隊」復興へ活躍
52日目	2005年2月16日	中国系住民、復興へ始動
52日目	2005年2月16日	仮設住宅の入居始まる

表1－3　読売新聞の記事一覧

被災から	掲載日	内容
3日目	2004年12月29日	震源至近の街　鼻つく猛烈な異臭
3日目	2004年12月29日	スマトラ島で潜水の邦人「世界が一変した」「無事」朗報も届く
9日目	2005年1月4日	ボートの下から漁民の男性救出
11日目	2005年1月6日	インド洋津波被災地の孤児　連れ去り事件が頻発、弱者への目配りを
11日目	2005年1月6日	「ツナミまた来る」車の振動に泣き叫ぶ妻
12日目	2005年1月7日	「医者も看護師も死んだ」バンダアチェの病院
13日目	2005年1月8日	インド洋津波の孤児襲う人身売買の手「親はいるのか？　街へ連れていこうか」
14日目	2005年1月9日	倒壊家屋の中から70歳男性を11日ぶり救出
16日目	2005年1月11日	救援物資輸送の米軍ヘリが墜落
17日目	2005年1月12日	空自機がアチェ入り、国連支援物資運ぶ
19日目	2005年1月14日	アチェでの遺体の身元確認、断念　死者7万人埋葬
22日目	2005年1月17日	インド洋津波の復興支援　陸自先発隊、アチェ入り
23日目	2005年1月18日	「感染症、食い止めねば」アチェ救援の日本人医師は「阪神」経験
23日目	2005年1月18日	陸自先発隊、活動開始へ　はしかワクチンの接種急ぐ
24日目	2005年1月19日	バンダアチェでマラリア発症者確認
24日目	2005年1月19日	アチェ、9割死亡地区も
24日目	2005年1月19日	陸上自衛隊がバンダアチェで医療活動開始
29日目	2005年1月24日	援助隊医療拠点、陸上自衛隊が引き継ぎ
31日目	2005年1月26日	インド洋津波1か月　不眠、悪夢、幻聴…心のキズ深く
31日目	2005年1月26日	インド洋津波から1か月　ゴミ散乱、トイレなし「衛生状態最悪」
32日目	2005年1月27日	バンダアチェ　学校は再開、再会は半数
32日目	2005年1月27日	陸自ヘリ、スマトラ島バンダアチェで初任務
33日目	2005年1月28日	インド洋津波被災地救援　海自輸送艦、資機材を陸揚げ
33日目	2005年1月28日	在インドネシア日本大使館がアチェに事務所開設
34日目	2005年1月29日	陸自の医療援助隊、感染症防止へ活動
35日目	2005年1月30日	母の執念　被災地捜し回り、息子と再会
36日目	2005年1月31日	被災者の心のケア急務　ＰＴＳＤ増加、専門家は不足
40日目	2005年2月4日	ユニセフ親善大使の黒柳徹子さん、インド洋津波支援の現場を訪問
52日目	2005年2月16日	神様、ありがとう　被災の母子、50日ぶり再会

表1－4　日本経済新聞の写真キャプション一覧

被災から	掲載日	内容
2日目	2004年12月28日	津波に襲われて倒壊した建物でできたがれきの上を歩く人
2日目	2004年12月28日	津波で家を失い病院に避難した人たち
3日目	2004年12月29日	軍用機に救援物資を運び込むインドネシア空軍の兵士
5日目	2004年12月31日	津波により壊滅的な打撃を受けた海岸沿いの町
10日目	2005年1月5日	流木に乗り手を振る津波で流された男性の住民
12日目	2005年1月7日	米軍ヘリに積まれた食料や水を争うように取り合う被災者ら
13日目	2005年1月8日	空輸された水を運ぶ水兵
14日目	2005年1月9日	被災地で食糧支援などが始まったが…
15日目	2005年1月10日	押し流された街
16日目	2005年1月11日	震源近くの街ムラボにはがれきの山が残る
16日目	2005年1月11日	海岸沿いの住宅街で、家屋を破壊され途方にくれる女性
16日目	2005年1月11日	避難民キャンプでは約1000人が生活している
16日目	2005年1月11日	がれきの山を焼き、煙が上がるムラボの被災地
17日目	2005年1月12日	津波で多くの子供たちが孤児になった
18日目	2005年1月13日	家屋のがれきを燃やす住民
19日目	2005年1月14日	避難キャンプで眠るインド洋津波の生存者
30日目	2005年1月25日	がれきを撤去する作業員たち
32日目	2005年1月27日	ヘリコプターから被災者用テントを運び出す陸自隊員
32日目	2005年1月27日	住宅や車の残骸が今なお残る
32日目	2005年1月27日	1ヵ月ぶりに娘と再会
32日目	2005年1月27日	子供も救援物資に列
32日目	2005年1月27日	遺体回収作業は続く
33日目	2005年1月28日	海上自衛隊員（手前）のサポートで着艦する陸上自衛隊のヘリ
35日目	2005年1月30日	ヘリから支援物資を運び出す陸上自衛隊員と被災者たち
41日目	2005年2月5日	津波のトラウマに苦しむ被災者の支援に当たるボランティア

を与える新聞や、被災地における日本や日本人の支援活動に焦点を当てた記事を多く掲載している新聞や、被災者が劣悪な環境のもとで自助努力によって暮らしていることに焦点が当てられている新聞といった違いを見ることもできるだろう。それでは、すべての新聞の記事に目を通せば被害と救援の全体像は得られるのだろうか。実際にこれらの記事をすべて並べてみても、情報量は増えるものの、被災と復興の全体の状況はわかりにくいままだ。

記事を並べるだけでは全体像を掴みにくい理由の一つとして、地理的な広がりをイメージしにくいことが考えられる。そこで、それぞれの記事がバンダアチェのどの地区に関する情報かを調べて、地図上で表現してみよう。しかし、作業を始めればすぐに、新聞記事の内容をもとに地図上の地点を示すのは容易でないことがわかる。*7 記事には取材した村の名前が記載されているが、県・市や郡の名前は書かれていない。限られた字数で情報を伝える新聞にとっては標準的な方法だろうが、馴染みのない外国の場合、村の名前だけではそれがどこにあるか知るのは容易ではない。

しかも、二〇〇四年の津波の前に日本でアチェに関する報道がほとんどなかったこともあり、日本の新聞記事ではアチェの地名のカタカナ表記が統一されていないという問題もあった。タケンゴンとタケゴン、ロクスマウェとロスマウェなどは同じ地名の表記の揺れだと想像がつくかもしれないが、シメウルエとシムルー（Simeulue）*8 やメウラボとムラボ（Meulaboh）となると、両者が同じ地名を指しているとはなかなかわかりにくい。ロックンガとロックガとルクンガとロンガ（Lhok Nga）のように四種類の表記が見られた地名や、ロクルエットとロククルート（Lhok Kruet）のように同一の新聞内で記者によって異なる表記がなされた地名もあった。また、地名の「東・西・南・北」や「大・中」を日本語に訳すか現地語の発音のままカタ

*7 インターネット上の新聞記事は、配信者がそれぞれの記事に地名（または位置情報）をタグ付けすることで、本文を読まずに正確な位置を知ることができる。また、同じ方法により、記事内容を詳細に分類することも可能である。現在、インドネシアの新聞では、主要日刊紙である『コンパス』をはじめとして、仕組みの上では記事ごとに位置情報と分類名を記者が入力する仕組みが作られているが、ほとんど活用されていない。位置情報や分類名が明らかでない報道をどう扱うかを考えるため、ここでは記事の本文から位置と内容を把握する方法を検討している。

*8 前者は日本の新聞記事で見られたカタカナ表記、後者は現地語の発音をもとにしたカタカナ表記、括弧内は現地語綴

カナ表記するかによって、アチェバラとアチェバラットと西アチェ（Aceh Barat）、アチェベサールとアチェブサールと大アチェ（Aceh Besar）のように、同じ地名に三つ以上の表記が与えられることもあった。[*9]

注意すべきなのは、現地語を知らないことが問題なのではなく、情報が現実の社会にきちんと位置づけられていないことが問題だということである。個人に表れるグローバルな問題を見るにしても、グローバルな問題と個人の問題を直結させてしまうと、時代や地域の文脈の中でそれがどのような意味を持つのかに関心が向きにくくなってしまう。外から理解しようとするだけでなく、被災地入りして現地社会のことを理解したり具体的な行動をとろうとしたりするにも、個人とグローバルの中間的な状況や環境を理解しなければうまく動かない。

ここで挙げた日本の新聞記事で、記事中の道路・建物や村の名前をもとに場所を特定できた記事はわずか数件だった。それ以外の記事の多くは地名を「バンダアチェ」としており、バンダアチェ市内のどの地域の話なのかは示されていない。[*10] そのため、「バンダアチェでマラリア発症者」のような重要な情報を含む記事があっても、バンダアチェのどこで起こった話かはその記事だけではわからない（図1-1）。日本の一般の読者が外国の状況を知るにはこれで十分かもしれないが、これだけではその一歩先を知ろうとするための手がかりを得にくい。

3　情報の「トリアージ」——地域で区切る

村や道路・建物などの地点をもとに記事を地図上に示すのは、たとえ土地勘があっても簡単

り。以下同じ。

*9　新聞記事以外では、緊急支援で現地入りした人が地名を一部省略して使い、それが報告書などでそのまま使われてわかりにくくなった例もある。西アチェ県のアルプニャリン（Alue Penyaring）村で支援活動を行ったある支援団体は、地名が長いために日本語風に「アルペン」と略した。他の支援団体との会議でもその呼び方を使ったため、その村で支援活動を行っていた他の支援団体と支援先が同じ村であることに互いにしばらく気づかないこともあった。

*10　バンダアチェ市は、九つの郡のもと八九の村から成り、六一平方キロメートルの土地に五万一九四六世帯二二万三八二九人が暮らしていた（二〇〇三年、アチェ州統計局）。

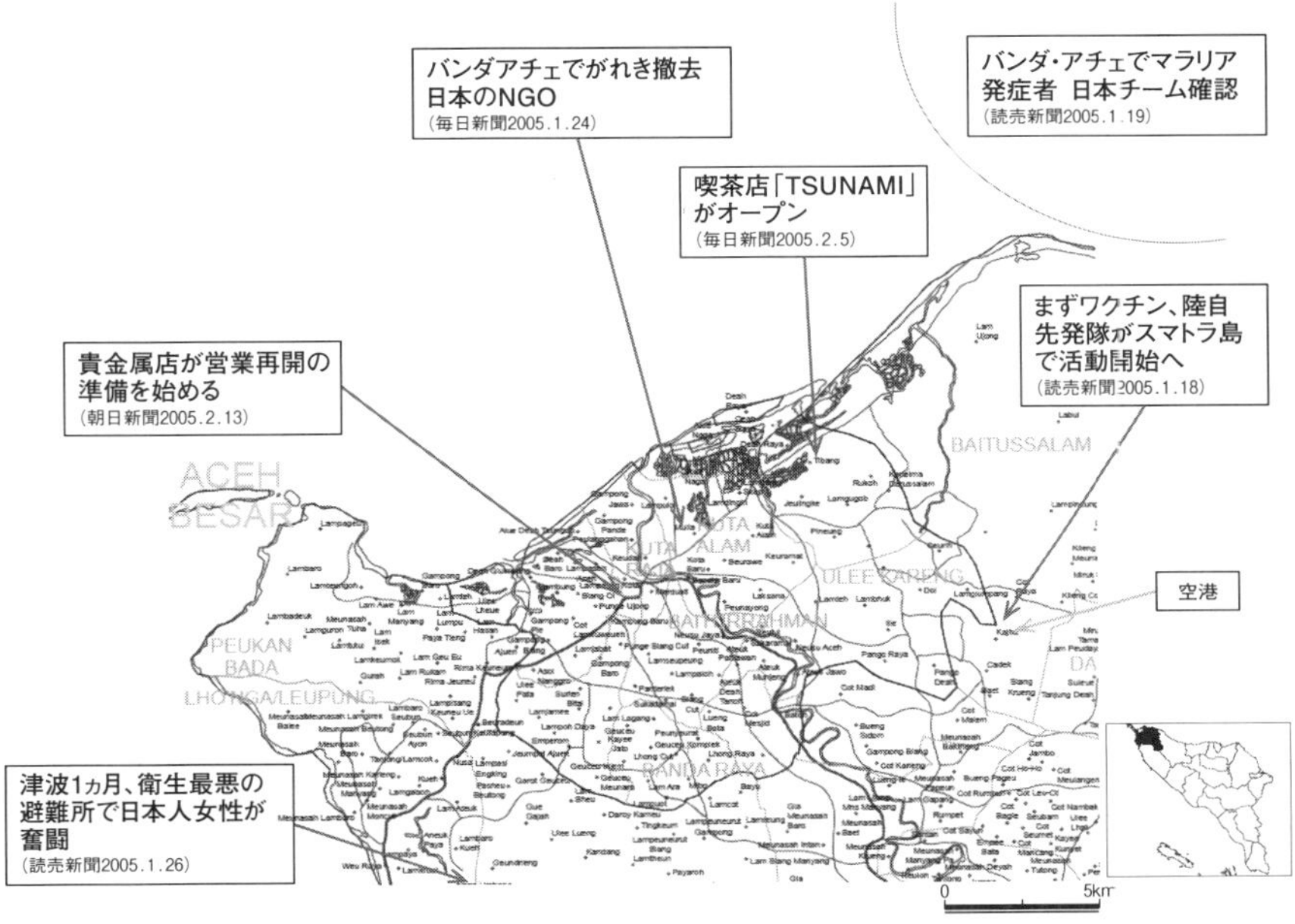
バンダアチェでがれき撤去
日本のNGO
（毎日新聞2005.1.24）
バンダ・アチェでマラリア
発症者　日本チーム確認
（読売新聞2005.1.19）
喫茶店「TSUNAMI」
がオープン
（毎日新聞2005.2.5）
まずワクチン、陸自
先発隊がスマトラ島
で活動開始へ
（読売新聞2005.1.18）
貴金属店が営業再開の
準備を始める
（朝日新聞2005.2.13）
空港
津波1ヵ月、衛生最悪の
避難所で日本人女性が
奮闘
（読売新聞2005.1.26）
ACEH
BESAR
PEUKAN
BADA
LHOKNGA/LEUPUNG
KUTA
ALAM
BAITURRAHMAN
ULEE KARENG
BAITUSSALAM
BANDA RAYA
0
5km

図1-1　津波に関する日本の新聞記事を地図上に表現

ではない。そこで発想を変えて、ある程度の広がりを持ったゾーンで記事を分類することを試みてみよう。緊急支援で現地入りした人道支援団体は、バンダアチェの市街地を津波被害の状況によって三つのゾーンに分けた。海岸から三～四キロメートルまでのゾーンは、ほとんどすべての建造物が津波によって壊され、土台だけ残してすべて流された地区である。わずかに生き残った住民は他の地区に避難しており、夕方になると人が誰もいなくなる。そこから内陸側に一～二キロメートルのゾーンは、地震と津波で全壊した家屋と、部分的に被害を受けた家屋とが混在す

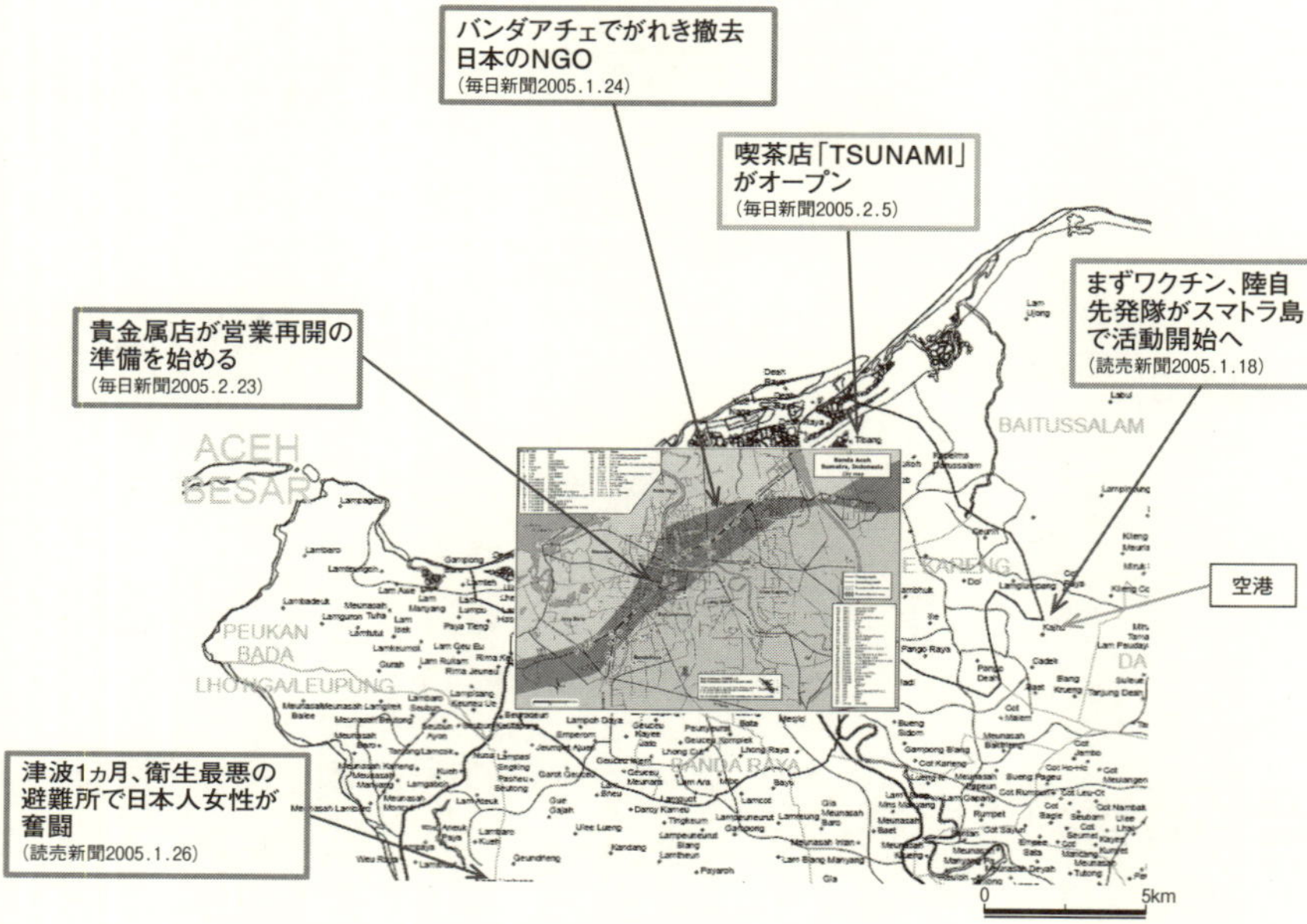
バンダアチェでがれき撤去
日本のNGO
（毎日新聞2005.1.24）
喫茶店「TSUNAMI」
がオープン
（毎日新聞2005.2.5）
まずワクチン、陸自
先発隊がスマトラ島
で活動開始へ
（読売新聞2005.1.18）
貴金属店が営業再開の
準備を始める
（毎日新聞2005.2.23）
ACEH
BESAR
BAITUSSALAM
PEUKAN
BADA
LHOKNGA/LEUPUNG
空港
津波1ヵ月、衛生最悪の
避難所で日本人女性が
奮闘
（読売新聞2005.1.26）
0
5km

図1－2　津波に関する記事を被害状況の異なる三つのゾーンを意識して地図上に表現

る。ただし、津波のために水深一メートル前後の浸水が数日間続き、全壊を免れた家屋でも家財道具が使いものにならなくなる被害を受けた。そして海岸から約五キロメートル以上のゾーンは、地震による建物の被害は多少あったが、津波はまったく及ばず、市場や商店は通常通り営業し、被災者が集まるテント村（避難キャンプ）も多く作られた。

　このゾーン分けは、災害や事故の現場で負傷者の重傷度を色分けして識別するトリアージの発想を地域に適用したものだといえる。[*11] 村や郡の行政区画にしたがって線引きされるとは限らないため、一

＊11　緊急医療におけるトリアージは処置の対象とそうでない人を分けるために行われるが、ここではゾーン別の分類に力点が置かれており、支援の対象地域とそうでない地域を分けるということではない。

つの村が複数のゾーンに分けられることもある。

これらの三つのゾーンを意識して先の新聞記事を分類すると、日本の新聞で報じられているのは、第二と第三のゾーンに関する記事か全域に関する記事が多いことがわかる（図1-2、表1-5）。

ただし、日本の新聞報道だけでは記事数が少ないために全体像を掴みにくい。そこで、同じ時期の現地語新聞の主要な見出しを同じように三つのゾーンに分けて並べてみよう（表1-6）。ゾーンごとに被害と救援の様子がかなり異なっていることが見て取れる。

第三のゾーン（津波が及ばず地震による被害のみ受けたゾーン）では、銀行のネットワークが通常通り機能し、稲の刈り入れも行われている。この地区には被災者や支援者が集まるため、家賃が高騰し、なけなしの貴金属を売って生活する被災者もいる。被災から四週間が経つと、自力で仮設住宅を作ろうとする被災者や、職を求める被災者の声が聞かれるようになる。日本の自衛隊による医療支援もこのゾーンで行われた。

第二のゾーンは、建物は全壊しなかったが津波により浸水して家具等が使えなくなったゾーンである。バンダアチェの主な行政施設や商店街もこのゾーンにある。このゾーンではがれきの撤去が大きな課題だった。がれきを撤去して商業施設の再開を試みたり、郵便や水道などの復旧を試みたりしている様子が報じられている。商店の一部が営業を開始するものの、まだ閑散としている。日本の支援団体ががれき撤去で活動している様子が報じられているのもこのゾーンである。

これに対し、第一のゾーン（津波により全壊したゾーン）では、この期間を通して遺体の処理が問題になっている。当初は域外からのボランティアに遺体処理を求めたがうまくいかず、住民

表1－5　三つのゾーンで分けた日本語新聞の主な記事（朝日・毎日・読売新聞）

掲載日	被災	第一のゾーン	第二のゾーン	第三のゾーン	不明・全体
2004年12月26日	当　日				
2004年12月27日	1日目				
2004年12月28日	2日目				
2004年12月29日	3日目		進まぬ復旧、食料も不足　道断たれ住民孤立　底つく抗生物質		震源至近の街　鼻つく猛烈な異臭
2004年12月30日	4日目		「水・薬・食料　早く」　人手足りず　進まぬ遺体収容		犠牲者　大半は「水死」 海岸から5キロも奥に 検視できず、外見から身元推測
2004年12月31日	5日目				
2005年1月1日	6日目				
2005年1月2日	7日目				
2005年1月3日	8日目	津波直撃　村が消えた			
2005年1月4日	9日目	ボートの下から漁民の男性救出			
2005年1月5日	10日目				被災孤児400人が不明　人身売買の可能性も
2005年1月6日	11日目				インド洋津波被災地の孤児　連れ去り事件が頻発、弱者への目配りを
2005年1月7日	12日目		「医者も看護師も死んだ」 バンダアチェの病院		
2005年1月8日	13日目			インド洋津波の孤児襲う人身売買の手「親はいるのか? 街へ連れていこうか」	
2005年1月9日	14日目		倒壊家屋の中から70歳男性を11日ぶり救出		
2005年1月10日	15日目				
2005年1月11日	16日目			救援活動中に米軍ヘリ墜落　スマトラ、10人けが	
2005年1月12日	17日目		地域間の援助格差が拡大　スマトラ西岸など困窮	空自機がアチェ入り、国連支援物資運ぶ	
2005年1月13日	18日目			点滴飲んで治療	復興へ活力、ミニFM局「アチェの声」元気発信
2005年1月14日	19日目	アチェでの遺体の身元確認、断念　死者7万人埋葬		スマトラ島北部　被災地に支えあいの輪　イスラム団体と日本援助隊協力　元留学生ら駆けつける	インドネシア・アチェ州で、子ども10人が重症はしか　国連
2005年1月15日	20日目				
2005年1月16日	21日目				
2005年1月17日	22日目			陸自医療チーム　アチェに到着	はしか心配　接種で防げ
2005年1月18日	23日目		水道管復旧進まず　街中の75% が破損	陸自先発隊、活動開始へ　はしかワクチンの接種急ぐ	教員1600人死亡か不明

掲載日	被災	第一のゾーン	第二のゾーン	第三のゾーン	不明・全体
2005年1月19日	24日目	アチェ、9割死亡地区も	崩れた家、亡き家族に涙	なけなし貴金属売って生活費に	バンダアチェでマラリア発症者確認
2005年1月20日	25日目				
2005年1月21日	26日目			臨時事務所をアチェに設置　外務省	
2005年1月22日	27日目				孤児向け保護施設　日本が支援策　心のケア・感染症対策
2005年1月23日	28日目				
2005年1月24日	29日目		がれき撤去で住民に現金、日本のＮＧＯが支援	援助隊医療拠点、陸上自衛隊が引き継ぎ	
2005年1月25日	30日目		低利の融資が…		
2005年1月26日	31日目		インド洋津波から1か月　ゴミ散乱、トイレなし「衛生状態最悪」	「庶民の台所」再び	テントで学校再開　スマトラ沖地震1ヵ月　登校して安否も確認
2005年1月27日	32日目			ツナミ被災地で陸自が初空輸　国際緊急救助隊	バンダアチェ　学校は再開、再会は半数
2005年1月28日	33日目			在インドネシア日本大使館がアチェに事務所開設	
2005年1月29日	34日目			自衛隊、インドネシアで医療活動を開始	巡礼者　悲しみの帰郷　アチェ州出身の公務員「家壊れ家族は不明」
2005年1月30日	35日目				母の執念　被災地捜し回り、息子と再会
2005年1月31日	36日目			国際緊急援助隊長「復興へ向けて、精力的に活動」	
2005年2月1日	37日目		復興ともす　避難所テントに電気	めんの店にぎわう	
2005年2月2日	38日目	漁船　被災者の足に「船賃、払える額でいいよ」			
2005年2月3日	39日目	スマトラ島西岸、外国人記者立ち入り禁止			
2005年2月4日	40日目		被災の理髪店経営者、看板に思い		写真で肉親探し
2005年2月5日	41日目	安息提供の喫茶、ＴＳＵＮＡＭＩ	廃材集めて仮設住宅	津波被災地を黒柳さん訪問	
2005年2月6日	42日目		鉄くず回収　被災者の糧	「救援インフレ」深刻	
2005年2月7日	43日目			スーパー再開1号	「服喪」最後の日
2005年2月11日	47日目				
2005年2月12日	48日目			仮設住宅「遠く不便」山間部建設に漁師ら	
2005年2月13日	49日目		金の飾り　再び輝け		土地台帳も被災
2005年2月14日	50日目				
2005年2月15日	51日目	6頭の「象部隊」復興へ活躍			
2005年2月16日	52日目		中国系住民、復興へ始動		仮設住宅の入居始まる

表1－6　三つのゾーンで分けた新聞記事（現地語新聞）

掲載日	被災	第一のゾーン	第二のゾーン	第三のゾーン	不明・全体
2004年12月26日	当　日				
2004年12月27日	1日目				
2004年12月28日	2日目		受刑中の女性活動家と独立派が津波で死亡		
2004年12月29日	3日目				
2004年12月30日	4日目	マレーシア救助隊の遺体回収活動に評価		バンダアチェの軍用空港では救援物資が山積み、「輸送の手段なし」	全面麻痺していたバンダアチェの電話回線が復旧開始、衛星電話・固定電話・携帯電話の一部で
2004年12月31日	5日目	象のボランティア、がれきや木の撤去に活躍	地方紙『スランビ・インドネシア』の社屋が津波で瓦礫と化す		
2005年1月1日	6日目				
2005年1月2日	7日目	がれきの山の間を負傷したまま裸足で歩く被災者たち	政府と民間ボランティアが市内の重要拠点や主要道路でがれき撤去と遺体回収特にブランパダン広場とバイトゥルラフマン・モスクで	バンダアチェから出ようとする人々が空港で何日も空席待ち	地元紙『スランビ・インドネシア』が発行を再開
2005年1月3日	8日目	ウレレー通り、がれき撤去が進み使用可能に	アチェ華人、政府の災害援助は官僚的で不公平と不満	州知事官邸の災害対策本部を除き、官民ともに活動を停止中	インドネシア・インターネット協会、バンダアチェ市内にインターネットカフェを設置
2005年1月4日	9日目		被災者の留守宅で盗難が横行　パトロールの必要性	飛行機が着陸に失敗避難民は足止め、物資供給にも大影響	孤児を養子にするには州政府の手続きが必要
2005年1月5日	10日目	クルンラヤ河畔でボランティアによる遺体収容活動　軍用トラックで数十体を運ぶ	バンダアチェからムラボまでの陸路は途絶	バンダアチェ市内、公共交通機関は依然として麻痺状態	ムラボの住民、内陸部経由で3日かけてバンダアチェへ
2005年1月6日	11日目		一般家屋の片づけはまだ手つかず　被災者は避難所で暮らす	道端に即席の市場や屋台が出現	バンダアチェで余震、数千人が屋外へ避難
2005年1月7日	12日目		アチェの華人、全てをなくしメダンの親戚のもとに身を寄せる	インドネシアのデータ通信会社、テレビ塔にワイヤレス通信施設を設置	「イスラム過激派」組織がアチェ州に救援キャンプを設置
2005年1月8日	13日目	住民の6割が死亡した村　3000人に食糧・医薬品が不足	バイトゥルラフマン・モスクで津波後最初の金曜礼拝、7000人が集まる	市場で商売が再開、魚の売れ行きは落ちる	アチェのイスラム教指導者、外国人支援者によるアチェ人のキリスト教化の疑いを否定
2005年1月9日	14日目		バンダアチェ市街地の事業主、資金繰りに不安	津波被災者の避難先での衛生状態に注意が必要	
2005年1月10日	15日目	入域したボランティアが自分勝手に活動する	バンダアチェで事業の再開のめど立たず	バンダアチェの銀行のネットワークは障害なし	バンダアチェ市長の死亡を家族が確認
2005年1月11日	16日目	ボランティア、遺体処理以外の作業を要求	一部の学校で授業を再開	近隣地域の被災者が徒歩でバンダアチェに避難	バンダアチェの避難所で孤児200人が飢餓に直面
2005年1月12日	17日目	住民どうしで助け合い、遺体の回収は20万ルピア	バンダアチェでの携帯電話通信、95%が回復	バンダアチェで津波後初の稲の収穫が行われる	ウラマー評議会、「遺体を火葬するのは妥当ではない」

掲載日	被災	第一のゾーン	第二のゾーン	第三のゾーン	不明・全体
2005年1月13日	18日目	かつて観光客で賑わっていたビーチが今では無人状態に		バンダアチェで稲の収穫始まる	インドネシア政府、外国人の入域はバンダアチェ、大アチェ、ムラボの3地区に限定する方針
2005年1月14日	19日目	がれき撤去に重機が不足	国軍とイスラム防衛戦線が合同でモスク内のがれき撤去	ジャカルタの教育財団、クタパンとグエガジャに臨時学校を開設	米国のキリスト教系団体、アチェの孤児300人を集めてキリスト教徒家庭に養子縁組の予定
2005年1月15日	20日目		郵便局、郵便物は局まで取りに来るよう呼びかけ	3つの避難所（プロレ、ファティハ、シンパンクア高校）でコレラが発生	バンダアチェ市内でガソリン供給が平常化、固定電話も復旧
2005年1月16日	21日目	津波から20日間も援助が全く入っていなかった村を発見		避難キャンプでインドネシアのイスラム団体がイスラム式の教育法を実施	雨が降り道路が冠水、ボランティアの活動を阻む
2005年1月17日	22日目	がれきやごみの中に残された遺体の処置が急務	政府機関の多くでボランティアによるがれき撤去が進む	食糧配給に対する不満の声「必要なのは乾麺ではなく米」	破傷風で6人死亡、30人が入院中
2005年1月18日	23日目	沿岸部にマングローブを植林する計画	被災者の留守宅を狙った泥棒が横行		レンタカー代が高騰、被災前の2倍の価格に
2005年1月19日	24日目	バンダアチェから西海岸への道は依然復旧せず	アジュン、ウレレー、カジュ、プンゲ地区で多数の遺体が未収容	ランバロ地区は被災地支援に来た人々で賑わう	警察、被災者宅を狙った泥棒容疑で国軍兵士を含む43人を逮捕
2005年1月20日	25日目	バンダアチェで港湾の再建計画に着手	モスク内にがれき残る　高さ160センチに達する	マレーシア国軍、アチェで野営病院を開院	未明に余震、住民は屋外に避難
2005年1月21日	26日目		マレーシアの青年団、アチェで犠牲祭の礼拝に出席	警察、外国軍兵士相手の売春を防ぐよう警告	
2005年1月22日	27日目		発電船付近は被災地の新たなツーリスト・スポットに	警察、アチェの性的侮辱事件を調査	公共事業省、道路150キロメートル、橋110橋（1750メートル）、建物200万棟が壊滅と発表
2005年1月23日	28日目	がれきの撤去や清掃作業は依然として急務	マラハヤティ病院、医療活動を再開	ネス地区で日常生活が活発化	商業地区の華人住民に呼びかけ「バンダアチェに戻って経済復興の柱となるよう」
2005年1月24日	29日目	住宅再建のための津波前の区画の再現に困難	国家土地局のバンダアチェ事務所で施設内の泥と遺体の収容作業を開始	台所用ナイフを使って出産	
2005年1月25日	30日目	残る数千体の遺体処理のため国軍兵士の増派を要請	市街地には津波で流されたがれきが残る	支援を求める被災者が役所でたらい回しに	仮設住宅の建設計画、建設資材の調達が困難で遅れ気味
2005年1月26日	31日目	津波から1ヵ月経ってもなお数千体の遺体が未回収	プンゲブランチュ地区で火災発生、がれきのために消防車近づけず	ガルーダ航空、バンダアチェ発便に毎日80席を無料で用意、31日まで	市内に埃が漂い、がれき撤去作業の妨げに
2005年1月27日	32日目	橋の修復が進まず車が筏で渡る	ロンガの橋が復旧、通行可能に	空軍基地に到着した援助物資の受け取りが誰でも可能に	援助物資受け取りを巡りトラブル、警察はNGO職員の身柄を拘束
2005年1月28日	33日目	巡礼者がメッカから1ヵ月ぶりに戻ると村が消えていた	一部地域で仮設住宅の建設が始まる	近隣地域からバンダアチェへの避難民流入が続く	

掲載日	被災	第一のゾーン	第二のゾーン	第三のゾーン	不明・全体
2005年1月29日	34日目	全ての遺体の収容完了は2月末を目標とする	市内の道路の95%でがれき撤去が完了	仮設住宅建設のための木材が不足	
2005年1月30日	35日目	大アチェ県では遺体5000体が回収されないまま	被災地を通過する車両に子どもたちが寄付を求める	避難所で子どもたちのために仮設教室を建設	被災で延期になっていた結婚式が行われる
2005年1月31日	36日目		国内の華人団体、アチェの華人被災者の生活再建を支援		バンダアチェで余震
2005年2月1日	37日目	全てのがれき撤去は3月末までかかる見通し	市街地で95%のがれきを撤去	マレーシア国軍、ランピネン村を「養子村」として支援を行う	ブルネイ国王、市内被災地を視察
2005年2月2日	38日目	ブルネイのスルタンが津波被災地を視察	市街地で一部の商店が営業を再開	空軍、ボランティアによる空軍基地利用への支援を約束	マハティール前マレーシア首相、市内被災地を視察
2005年2月3日	39日目		家族計画局、活動を再開	避難所以外に避難した被災者も支援対象に	ラジオ放送が再開される
2005年2月4日	40日目	国軍ががれき等から回収した金1520グラムをバイトゥルラフマン・モスクに寄贈	再建のための土地区画の確認に混乱	被災者は避難先で職を求めている	米国海軍、アチェでの援助活動を終了
2005年2月5日	41日目	日々発見・処理される遺体の数は減らない			
2005年2月6日	42日目		バンダアチェの市場は閑散としたまま		
2005年2月7日	43日目	津波でも流されなかったシアクアラの墓所		ラムアラ地区で日本の自衛隊による診療始まる	バンダアチェ市、活動を少しずつ取り戻す　渋滞も発生
2005年2月8日	44日目	未回収の遺体が発見される			
2005年2月9日	45日目				州政府、訪問者が絶えない津波跡地を観光資源として活用する方針
2005年2月10日	46日目				余震による住民の混乱は「水がくる」と叫んだ人がいたため
2005年2月11日	47日目		イスラム支援団体、避難キャンプに上下水施設を設置	国連「被災者は再定住地への移住を断ることができる」	バンダアチェの女性、トルコの援助パンを受け取る
2005年2月12日	48日目			12日までに完成予定だった仮設住宅の建設は3月半ばまでずれこむ見込み	英国軍、アチェで支援活動を終了
2005年2月13日	49日目				
2005年2月14日	50日目				
2005年2月15日	51日目	ボランティアや国軍による遺体収容作業続く、一日に数百体	プナヨン地区の華人商店主、避難先のメダンから戻り営業再開		
2005年2月16日	52日目				

に賃金を払って遺体処理を試みたが、これもうまくいかなかった。最終的に国軍兵士に遺体処理を求め、二月末までに遺体処理を終えるという目標が立てられたが、二月に入っても毎日のように新しい遺体が発見されていると報じられている。被災から五週間が経っても第一のゾーンでは遺体の処理が主要な問題であり続けていた。

このように、同じバンダアチェ市内でも地域ごとに被災の状況は大きく異なり、救援・復興の状況も大きく異なっていた。*12 やや単純に図式化すれば、第一のゾーンでは遺体の捜索と処理、第二のゾーンではがれき処理が続き、新聞記事としては同じ内容となるため何度も報じられることはない。これに対して第三のゾーンでは、被災前からの住民はほぼ日常どおりの生活を営んでおり、さらに被災者と支援者が集まることから、被災直後にもかかわらずある種の活気が見られ、新聞記事にしやすい出来事を見つけやすい。第三のゾーンに関する記事が多くなるのはそのためだろう。

新聞やテレビ等の報道では、限られた字数や時間で被災地の細かい状況の違いを説明する余裕がなく、被災地のどの部分か明確にされないまま情報が提供されることも多い。そのような情報発信には、前述のように人類社会としての経験を報じるという責務に加え、未曾有の大災害に見舞われた被災地で人々が元気に明るく生きている様子を世界の人々に伝えるという意義があるが、その裏で、遺体の捜索やがれき処理が毎日続けられている状況が見えにくくなることに示されているように、個別の場所で個別の人が具体的にどのような経験をしているかという観点からは十分な情報が提供されない。

なお、ここで強調しておきたいのは、緯度経度や正確な地名が記事に付されていればその記事から意味を読み取ることができるとは限らないということである。*13 緯度経度や正確な地名

*12 このほかに津波遺構とツーリズムに関連して、二〇〇五年一月二二日には発電船付近が被災地の新たなツーリスト・スポットになっていることが紹介されており、また、二月九日の記事では訪問者が絶えない津波遺構を州政府が観光資源として活用する方針を発表したと報じられている。

*13 新聞のオンライン記事に緯度経度情報を付すことによって収集した記事を地図上で表現する仕組みについては221ページを参照。

は、あくまで文脈や関心に即してその記事に意味を与える手掛かりでしかなく、その記事をどのような地域についての記事として読めばよいのか、あるいは、その記事をある関心に即してみたときにどのように分類できるかといった記事に付す文脈を定める補足情報である。

人道支援団体による津波被害による三つのゾーン分けは、支援を必要としている人々がある広がりを持って多数いるときに、どのような支援を誰に優先的に行えばよいかという関心に即してつくられたものである。このような特定の関心がないまま記事した緯度経度や地名が追加されても、その記事に意味を与えることは難しい。

4　災害情報の空間学

以上のことをまとめてみよう、新聞には新聞社ごとの特徴や傾向があり、一種類の新聞だけ読んでいても全体像がわかるとは限らない。ただし、複数の新聞を読むと情報が増えるものの、情報が増えるだけでは全体像がわかるとは限らない。全体像を捉えるには、集めた情報をどのように区切ってまとめるかが重要になる。その区切り方は行政区分と重なるとは限らず、どの側面を理解したいかによって適切な区切り方が違ってくる。また、区切り方は常に一通りに定まるわけではなく、見る人によって異なりうるし、同じ人であっても、関心や目的が変われば区切り方を変える必要がある。さらに、目的に応じて、対象とする地域の範囲を拡大したり縮小したりすることも必要になる。

ここではバンダアチェを津波被害の程度によって三つのゾーンに分けてみたが、もしアチェ

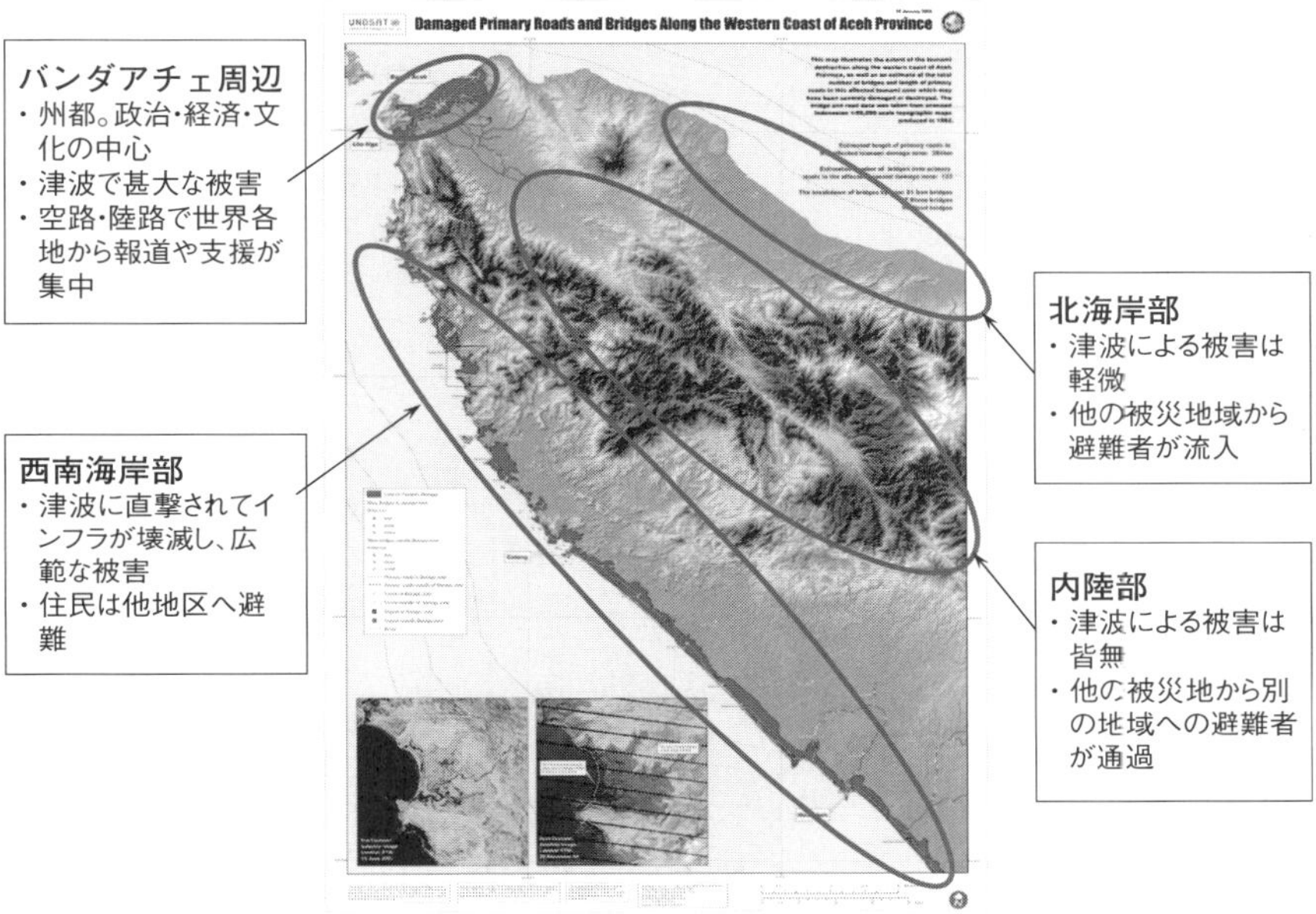
Damaged Primary Roads and Bridges Along the Western Coast of Aceh Province
バンダアチェ周辺
・州都。政治・経済・文化の中心
・津波で甚大な被害
・空路・陸路で世界各地から報道や支援が集中
北海岸部
・津波による被害は軽微
・他の被災地域から避難者が流入
西南海岸部
・津波に直撃されてインフラが壊滅し、広範な被害
・住民は他地区へ避難
内陸部
・津波による被害は皆無
・他の被災地から別の地域への避難者が通過

図1－3　アチェ州の津波被害

州全体を対象とするならば四つのゾーンに分ける見方がある。①震源に最も近く、官公庁や商店が沿岸部の幹線道路沿いに集中しており、津波により広範囲にわたって幹線道路沿いの官公庁や商店街が被害を受けた西南海岸部、②アチェ州の政治・経済・文化の中心地で人口が多く集まり、沿岸部を中心に地震と津波によって大きな被害が出た州都バンダアチェとその周辺、③スマトラ島の物流の拠点である北スマトラ州メダン市とアチェ州各地を結ぶ幹線道路が通る陸上交通の拠点であり、津波被害は他地域に比べて大きくないために注目はあまり集まらないが支援物資が目の

前を行き来する土地である北海岸部、④津波による被害は受けていないが西南海岸部から他地域に避難する人々が通過する内陸部の四つである（図1‐3、表1‐8）。[*14]

また、時間の経過に伴って地域の切り分け方を変える必要が生じることもある。たとえば、緊急対応から復興へ、さらに政治経済の発展へと段階を経るにつれて目を向けるべき課題も変化し、それに応じて地域の切り分け方も変わってくる。

課題や関心ごとに適切な地域の切り分け方はどのようにすれば得られるのか。一つは、過去の経験や知見の蓄積が体系化された「定番の区切り方」を用いる方法で、いわば上から枠をあてはめる方法である。もう一つは、現在ものごとが展開している現場の状況から浮かび上がってくる区切り方で、下から区切り方を探る方法である。この二つの方法を組み合わせて試行錯誤しながら課題や関心に即した地域の区切り方を探ることになるが、その際に対象とする地域の歴史や文化を含む地域の来歴を踏まえた土地勘を加味すれば、特定の課題への対応やその展開を分析する上で適切な地域の区切り方が得やすくなる。

現実には、情報の得やすさなどの理由から、行政単位によって地域を切り分ける方法が取られることも多い。しかし、現実社会の課題は行政単位ごとに生じるとは限らず、分析に有効な地域の切り分け方はしばしば行政単位と食い違う。また、人は

表1－7　アチェ州の地域別の被災状況

	被災前人口（人）	死亡・行方不明（人）	避難民（人）
西南海岸部	948,605	35,327	153,926
バンダアチェ周辺	589,186	121,507	134,225
北海岸部	2,250,017	7,850	189,443
内陸部	509,677	502	2,673
合計	4,297,485	165,186	480,267

2005年2月調べ

＊14　ベースにした地図は、被災直後の二〇〇五年一月一〇日に国連により、人道支援活動のために作成され一般公開されたもので、津波の浸水を受けた部分と津波によって損壊した橋の位置が示されている。http://maps.unosat.org/Tsunami/banda_aceh/aceh2_roads_mapA1.jpeg

本来的に移動する存在なので、行政単位ごとの切り分け方では十分に事象を捉えられないことも多く、特に災害時はそのことが顕著となる。ある出来事やことがらについて知るには、それに関する情報を集めるだけでは不十分であり、その情報が意味を持つ適切な広がりを設定して情報を位置づけなければならない。そのためには、自分が関心を持って具体的に関わろうとする対象が何なのかを知ることが重要である。

第2章

災害への関心を重ねる

スマトラ島沖地震・津波(二〇〇四年)・ニアス地震(二〇〇五年)

被災地の内と外

右：被災から1年目を迎えたバンダアチェ市では「津波縁日」が開かれた（バンダアチェ、2005年12月）

本章下部の写真：バンダアチェとその周辺にて、2005年8月、12月、2006年1月

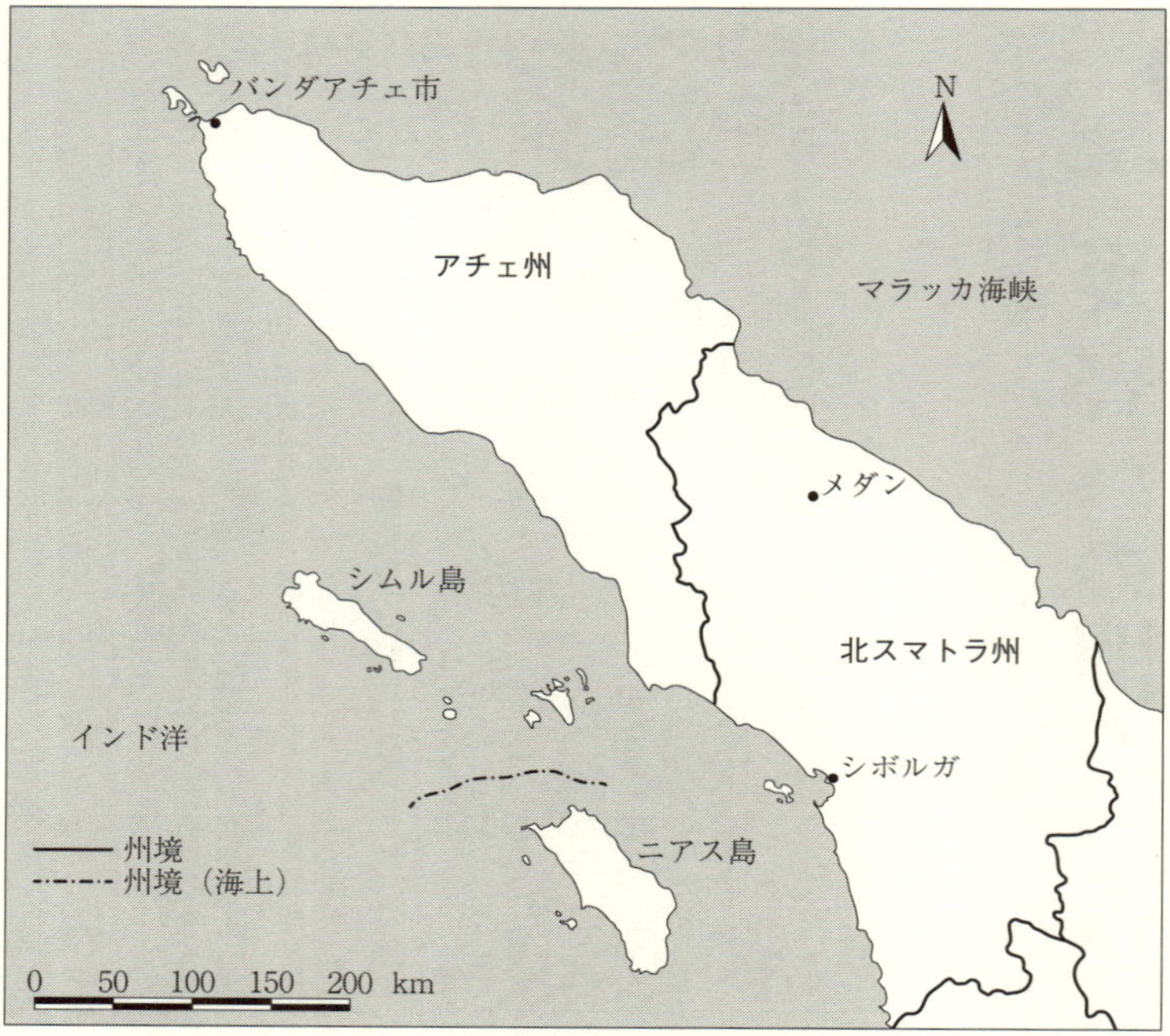

スマトラ島沖地震・津波（インド洋津波）

データは第１章の扉裏を参照

ニアス地震（ニアス島沖地震）

2005年３月28日（月）午後11時９分（西部インドネシア時間）発生

シボルガの西200キロメートルの海中

北緯2.074度、東経97.013度、震源の深さ30キロメートル

マグニチュード8.6

死者915人、行方不明者１人、負傷者6278人、住宅を失った人の数10万4167人

阪神淡路大震災では、それまでボランティア活動に積極的に携わってこなかった多くの人たちがボランティアとして救援活動に参加した。このことから、一九九五年は日本の「ボランティア元年」と呼ばれている。

それから一〇年経った二〇〇五年は、日本の「国際ボランティア元年」と呼べるかもしれない。二〇〇四年一二月のスマトラ島沖地震・津波の被害を受けたインドネシアでは多くの日本人ボランティアが現地入りして被災地の救援活動に参加する姿が見られ、二〇〇六年五月のジャワ地震では、日本人ボランティアがすっかり定着したようである。しかも、医者や消防隊員のように災害救援を専門とする人だけでなく、災害救援と直接的に関係ない専門性を持つさまざまな立場の人が海外の災害現場で救援活動に携わるようになっている。

また、インターネットの普及により、個人による不特定多数への情報発信も容易になってきた。そのような試みの一つとして、筆者らが二〇〇四年のスマトラ島沖地震・津波に際してインターネット上に開設した情報発信サイトの運営経験をもとに、災害地域情報の整理と発信について考えてみたい。筆者らがどのような災害地域情報を発信し、それが筆者らの想定した受け手によってどのように利用されたか（されなかったか）を、アクセス数や検索キーワードの分析や人道支援団体への聞き取り調査から紹介したい。

その上で、インドネシアの新聞・雑誌記事の頻出語彙を検討することにより、被災地の内と外にある関心の重なりについて考えてみたい。スマトラ島沖地震・津波の主な被災地となったアチェ州は、インドネシアの首都ジャカルタから見て地理的にも心理的にも距離があった。直接の被災地の外にいるインドネシアの人々が同じ国民であるアチェの人々の被災に関心を向けたときにどのような表現がなされたのかを見ることを通じて、情報の重なりについて考えてみ

たい。

1　翻訳と仕分け——被害・救援情報の発信

スマトラ島沖地震・津波の発生に際し、筆者らは「二〇〇四年スマトラ沖地震・津波　アチェ・ニアス復興関連情報」*1（以下、スマトラＨＰ）をインターネット上に開設し、二〇〇五年一月五日よりアチェの被災と救援・復興に関する情報発信を行った。スマトラＨＰの運営に携わったのは三名である。*2 いずれも調査研究でマレーシアまたはインドネシアで長期間滞在した経験があり、十分な語学力や土地勘を備えていた。

スマトラＨＰが情報の発信先としてもともと想定していたのは、インドネシアの現地事情には明るくないが、救援活動のためインドネシア入りし、被災地のアチェや支援活動の拠点となるメダンに滞在している人たちだった。インターネットへの接続環境がよくない被災地で参照しやすいように、画像は載せずに文字情報だけ一枚のページで表現するよう心がけた（図2-1）。

スマトラＨＰでは、主に以下の四つの柱からなる災害地域情報の発信を行った。

一つめは、被災地の地図および地理に関する情報である。土地勘がない人たちが現地で自分の居場所を把握するための基本情報として地図が最も重要だと考えた。ただし、前述のようにスマトラＨＰで画像の掲載は考えなかったため、インターネット上で入手可能な被災地の地図の所在地を示し、インドネシア語がわからなくても地図にたどり着けるように入手案内と凡例の日本語訳を示した。

---

*1　http://homepage2.nifty.com/jams/aceh.html

*2　筆者はマレーシアの地域研究／現代史が専門で、二〇〇三年にインドネシアの北スマトラ州メダンに一年間滞在し、アチェ紛争の域内避難民に対する支援活動の調査を行った。西芳実は、アチェの近現代史を専門として、一九九七年から二〇〇〇年までバンダアチェ市のシアクアラ大学に留学した。本シリーズ第二巻を執筆。篠崎香織は、マレーシアの華人社会を専門に研究し、スマトラ島沖地震・津波の発生時にはマレーシアのクアラルンプールに長期滞在中だった。

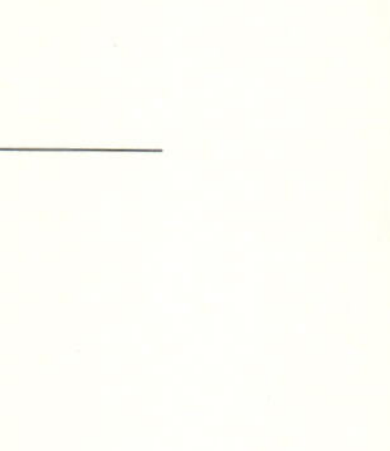

二つめは、当時アチェ州が紛争状態にあったことから、アチェ州の歴史・政治的背景や紛争の構造を説明した。支援者の安全確保の助けになるよう期待するとともに、地域の歴史や社会に関する研究成果を踏まえ、人道支援という外部からの介入を契機として、アチェの紛争を支える社会の構造が変わる可能性に期待する気持ちがあった。

三つめは、被災や救援・復興活動の状況を理解するため、新聞などの一般報道情報を整理して提示した。アチェの地震・津波被害と救援活動に関する国内外の一般報道情報を集め、外国語のものは日本語に翻訳した。インドネシアだけでなく、近隣国であるマレーシアやシンガポールでの報道についても、英語、マレー語、華語それぞれの記事から情報を収集した。また、状況をうまく把握するには各記事をどのように仕分けして提示すればよいかを工夫して、一つ一つの記事の内容を読まなくても被災や救援活動の様子がわかるように心がけた。クリッピングした記事は、作業の過程で量的に主流になり、後にアーカイブとして保存した。

図2－1　スマトラHPより

四つめは、現地調査に基づく短報を掲載した。アチェの「地域のかたち」をどのように示すかを考えながら、スマトラHPの運営メンバーがそれぞれの関心と専門に即して執筆した。被災から半年目、一年目、二年目といった区切りごとの短報のほか、マレーシア

による救援活動の意義なども紹介した。

この背景には、紛争地であったアチェの被災地でどのような救援活動がありうるかという関心があった。アチェが抱える問題とは、直接的には独立派ゲリラと国軍の間の武力紛争だが、その構造は経済開発の潜在性が高いアチェへの武装勢力による「囲い込み」であり、治安当局（国軍）と分離主義勢力の自由アチェ運動（ＧＡＭ）は、いずれも住民の「囲い込み」を行う武装勢力である点で住民にとっては大差ない。これを、「貧困と圧政にあえぐ住民が暴政打倒に立ち上がった」と捉えたり、「独立派＝民衆、国軍＝政府」という図式で理解したりすると、一般住民を支援するつもりが武装勢力を支援することになりかねず、それではアチェ問題の解決に結びつかないと筆者らは考えた。

また、津波の被害は震源に近い西南海岸の沿岸部一帯と、人口が集中する州都バンダアチェ市周辺で特に大きく、報道や支援もその二つの地域に集中したが、相対的に被害規模が小さい北海岸部はアチェ社会全体を考えると重要な地域であり、この地域にも関心や支援を向けることの重要性を訴えた。

緊急・復興の時期区分

スマトラＨＰでは、日々増え続ける情報をどのように分類して提示するかに最も頭を悩ませた。人道支援の災害対応分野では水・衛生や子どもや住居といった分類があるが、それをそのまま使っても記事はうまく分類できなかった。アチェの被災と救援・復興は紛争と和平に関する情報に位置づけなければ十分に理解できないと考え、紛争や和平に関する記事も収集した結果、人道支援の通常の災害対応の分類にうまく当てはまらない情報が多数になったためであ

る。分類不可能な情報を切り捨てて災害対応の一般的な分類に当てはめれば自分たちの作業は楽になるし、単純になるので見る人にもわかりやすくなるだろうとは思ったが、そのような情報は国際機関に任せればよいし、現地語の記事には一般的な分類から漏れる情報の方が圧倒的に多く、そこには現場の人々の様子がよく表れていると思ったため、それらを切り捨てずに分類する方法を考えることにした。

多くの記事を読むなかで、記事全体を「外部社会によるアチェ被災への対応」「支援の現場で救援活動をめぐる手続き」「域外からの直接的なアチェ支援の試み」「被災の現場での救援復興活動の実際」「アチェの被災避難民」の五つに分類することにした。これにより、インドネシア政府も分離主義勢力も被災地住民から見ればどちらも外部社会であること、外部社会が資金や人員を投入してもアチェへの経由地であるメダンで被災地への輸送に手間がかかって足止めをくっていること、それを回避するために近隣諸国のマレーシアやシンガポールはメダンを経由せずに直接アチェに乗りこんで救援活動を行っていることなどが示せると考えた。

ただし、緊急段階から復興段階へ進むにつれて、さらにアチェの政治状況の展開に応じて、これらの分類ではうまく当てはまらない情報も出てきた。そのような情報はとりあえず「その他」に分け、「その他」が増えるとその分類を検討した。その一方で、ほとんど記事が増えなくなった分類も出てきた。こうした日々の試行錯誤を経て、あるときから記事の分類が大きく変わると、そのきっかけとなった出来事をもって時期の区切りとした。記事の収集・分類は結果として二〇〇四年一二月二六日の津波発生から二年間続いたが、この二年間を次の七つの時期に分けた。

(1) 二〇〇四年一二月二六日〜二〇〇五年二月一四日

地震・津波（一二月二六日）の被害に対して世界中から緊急支援が寄せられ、治安当局による活動制限などの困難にもかかわらず救援活動が進められた。

（2）二〇〇五年二月一五日〜二〇〇五年三月二七日

仮設住宅への入居開始（二月一五日）により緊急段階から復興段階へ。政府は外国人の活動を制限し、外国軍部隊の撤退期限（三月二六日）を定めた。

（3）二〇〇五年三月二八日〜二〇〇五年四月二九日

ニアス島沖地震（三月二八日）とそれへの緊急対応。政府はアチェ・ニアス復興計画を発表した（三月二八日）。西スマトラ州で地震（四月一〇日）や噴火（四月一二日）が続いた。

（4）二〇〇五年四月三〇日〜二〇〇五年八月一四日

復興再建庁（四月三〇日設置）の調整下で復興事業が進められた。アチェ州内陸部の分割案、地方首長選挙、鞭打ち刑の導入などが話題に上り、非常事態が解除された（五月一八日）。

（5）二〇〇五年八月一五日〜二〇〇五年一二月二五日

政府とGAMの和平合意（八月一五日）からGAMの武装解除完了（一二月一九日）まで。被災地では住宅再建を中心に復興事業が進められた。

（6）二〇〇六年一二月二六日〜二〇〇六年三月二八日

津波追悼式典（一二月二六日）と「GAM軍」解散（一二月二七日）で被災二年目が幕を開けた。復興事業の主要課題は住宅の再建。

（7）二〇〇六年三月二九日〜二〇〇六年一二月三〇日

ニアス島沖地震から一年（三月二八日）。復興再建が進められる一方、アチェ州知事選挙（一二月一一日）では元GAM協力者が州知事に当選した。

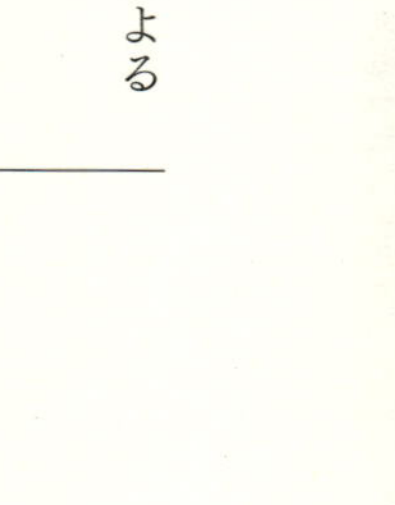

この時期区分は災害の救援・復興過程だけでなく紛争や和平の過程も考慮に入れているため、防災や人道支援の専門家によるアチェの復興過程の区切り方とは異なったものになっているかもしれない。これは現地の新聞報道をもとに得られたものであり、アチェに暮らす人々の生活実感や、救援・復興支援でアチェと関わりを持っていた人々の活動実感を反映した区分になっていると考えられる。

2 地図と写真——外部社会の関心

スマトラ島沖地震・津波では、被災から約一か月で国内外の一般紙の報道からの被災の情報がほとんど見られなくなった（図2-2）。被災直後に開設されたインターネット上の各種サイトも、そのほとんどが被災から三か月が過ぎると日常的な更新がなされなくなった[*3]。一般報道情報と入れ替わるかたちで、インターネット上で国連人道問題調整事務所（UNOCHA）が調整役となる被災と救援・復興に関する情報提供が開始された[*4]。

前述のように、アチェの災害対応が緊急段階から復興段階に切り替わったのはこの頃だった。被災から一か月半が経った二〇〇五年二月一五日、それまで家庭や地域社会での救援活動に当たるよう指示が出されていた公務員に対して職場復帰命令が出され、また、ほぼ同じ頃に各地で仮設住宅の建設が始まった。

スマトラHPでは、紛争状態にあるアチェ問題の背景に「囲い込み」があることを強調した。外部社会からの救援活動はアチェを武装勢力による「囲い込み」から解放する働きをした

*3 もっとも、スマトラ島沖地震・津波の場合は例外的に長かったようである。後の二〇〇六年のジャワ地震や二〇〇七年のベンクル地震では、それより短い時間で一般報道から被災の記事が姿を消している。

*4 本書第1章の注2参照。スマトラ島沖地震・津波では被災から約二か月後に開始されたが、通常は災害発生直後に立ち上がり、地図や各種統計資料がインターネット上で閲覧できるようになる。

*5 二〇〇六年一二月二二日付けの朝日新聞では、被災から二年目の復興状況を報じた特集記事で援助の「囲い込み」の問題が指摘された。

*6 コンソーシアム型とは、支援団体が調整会議などで情報

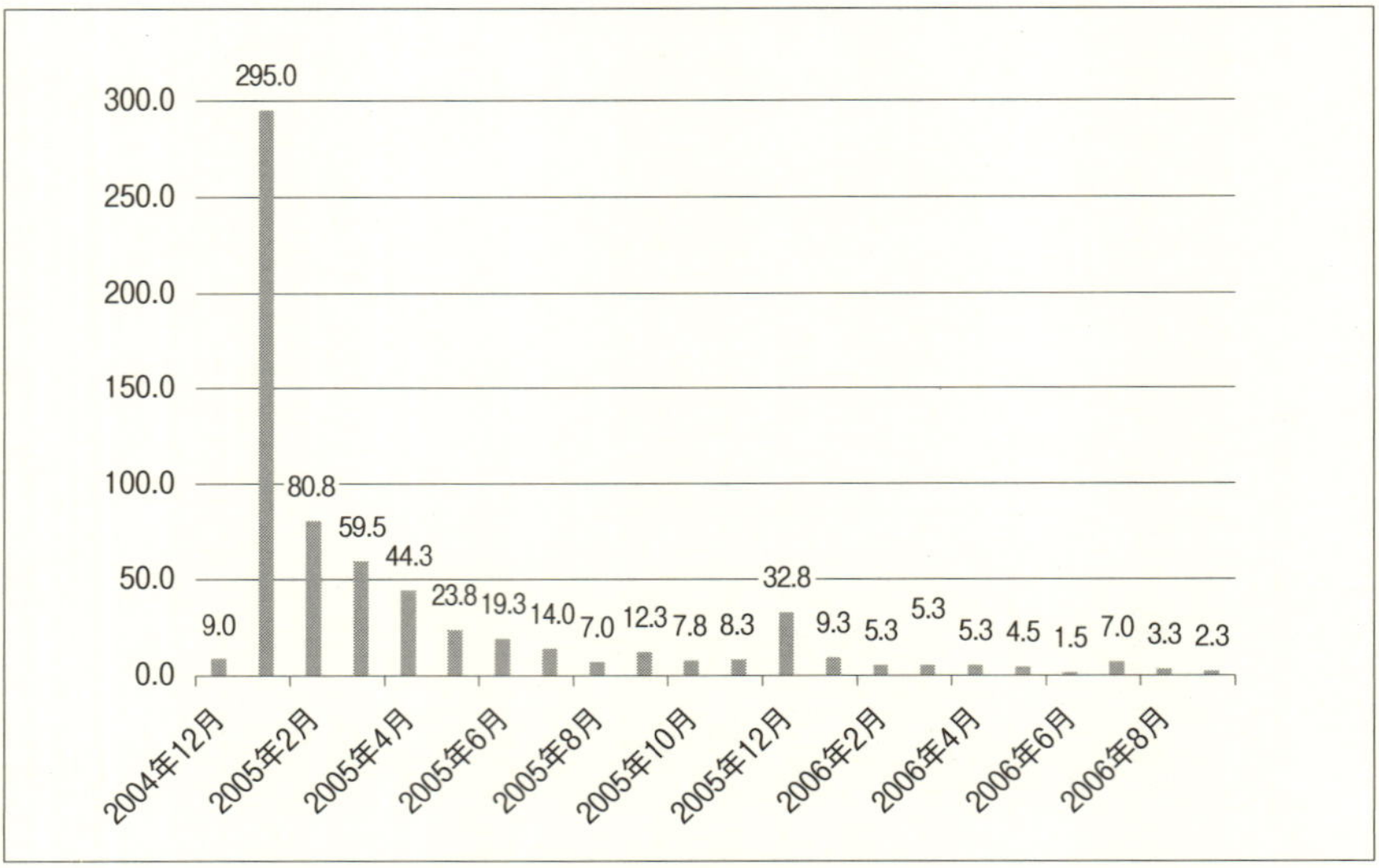

図2－2　インドネシアの主要全国紙の津波関連報道の件数（1紙あたり月平均）

が、他方で外部社会からの救援活動が支援対象を「囲い込む」可能性もあった。*5 支援活動における「囲い込み」を回避する工夫として、コンソーシアム型やポスコ型*6などの関係の作り方や、中継地を経由しないマレーシアやシンガポールの救援活動などを紹介した。

スマトラHPのアクセス状況

スマトラHPを開設した二〇〇五年一月から二〇〇六年一月までは月平均六〇〇〇件の参照があり、二〇〇六年二月以降は月平均二〇〇〇件の参照があった。*7

検索サイトからの参照で、どのような検索語によってスマトラHPを参照したのかを見てみたい。*8 検索語の上位二〇位を見ると、「地震」「スマトラ〔島〕」「津波」「アチェ〔州〕」

を共有して役割分担を決めることで、現地の有力勢力（この場合はインドネシア国軍）や現地カウンターパートによる「囲い込み」を回避しようとする試み。支援事業の役割分担を通じて支援対象の被災者が「囲い込み」を受けないようにアチェの人々は「ポスコ」と呼ばれる連絡事務所を置くことで対応した。本シリーズ第二巻を参照。

*7 参照元サイトの分類では、検索サイトからの参照が五八%、一般サイトからのリンクが七%、直接リンクが一三%、その他が二二%だった。
　検索サイトからの訪問では、全体の六七%をYahoo!が占め、それにGoogle（一二%）とMSN（五%）が続いた。Yahoo!は検索サイトに登録されるまで時間がかかるが、利用者数では最も多い。

表2-1　スマトラＨＰの検索語別アクセス数（上位20位）

順位	検索語	2005-Ⅰ	2005-Ⅱ	2005-Ⅲ	2005-Ⅳ	2006-Ⅰ	2006-Ⅱ	2006-Ⅲ	2006-Ⅳ	合計
1	地震	822	3,307	3,396	4,595	1,516	1,011	1,120	1,240	17,007
2	スマトラ〔島〕	1,085	4,170	3,633	2,554	1,293	1,020	1,007	1,180	15,942
3	津波	428	1,335	1,304	1,390	681	505	827	861	7,331
4	アチェ〔州〕	286	1,328	1,503	1,221	996	547	591	556	7,028
5	インドネシア	591	1,315	1,165	1,094	435	373	434	353	5,760
6	地図	584	907	679	503	247	575	532	513	4,540
7	ニアス〔島〕	1,614	771	248	241	148	106	107	87	3,322
8	被災／被害	137	614	477	815	213	199	233	355	3,043
9	マレーシア	142	495	520	472	215	295	284	221	2,644
10	援助／支援／救援	76	405	469	557	329	116	100	89	2,141
11	土地の変化	0	0	405	1,265	174	1	1	3	1,849
12	復興	30	279	321	337	188	87	113	88	1,443
13	災害	18	113	211	634	173	77	112	103	1,441
14	火山	0	47	187	949	42	8	1	2	1,236
15	日本	29	138	199	481	140	40	30	39	1,096
16	写真／画像	33	131	161	491	109	30	43	24	1,022
17	情報	56	76	99	203	123	60	86	84	787
18	ジャワ〔島〕	17	39	6	9	12	189	267	226	765
19	バンダアチェ	59	135	98	116	56	85	82	92	723
20	2004年	32	82	90	131	110	96	85	69	695

「2005-Ⅰ」は2005年の第Ⅰ四半期を意味する。以下の表も同じ。

などの一般的な言葉に並んで「地図」への関心の高さが目を引く（表2-1）。他の検索語は時が経つにつれてアクセス数が減っているのに対し、「地図」は時期によらず常にアクセスがあり、被災から三年経っても続いている。これ以外は、二〇〇五年三月に地震が発生した「ニアス〔島〕」、二〇〇六年五月に地震が発生した「ジャワ〔島〕」をのぞけば、地震・津波発生から一年目を境にアクセスが大きく減っている。

二一位以下については、検索語は「被害状況」「救援・支援」「子ども」「保健・衛生」「経済・産業」「紛争・政治」「宗教・社会」「調査・研究」の八つの分野に大きく分けられ、幅広い分野への関心が見られた（表2-2）。「被害状況」「救援・支援」「子ども」「保健・衛生」「経

＊8　スマトラＨＰに掲載されていない言葉は検索の対象にならないため、インターネット利用者の関心を網羅的に捉えているものではないが、スマトラＨＰでは被災から二年間は一般報道情報をほぼ網羅的に掲載していたため、かなり広い範囲で関心がカバーされていると考えられる。

表２−２　スマトラＨＰの検索語別アクセス数（21位以下、分野ごとに上位５位）

（１）被害状況

順位	検索語	2005−Ⅰ	2005−Ⅱ	2005−Ⅲ	2005−Ⅳ	2006−Ⅰ	2006−Ⅱ	2006−Ⅲ	2006−Ⅳ	合計
30	死〔亡〕者	12	146	78	159	38	17	24	19	493
32	被災者／犠牲者／被害者	16	79	97	153	33	24	46	34	482
68	〔避〕難民	1	16	33	86	30	3	9	5	183
81	死体／遺体	21	20	29	48	13	5	8	4	148
88	映像／VCD	24	7	19	65	14	1	0	1	131

（２）救援・支援

順位	検索語	2005−Ⅰ	2005−Ⅱ	2005−Ⅲ	2005−Ⅳ	2006−Ⅰ	2006−Ⅱ	2006−Ⅲ	2006−Ⅳ	合計
28	寄付／義捐金／募金	31	65	142	211	67	41	11	16	584
42	NGO	9	52	55	74	90	14	14	10	318
45	国連	3	24	85	103	50	8	10	12	295
47	ユニセフ	4	12	40	139	56	11	9	19	290
53	ボランティア	3	48	47	84	23	4	4	9	222

（３）子ども・教育

順位	検索語	2005−Ⅰ	2005−Ⅱ	2005−Ⅲ	2005−Ⅳ	2006−Ⅰ	2006−Ⅱ	2006−Ⅲ	2006−Ⅳ	合計
24	子ども	0	21	93	391	90	5	23	29	652
65	学校	5	17	30	83	28	8	4	13	188
80	孤児	8	18	36	45	11	12	8	11	149
87	教育	0	10	23	53	11	11	9	17	134
135	児童	6	11	13	28	15	2	0	5	80

（４）保健・衛生

順位	検索語	2005−Ⅰ	2005−Ⅱ	2005−Ⅲ	2005−Ⅳ	2006−Ⅰ	2006−Ⅱ	2006−Ⅲ	2006−Ⅳ	合計
40	医療	9	64	48	100	66	17	10	15	329
97	感染〔症〕	12	9	18	40	33	1	1	0	114
100	病院	3	9	27	39	13	7	5	10	113
119	保健	5	15	17	45	9	1	1	1	94
141	衛生	0	11	12	32	11	6	2	4	78

（5）産業・経済

順位	検索語	2005-Ⅰ	2005-Ⅱ	2005-Ⅲ	2005-Ⅳ	2006-Ⅰ	2006-Ⅱ	2006-Ⅲ	2006-Ⅳ	合計
59	観光	2	33	24	78	26	11	10	19	203
64	港	2	16	27	48	61	16	9	14	193
82	経済	0	12	15	76	27	5	4	8	147
103	産業	1	10	20	43	14	4	12	5	109
132	エビ	9	4	10	42	6	7	2	2	82

（6）紛争・政治

順位	検索語	2005-Ⅰ	2005-Ⅱ	2005-Ⅲ	2005-Ⅳ	2006-Ⅰ	2006-Ⅱ	2006-Ⅲ	2006-Ⅳ	合計
27	戦争	1	9	26	467	50	11	7	19	590
31	紛争	7	41	101	127	90	30	59	32	487
33	政府	18	97	92	78	65	22	42	46	460
51	自由アチェ運動(GAM)	12	30	118	17	11	18	11	18	235
54	独立	5	16	51	46	45	12	20	19	214

（7）宗教・社会

順位	検索語	2005-Ⅰ	2005-Ⅱ	2005-Ⅲ	2005-Ⅳ	2006-Ⅰ	2006-Ⅱ	2006-Ⅲ	2006-Ⅳ	合計
52	イスラム（イスラーム）	9	17	29	72	62	9	16	17	231
97	民族	12	3	24	37	17	6	7	8	114
130	文化	0	7	16	26	12	3	10	10	84
145	宗教	1	11	17	23	11	3	3	4	73
151	モスク	2	2	7	46	3	2	4	1	67

（8）調査・研究

順位	検索語	2005-Ⅰ	2005-Ⅱ	2005-Ⅲ	2005-Ⅳ	2006-Ⅰ	2006-Ⅱ	2006-Ⅲ	2006-Ⅳ	合計
44	歴史	2	22	41	81	54	27	42	48	317
48	研究	11	15	18	53	18	77	61	36	289
89	報告	1	24	20	37	5	14	19	10	130
91	東南アジア	3	3	11	35	60	2	12	3	129
92	西芳実	27	2	9	13	27	10	10	27	125

済・産業」は被災から半年から一年にかけての時期に検索件数が多く、それ以降は件数が減っていくが、「紛争・政治」「調査・研究」は被災から一年経った後も参照数が大きく減ることがなく、一定の関心が見られた。

災害地域情報に対する認識の溝

スマトラＨＰが救援活動の現場でどのように利用されたか、あるいは利用されなかったかを知るため、アチェで救援活動を行った人道支援団体の関係者に聞き取り調査を行った。その結果、筆者らがスマトラＨＰによって発信した災害地域情報と、人道支援団体が必要とする災害地域情報には大きな隔たりがあり、スマトラＨＰは救援活動の現場ではあまり利用されていなかったことがわかった。[*9]

その最大の理由は、緊急支援の現場では俯瞰的な地図や被害情報がほとんど必要とされていなかったことだった。人道支援団体は、被災地で国連機関などの調整のもとで開かれる支援者調整会議に参加し、担当する地域と分野が調整されるため、担当地域の担当分野に関するデータがあれば救援活動を進めることができるためである。

現地入りを前にした支援者たちによって筆者らがしばしば尋ねられたのは、イスラム教徒が住民の多数を占めるアチェで「ビールは飲めるのか」「男性が女性を診察して問題ないか」などの風俗・習慣に関する知識だった。筆者らははじめのうち、これらの問いは紛争下で被災したアチェ社会の状況を理解する上で無関係であると考えて戸惑ったが、考えてみれば、これらは支援対象の生死に直結する問いや、支援者の作業環境に関する問いであり、狭い意味の学術研究の枠内にはないかもしれないが、どちらも現場の人のために重要な情報である。しかもこ

＊9　緊急段階と復興段階は異なり、緊急段階では時代性や地域性は考慮する必要がないとする考え方については本書の後の章で検討する。

れらの問いには、災害などの非常時にどうなるかは平常時についての知識だけでは答えられない部分がある。ここに災害地域情報に対する認識の隔たりが実感された。

　スマトラHPが利用されない他の理由としては、個人作成のサイトに対する認知度や信頼度の低さもあった。研究・教育機関が正式に制作するサイトに比べ、個人作成のサイトは信頼度が測れないために認知されにくい。また、インターネット上の検索という問題もあった。インターネット上で発信しても、一般の利用者がそのサイトを見つけられなければその情報は存在しないのと同じである。サイトの情報を掲載・更新したとき、検索に反映されるまで時間がかかりすぎると、検索結果に載る頃には緊急段階が終わっていたということにもなりかねない。[*10]

3　天罰と商機——被災国内の関心

アチェの地元タブロイド紙の頻出語彙

　専門性や立場が異なれば関心も異なる。被災地であるアチェの人々はどのようなことがらに関心を向けていたのか。スマトラHPの運営とほぼ同じ時期にアチェで刊行されていたタブロイド紙『アチェキタ』(Acehkita) に登場する語彙を頻度別に並べてみよう。『アチェキタ』は、同名の雑誌がもとになってバンダアチェで二〇〇五年八月一五日に創刊された隔週刊のタブロイド紙で、一部二五〇〇ルピアで売られている[*11] (図2-3)。毎号二四面で、記事は基本的にインドネシア語で書かれており、部分的にアチェ語の単語が入ることがある。

　『アチェキタ』の紙面に出現するすべての単語について、三か月ごとに出現回数の順に並べ

---

*10　現在地域研究コンソーシアム（JCAS）のウェブサイトには「災害緊急情報」(http://www.jcas.jp/stricken/disaster.html) のページがあり、大規模自然災害が発生するとJCAS加盟組織に所属する研究者や実務者が立ち上げた災害地域情報のサイトにリンクする仕組みが作られている。JCASのウェブサイトからリンクすることで、個人作成のサイトでも人道支援団体が情報を参照する候補となることが期待されている。

*11　一〇〇ルピアは〇・九四円（二〇一三年平均）。二〇〇五年には一・一四円（年平均）だった。

表2－3　アチェ州の地元紙に登場する語彙（上位20位）

順位	語彙	2005−Ⅲ	2005−Ⅳ	2006−Ⅰ	2006−Ⅱ	2006−Ⅲ	2006−Ⅳ	合計	原語
1	アチェ〔州〕	318	343	301	303	364	156	1785	Aceh
2	社会	20	67	55	75	87	35	339	masyarakat
3	インドネシア	66	48	47	45	59	15	280	Indonesia
4	政府	30	49	57	45	62	17	260	pemerintah
5	自由アチェ運動（GAM）	64	43	20	39	27	21	214	GAM
6	家屋	64	45	20	30	35	17	211	rumah
7	津波	46	57	33	30	22	12	200	tsunami
8	和平	50	38	27	30	35	6	186	damai
9	国家	38	26	17	48	26	26	181	negara
10	地方	24	28	30	42	35	14	173	daerah
11	子ども	18	36	30	42	22	13	161	anak
12	生活	30	37	27	18	40	8	160	kehidupan
13	バンダアチェ〔市〕	30	29	34	24	19	15	151	Banda Aceh
14	女性	22	42	12	27	31	13	147	perempuan
15	世界	6	22	25	48	24	18	143	dunia
16	政治	18	22	31	24	21	21	137	politik
17	民衆	16	23	21	27	29	11	127	rakyat
18	道	28	19	21	18	22	17	125	jalan
19	法	16	26	8	42	26	2	120	undang
20	人権	28	17	11	27	19	17	119	HAM

たものが表2–3および表2–4である。*12 毎号二四面のすべての記事を対象としたため、災害以外の記事も含まれる。また、被災から八か月後に創刊されたため、被災直後の緊急状態に関する記事はそれほど多くない。

　インドネシア政府とGAMがヘルシンキで和平合意を結び、三〇年に及ぶ紛争に終止符が打たれた二〇〇五年八月一五日に創刊されたことが示すよう

KORAN
acehkita
PINTO NUSANTARA, PINTO DONYA
GAM: “Transmigran di Nanggroe Sendiri ?”

図2－3　『アチェキタ』創刊号

*12　各四半期の発行回数を揃えるため、表では二〇〇五年の第Ⅲ四半期（2005-Ⅲ）の出現回数を二倍にしてある。

表2－4　アチェの地元紙に登場する語彙（21位以下、分野ごと）

（1）被害・避難

順位	語彙	2005－Ⅲ	2005－Ⅳ	2006－Ⅰ	2006－Ⅱ	2006－Ⅲ	2006－Ⅳ	合計	原語
23	犠牲者	16	28	22	3	23	19	111	korban
86	避難民	4	25	5	6	4	2	46	pengungsi
89	テント	12	20	2	3	4	3	44	tenda

（2）救援・支援

順位	検索語	2005－Ⅲ	2005－Ⅳ	2006－Ⅰ	2006－Ⅱ	2006－Ⅲ	2006－Ⅳ	合計	原語
26	復興再建庁	12	13	18	6	39	9	97	BRR
44	資金	6	13	21	6	16	11	73	dana
67	支援	10	8	10	6	15	5	54	bantuan

（3）子ども・家族

順位	検索語	2005－Ⅲ	2005－Ⅳ	2006－Ⅰ	2006－Ⅱ	2006－Ⅲ	2006－Ⅳ	合計	原語
45	学校	0	2	17	18	26	10	73	sekolah
68	母親	8	10	8	9	10	9	54	ibu
81	教育	2	9	12	3	13	10	49	pendidikan
83	夫	16	0	4	9	10	8	47	laki
100	家族	2	8	7	9	12	3	41	keluarga

（4）生態・環境

順位	検索語	2005－Ⅲ	2005－Ⅳ	2006－Ⅰ	2006－Ⅱ	2006－Ⅲ	2006－Ⅳ	合計	原語
27	土地	28	12	7	21	14	14	96	tanah
49	水	12	7	12	21	16	3	71	air
70	海岸	10	11	9	15	6	2	53	pantai
87	森林	18	1	13	6	7	0	45	hutan

（5）宗教・社会

順位	検索語	2005－Ⅲ	2005－Ⅳ	2006－Ⅰ	2006－Ⅱ	2006－Ⅲ	2006－Ⅳ	合計	原語
43	ガヨ	8	12	12	18	16	7	73	Gayo
55	イスラム	8	4	8	21	12	9	62	Islam
58	文化	4	6	13	12	20	5	60	budaya
66	歴史	14	10	6	9	11	4	54	sejarah
82	タミアン	20	12	2	3	7	3	47	Tamiang

（6）生業・経済

順位	検索語	2005－Ⅲ	2005－Ⅳ	2006－Ⅰ	2006－Ⅱ	2006－Ⅲ	2006－Ⅳ	合計	原語
75	市場	4	9	14	6	12	6	51	pasar
77	経済	6	4	11	18	9	2	50	ekonomi

(7) 国際社会

順位	検索語	2005-Ⅲ	2005-Ⅳ	2006-Ⅰ	2006-Ⅱ	2006-Ⅲ	2006-Ⅳ	合計	原語
41	米国	8	15	2	36	13	4	78	AS
76	国際	8	8	6	12	6	10	50	internasional
79	ドイツ	0	8	12	21	5	3	49	Jerman
94	タイ	6	0	4	18	8	6	42	Thailand
99	英国	4	9	7	12	4	5	41	Inggris

(8) 国家機構

順位	検索語	2005-Ⅲ	2005-Ⅳ	2006-Ⅰ	2006-Ⅱ	2006-Ⅲ	2006-Ⅳ	合計	原語
21	ジャカルタ	20	29	23	15	28	3	118	Jakarta
29	国	6	15	20	24	18	12	95	negeri
39	知事	12	15	19	9	18	7	80	Gubernur
52	国会	16	13	12	6	14	4	65	DPR
57	大統領	8	18	7	12	10	5	60	Presiden
72	県知事	4	7	4	6	19	13	53	Bupati

(9) 紛争・和平

順位	検索語	2005-Ⅲ	2005-Ⅳ	2006-Ⅰ	2006-Ⅱ	2006-Ⅲ	2006-Ⅳ	合計	原語
22	合意書	30	25	20	18	14	7	114	MoU
24	紛争	22	13	15	15	29	14	108	konflik
28	ヘルシンキ	30	16	13	9	20	7	95	Helsinki
48	国軍	26	11	11	9	11	3	71	TNI
64	軍事	10	10	4	12	8	11	55	militer
74	戦争	20	3	9	3	5	12	52	perang
85	警察	2	11	6	6	16	6	47	polisi
90	武装解除	10	6	1	6	8	13	44	AMM
91	文民	10	3	5	9	13	3	43	sipil

(10) 法と人権

順位	検索語	2005-Ⅲ	2005-Ⅳ	2006-Ⅰ	2006-Ⅱ	2006-Ⅲ	2006-Ⅳ	合計	原語
30	権利	6	15	10	36	19	8	94	hak
31	法	8	20	19	18	18	10	93	hukum
46	法案	0	20	14	12	26	0	72	RUU

(11) 政党・選挙

順位	検索語	2005-Ⅲ	2005-Ⅳ	2006-Ⅰ	2006-Ⅱ	2006-Ⅲ	2006-Ⅳ	合計	原語
35	候補者	0	12	12	21	18	23	86	calon
50	政党	4	20	13	18	9	3	67	partai
60	地方議会	8	17	16	0	14	4	59	DPRD
61	首長選挙	8	3	4	9	18	17	59	Pilkada

表2－5　インドネシアの主要全国紙におけるアチェの災害報道に登場する語彙（上位20位）

順位		2005－Ⅰ	2005－Ⅱ	2005－Ⅲ	2005－Ⅳ	2006－Ⅰ	2006－Ⅱ	2006－Ⅲ	合計	原語
1	アチェ〔州〕	2,430	470	149	250	131	62	57	3,550	Aceh
2	津波	1,017	182	56	133	46	20	20	1,410	tsunami
3	災害	746	132	44	55	29	13	9	926	bencana
4	地震	654	114	23	43	15	9	19	826	gempa
5	犠牲者	528	87	25	41	16	8	9	710	korban
6	支援	427	94	33	27	9	9	8	606	bantuan
7	政府	355	82	35	26	7	5	7	517	pemerintah
8	子ども	347	45	24	31	9	8	3	466	anak
9	バンダアチェ〔市〕	352	40	14	21	9	6	7	449	Banda Aceh
10	インドネシア	355	48	18	20	4	2	8	430	Indonesia
11	社会	232	58	18	21	19	3	7	355	masyarakat
12	家屋	160	47	18	46	14	12	17	314	rumah
13	ニアス〔島〕	57	75	32	77	33	19	22	313	Nias
14	資金	126	83	40	12	15	8	5	289	dana
15	スマトラ〔島〕	313	58	16	28	7	8	6	287	Sumatera
16	アメリカ	173	28	9	14	0	0	6	278	Amerika
17	ジャカルタ	219	20	7	7	0	4	0	257	Jakarta
18	大統領	182	22	6	15	0	2	0	223	Presiden
19	人道	184	16	10	5	0	3	0	217	kemanusiaan
20	避難民	169	42	16	25	7	4	8	207	pengungsi

に、紛争を含む社会問題への関心が高く、上位二〇位までを見ると、「自由アチェ運動（GAM）」「和平」「人権」などの紛争に関する語彙や、紛争や災害の犠牲者となりやすい「子ども」「生活」「女性」などの語彙が見られる。

二一位以降では、「被害・避難」「救援・支援」「子ども・家族」「生態・環境」「宗教・社会」*13「生業・経済」「国際社会」「国家機構」「紛争・和平」「法と人権」「選挙・政党」などの幅広い分野への関心が見られる。

インドネシアの全国紙の頻出語彙

同じ現地語情報でも、直接の被災地であるアチェ州で発行される地方紙の情報と、そこから地理的に遠く離れた首都ジャカルタで発行される全国紙とでは、関心も向け方も異なる。インドネシア語で発行されているインドネシ

*13 「宗教・社会」に分類される検索語のガヨとタミアンは、いずれもアチェ州を故地とし独自の言語を持つ民族の一つ。ガヨは内陸部の山岳地域に、タミアンは北海岸部の北スマトラ州と隣接する地域に主に居住する。ガヨ語はバタック語に、タミアン語はマレー語に近い。

アの全国紙のうち、『コンパス』『メディア・インドネシア』『レプブリカ』『スアラ・プンバルアン』の四紙について、スマトラ島沖地震・津波の被災と救援・復興に関する記事の第一段落に登場する語彙の出現回数をまとめたものが表2-5である。二〇〇五年一月から二〇〇六年九月まで、三か月ごとに集計した。

時が経つにつれて記事の数が減るため、それぞれの語彙の出現回数も減っていくが、その中でも「アチェ〔州〕」「津波」「災害」は常に上位を占めており、また、「地震」「犠牲者」「支援」「子ども」もこの期間を通じて一定の出現回数が見られる。

この期間の途中から出現回数が増えたものには、二一位以下のものも含めると、二〇〇五年の第Ⅱ四半期から増加したものに「ニアス〔島〕」「復興」、二〇〇五年第Ⅳ四半期から増加したものに「家屋」「復興再建庁」「テント」、二〇〇六年第Ⅰ四半期から増加したものに「避難民」「学校」「緊急」がある。津波発生直後から報道は急に減っていくが、全国紙の大まかな傾向として「住まい」と「教育」に関心が集まっている様子がうかがえる。

インドネシアの雑誌に見るアチェの津波認識

スマトラ島沖地震・津波は、地震発生時の様子や津波がバンダアチェの街を襲う様子が映像で録画された災害だった。人でにぎわう商店街の道路に黒い水が流れ込み、逃げる人々の後ろからがれきや車がまじりあった黒く重い波が次々と押し寄せ、みるみるうちに商店街の一階部分を埋め尽くす様子が録画された。あやういところで難を逃れて撮影者がいる二階のテラス部分に登り切った人の後ろで、黒い水に呑み込まれて流されていく人や車の様子を映している。民家の二階から写したと思われる映像では、家のすぐわきまで海の水が流れ込み、あたり一面

が水で覆われて周囲の建物の姿が全く見えなくなっている様子が映されている。

こうした映像は、インドネシアのテレビで繰り返し放送されたほか、インターネットの動画サイトにもアップロードされた。迫りくる水の凄まじさ、逃げ惑う人々の様子、さらに水が引いた後に街のあちこちに散乱する遺体の様子や、がれきや土台だけ残された住宅街の映像は、インドネシアの人々に強い衝撃を与えた。このような規模の津波はアチェだけでなくインドネシアの他地域の人々にとっても初めての経験であり、「ツナミ」という言葉をこれによって初めて知った人も多かった。フィクションの中でしか見たことがない「この世の終わり」がもし現実になるならこのような状況ではないかと考える人もいた。

インドネシアの人々は、これは一体どのような現象なのか、そしてなぜアチェが最大の被災地となったか、自分たちの身にもいずれ起こりうることなのかなど、高い関心をもってアチェの津波を見守った。時間がたつとインドネシア各地から報道や人道支援・ボランティアのためにアチェを訪れる人が増え、実際にアチェの様子を見た人たちが自分の言葉でアチェの惨状を見た思いを語るようになるが、ここでは、おもに二〇〇五年二月までにインドネシアで発行された週刊・月刊の雑誌*14をもとに、インドネシアの人々がアチェの津波をどのように受け止めたのかを見てみたい。

哀悼・激励

想像を絶する災害に見舞われ、街が破壊され、財産や家族を失ったアチェの人々に対して、哀悼と激励の声が全国からあがった。アチェの被災者に支援の手を差し伸べ、復興や再建のために国民が力を合わせて取り組むべきとする臨み方である。

「アチェの悲しみは私たちの悼み」（『Amanah』二〇〇五年一月）

---

*14 以下で取り上げる雑誌は登場順に次のとおり。
『アマナ』（Amanah、信託）
『プロテクシ』（Proteksi、保護）
『P-P』（Pusat Informasi Perkoperasian、協同組合情報センター）
『サムドラ』（Samudra、大洋）
『ワルタ・エコノミ』（Warta Ekonomi、経済ニュース）
『ムスリマ』（Muslimah、女性イスラム教徒）
『アリア』（Alia）（女性誌）
『ゴントル』（Gontor）（イスラム教徒向け雑誌）
『シラ』（Silah、原則）
『プロフィル・インドネシア』（Profil Indonesia、インドネシア・プロフィール）
『ヒダヤトゥッラ』（Hidayatullah）（イスラム教徒向け雑誌）
『ミステリ』（Misteri、神秘）
『アンニダ』（Annida）（女性イスラム教徒向け雑誌）
『ゴイブ』（Ghoib）（イスラム教

「ナングロ・アチェの地も泣いた」[*15]（『Proteksi』二〇〇五年一月）
「アチェの災厄　知恵を収穫し希望を広げよ」（『PIP』二〇〇五年二月）
「さあアチェを再建しよう」（『Samudra』二〇〇五年二月）
「ともに津波「犠牲者」になる」（『Warta Ekonomi』二〇〇五年二月）
「アチェの哀しみは私たちの哀しみ」（『Muslimah』二〇〇五年三月）

天命・天罰と信仰心

災害の凄まじさは人間の存在の小ささを思わせ、なぜ人間がこのような災害に見舞われるのかを考えさせる。それは、どのようにすればこのような災害に見舞われないかを探そうとすることでもある。人智を超えたものに襲われることに教訓や戒めを読み取ろうとして、津波に神の意思や意図を読み取ろうとする態度も見られた。

「災害の陰に隠された意味」（『Alia』二〇〇五年二月）
「アチェの津波は神の慈悲か天罰か」（『Gontor』二〇〇五年二月）
「災害に意味を見出し神の意図を推し量る」（『Silah』二〇〇五年二月）

津波を神の意思や意図として捉える態度の中でも、以下の記事のように特に天罰として津波を捉えるものも見られた。

「津波、GAMへのラブレター」（『Profil Indonesia』二〇〇五年一月）
「戦争と津波のあいだで」（『Gontor』二〇〇五年一月）
「これはアッラーの警告だ」（同）
「スランビ・メッカ[*16]では災厄前に多くの背徳行為」（『Hidayatullah』二〇〇五年二月）
「そして地面も清められる……」（『Misteri』二〇〇五年二月）

徒向け雑誌）
『サクシ』（Saksi、目撃者）
『コンストルクシ』（Konstruksi、建設）
『インサニ』（Insani、ヒューマン）
『生活・健康』（Life, Healthy）
『マーケティング』（Marketing）
『プンウサハ』（Pengusaha、実業家）
『ピラル』（Pilar、柱）

*15 ナングロはアチェ語で国を意味する。アチェ州は二〇〇二年から二〇〇九年までナングロ・アチェ・ダルサラーム州と呼ばれていた。

*16 「メッカのベランダ」の意味でアチェの別名。

これらの記事に共通しているのは、紛争を続けていたアチェに対する天罰として津波を捉えているのである。このような態度は特にイスラム系の雑誌に多く見られた。これは、アチェがインドネシアからの分離独立運動を続けてきたことに対して不満や不快感を抱いていた人がアチェ以外の地域にいたことの反映と考えられる。

人智

津波を神の意思との関係で捉えながらも、津波への対応において人間の適切な考え方や行動の役割を重視する考え方も見られた。たとえば、アチェ社会の基盤が神への信仰心にあり、信仰心を堅持することでこの試練を乗り越えることができるとする態度である。

「アチェは心にイスラムがある」（『Annida』二〇〇五年二月）

「アッラーの家々は今もアチェで立ち続ける」（『Ghoib』二〇〇五年二月）

「立ち上がるアチェ　いっそうの信仰心を」（『Hidayatullah』二〇〇五年二月）（図2-4）

図2-4　雑誌『Hidayatullah』（2005年2月号）

「信仰心の災害」（同）

「アッラーが護りたもうた家々」（同）

「イスラム共同体の生活における災難の役割」（『Saksi』二〇〇五年二月）

「イスラム法実施の実験室を守れ」（同）

また、人間の努力による部分を強調する考え方からは、科学技術による災害対策に関心を向けたり、地域の伝承や伝統文化の価値を再発見しようとしたりする態度も見

図2－5　雑誌『Pilar』（2005年2月号）

られた。そのような考え方には、

「「早期警戒システム」による対応が必要」（『Konstruksi』二〇〇五年一月）

「地震が起きたときしなければならないことは何か」（同）

「津波を読んだ賢人」（『Insani』二〇〇五年二月）

「津波と潮引き伝説」（『Misteri』二〇〇五年二月）

「津波を無力化させるための自然保護システム」（『Samudra』二〇〇五年二月）

「シムル島のスモン[*17]の伝統」（同）

などがある。また、備えが不十分だったために被害が出た（備えが十分であれば被害を軽減できた）とする考え方に、

「インドはこれがふつうの地震でないと知っていた」（『Saksi』二〇〇五年一月）

「届かなかった警告」（『Insani』二〇〇五年二月）

「リスナ　社会工学者によるアチェの解釈」（同）

「傲慢さが災害を産んだ」（『Gontor』二〇〇五年二月）

「災害対策が講じられていないことからくる災難」（『Samudra』二〇〇五年二月）

などの記事があった。

契機としての災害

災害を変革の契機と捉える見方も各分野で見られた。災害は、直接の被災地でも復興・再建

＊17　シムル島の言葉で津波を意味する。シムル島では過去の津波の経験が住民の間で伝承されていたため、地震発生後に住民が山に避難して犠牲者が少なかったとされる。詳しくは本シリーズ第二巻（第1章）を参照。

を通じて社会の変革が試みられるが、被災地から離れて直接被災していない地域に住む人々にとっても自分たちの生活に影響を及ぼしうるものであり、そうであるからこそ被災地外の自分たちが抱える課題を解決する契機ともなりうるとする考え方である。

たとえば、被災地外から被災地に働きかけて事業を展開することが商機にもなるという考え方や、被災地で起こっていることを観察してそこから教訓や学びを得て、自分たちの社会を災害に強い社会にしようとする考え方などが見られた。

「アチェの津波がリスクに対する世界の見方を変える」（『Proteksi』二〇〇五年一月）
「津波被害へのイスラム世界の結束、ようやく到来」（『Hidayatullah』二〇〇五年二月）
「津波はよりよい医療システムを実現する機会」（『Life, Healthy』二〇〇五年二月）
「災害時に会社のイメージを売り込む」（『Marketing』二〇〇五年二月）
「災害もイメージ向上につながりうる」（同）
「廃墟のアチェにあるさまざまな機会」（『Pengusaha』二〇〇五年二月）
「アチェにおける数多のビジネス・チャンス」（同）
「アチェ復興にマンモス級の仕事が待っている」（『Pilar』二〇〇五年二月）（図2-5）

インドネシアの雑誌にアチェの津波を天罰や商機と捉える考え方が目立ったのは、アチェ以外の地域に住み直接被災していないインドネシアの人々が、自分たちの社会が被災したと考え、被災地に関わろうとする気持ちが信仰心とビジネスという二つの面で表れた結果と見ることができる。

4　情報の波を読む

情報は、時間の推移に応じて量が増減する。また、情報は、複数の発信元から発せられ、発信元によって内容や形態が異なる。複数の発信元から発せられた情報の波は、重なりあって干渉しあい、新しい波形が作られることもある。大量の情報の海を泳いでいくにあたっては、情報に波があることを踏まえ、波のかたちや波の中心を意識する必要がある。

人道支援業界では、多様な情報を取捨選択して整理するにあたって情報の分類方法と出所の権威の二つが重要である。水・衛生、栄養、教育といった人道支援の関心に沿った情報の分類方法があり、多様な情報はこの分類にしたがって整理され、それをもとに支援活動が組み立てられる。また、情報の取捨選択にあたっては、情報の発信元が誰であるかも重要となる。情報は等価ではなく、発信元や発信形態によって権威づけされる。

別の側面から見れば、取捨選択されて整理された情報を見ることで、受け手や発信者の関心を読み解くこともできる。さまざまな情報を整理する際には、関心や専門性に応じて生じる情報の偏りに着目し、この偏りを情報として捉える考え方も必要となるだろう。

第3章

誰が「地元」を語る？

ジャワ地震（二〇〇六年）

コミュニティ・ペーパー

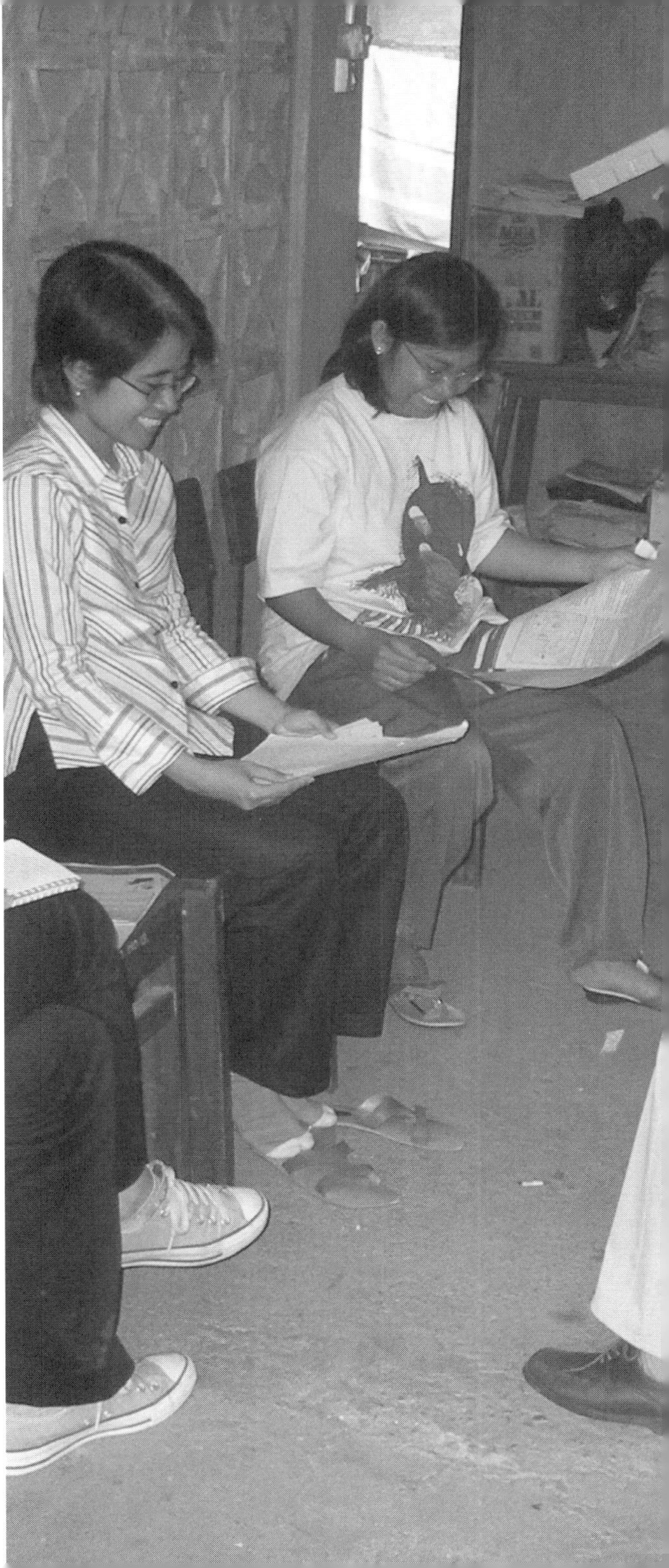

右：ジャワ地震ではコミュニティ・ペーパーが情報源として活用された（ジョグジャカルタ、2006年8月）

本章下部の写真：ジョグジャカルタにて、2005年1月、2006年8月、2007年9月撮影

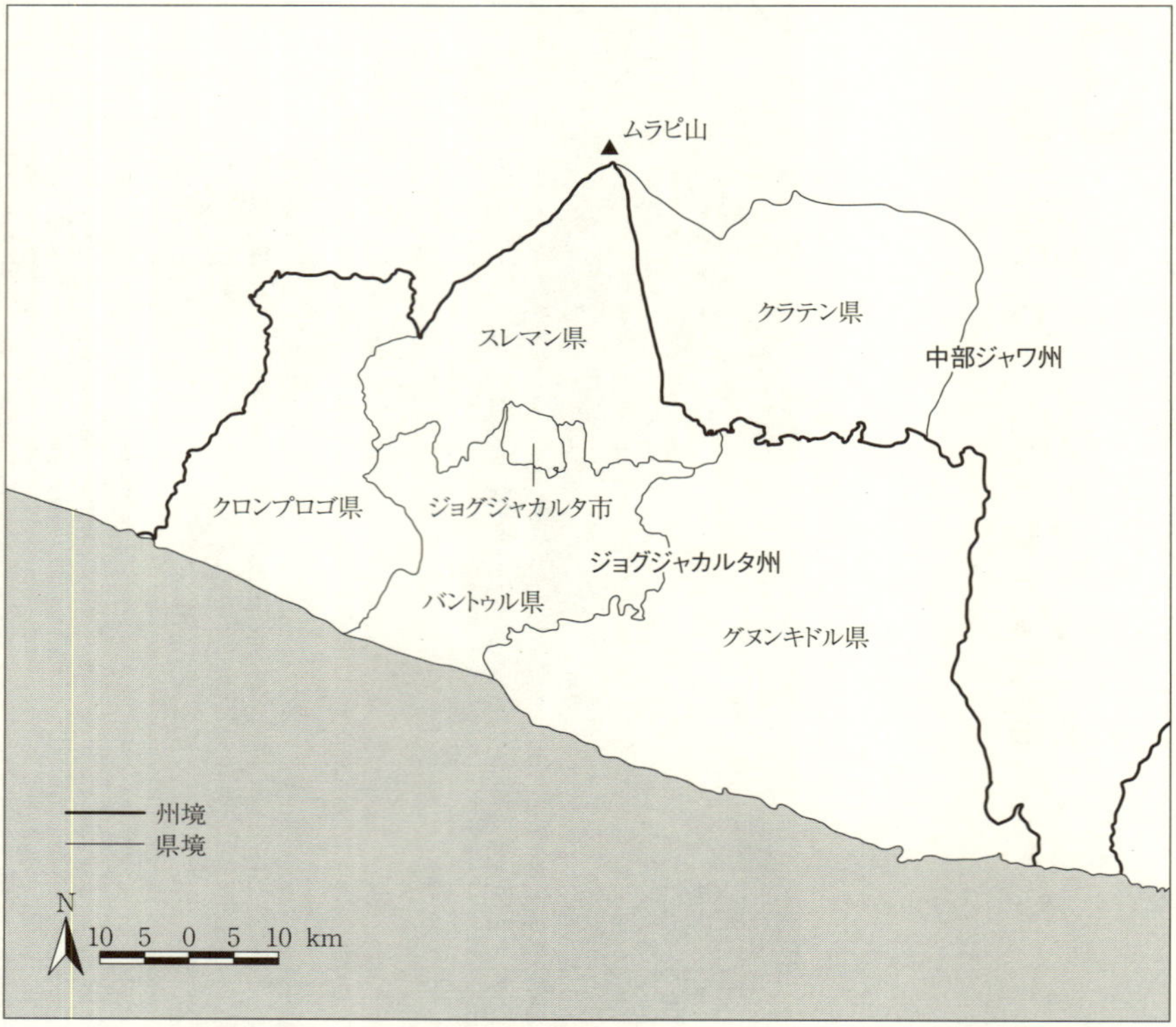

ジャワ地震（ジャワ島中部地震）
2006年５月27日（土）午前５時53分（西部インドネシア時間）発生
ジョグジャカルタ市の南西25キロ
南緯7.962度、東経110.458度、震源の深さ10キロメートル
マグニチュード6.3
死者5689人、負傷者３万7728人、住宅を失った人の数199万９人、全壊家屋12万6841棟

災害対応の現場は、異なる文化背景や社会背景を持つ人々の協業の場となる。たとえ同国人であっても支援する側と支援される側とでは、関心や立場が異なるだけでなく、ものごとの捉え方や表現のしかたも異なる。このため、外部から訪れる支援者と被災地で暮らしてきた被災者との間で、それぞれの言葉や意図を互いに理解可能なかたちで翻訳する仲介者が必要となる。二〇〇六年五月一七日に発生したジャワ島中部地震（ジャワ地震）の被災地では、ジャワの地元ＮＧＯが仲介者の役割を担った。

本章では、ジャワ地震の被災直後に、主な被災地となったジョグジャカルタ特別州（以下、ジョグジャカルタ州）の地元ＮＧＯが行ったコミュニティ・ペーパー発行の事例をもとに、被災社会と外部社会を仲介する取り組みについて考えてみたい。

この地震ではジョグジャカルタ州の村落部に被害が集中したのに対し、この地域の中核都市であるジョグジャカルタ市では被災の程度が軽く、都市機能が維持されていた。このため、ジョグジャカルタ市に拠点を置く三つの地元ＮＧＯがコミュニティ・ペーパーを発行し、被災状況や救援・復興に関する情報の発信と共有をはかった。

農村を中心とする被災地とジョグジャカルタ市は相互依存の関係にあったが、近年では労働移動などのため村落部の住民がジョグジャカルタ市以外の外部と直接のつながりを持つようになり、ジョグジャカルタ市の相対的地位が低下していた。これらの地元ＮＧＯの活動には、災害対応を通じて両者を包括するかたちでコミュニティ意識を再編する意味も込められていた。＊1

古都と農村の被災

ジャワ島中部南岸域の断層を震源とするこの地震では、震源から半径五〇キロメートル圏内

＊1　本章の記述は、主に二〇〇六年八月一四〜二〇日ならびに二〇〇七年七月二五〜二八日にジョグジャカルタ州と中部ジャワ州で行った現地調査に基づく。

図３－１　レンガ造りの家が倒壊して多くの犠牲者が出た

にほぼおさまるジョグジャカルタ州と隣接する中部ジャワ州の二つの州が被災し、五六八九人が死亡した。最も被害が大きかったのはジョグジャカルタ州バントゥル県と中部ジャワ州クラテン県で、いずれも農村地域である。

　ジョグジャカルタ州は一つの市と四つの県からなる。州都のジョグジャカルタ市を中心に、北にスレマン県、南にバントゥル県、東にグヌンキドル県、西にクロンプロゴ県がある。この地震による死者数は、中部ジャワ州の合計が一〇六三人（そのうちクラテン県が一〇四五人）で、ジョグジャカルタ州では、ジョグジャカルタ市が二一八人、スレマン県が二四三人、バントゥル県では四一四三人、クロンプロゴ県では二二人である（国家被害対策庁）。

　ジョグジャカルタ市はジャワ島中部の中核都市で、ボロブドゥール遺跡やプランバナン寺院などの世界遺産を擁し、国際観光都市として知られる。また、ガジャマダ大学をはじめとする名門大学がある文教都市としても知られ、全国から学生が集まる。王宮があり、スルタンはジョグジャカルタ州知事を務める。ジョグジャカルタ市はジャワ文化の中心として機能している。

　ジョグジャカルタ市周辺の農村部は人口密度が高い。隣組[*2]と呼ばれる住居区単位の集まりに

＊2　インドネシアでは、村の下位に隣組（Rukun Tetangga、ＲＴ）と、隣組がいくつか集まった町内会（Rukun Warga、ＲＷ）がある。日本軍政下のジャワで導入された隣組制度を参考にインドネシアで導入された住民組織で、隣組長は住民登録等の行政手続きでも重要な役割を果たすほか、夜警や共同作業などのコミュニティ活動の主体となっている。

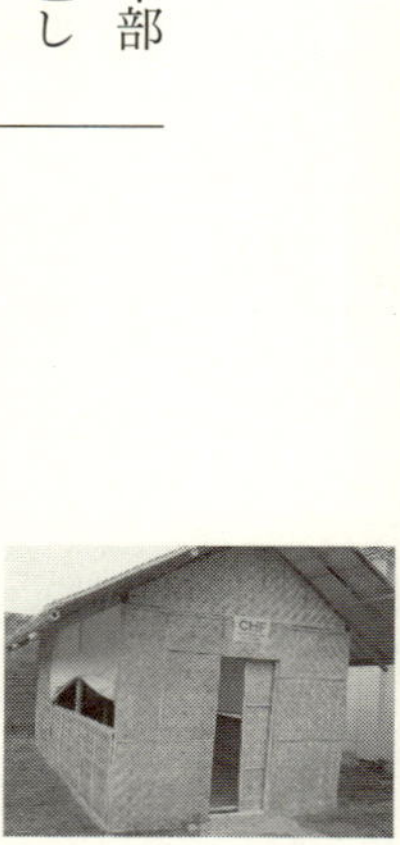

よる相互扶助が実体的に機能している。域外との繋がりも強い。通勤圏内であるジョグジャカルタ市のほか、ジャカルタなどのジャワ島の大都市圏、さらには海外への出稼ぎのように、域外への労働移出が恒常的に見られる。移出先では同郷者による互助会が組織され、域外移出者と出身コミュニティとの相互扶助のネットワークが維持されている。農村地域ではジョグジャカルタ市を経由せずに域外地域との結びつきが形成されており、後背地である農村のジャワ人にとって、ジョグジャカルタ市は、ジャワ文化の中心地でありつつも、単なる中継地点という側面も強くなっている。

地元NGOによる情報発信

情報は自然災害の被災地で最も必要とされるものの一つだが、ただ量を増やせばよいのではなく、情報の発信元や伝達ルートを含めた信頼性の確保も重要である。ジャワ地震の発生時には、津波が発生したとの情報を聞いて避難した住民の家で盗難が発生した。また、地震が近郊のムラピ山の噴火[*3]によるものと考えて山麓から海岸部へ避難する住民と、津波の発生を恐れて海岸部から内陸へ避難する住民とで交通が混乱した。前述の通り災害時には社会の弱い部分が露わになり、情報伝達の問題も例外ではない。

ジャワ地震では、停電のために地震発生から一〇日間前後は多くの被災地でテレビ放送が受信できなかった。被害が大きかった農村地域では、日常的に新聞購読の習慣がほとんどなく、日ごろの情報収集はテレビやラジオを通じて行われていた。新聞購読はジョグジャカルタ市在住者が中心であり、近郊地域ではモスクや街道沿いの掲示板に「壁新聞」として新聞や貼紙が掲示された（図3-2）。

*3　ムラピ山はジョグジャカルタ市の北方三〇キロに位置する活火山でほぼ一年中噴煙を上げている。二〇〇六年四月から火山活動が活発化し、五月一五日に噴火し、火砕流により二人が死亡した。二〇一〇年一〇月から一一月にかけての噴火は一八七二年以来最大の規模となり、死者三二二人、避難対象者は最大時で三八万人に及び、ジョグジャカルタ国際空港は二週間にわたって閉鎖された。

図3－2　道路沿いに張り出された壁新聞が重要な情報源となった（ジョグジャカルタ市近郊）

　地震発生直後は電池式のラジオによってラジオ放送を受信することができたが、地震のため乾電池の価格が上昇し、ラジオ放送を聴取できる時間は限られていた。このため、地震から約一週間は情報収集が困難な状況が続いた。地震からしばらくの間、人々は市場で貼紙を見たり、ＮＧＯが配るビラをもらった人の話を聞いたりすることで情報を得ていたという。

　こうした状況下で、地元ＮＧＯがコミュニティ・ペーパーを発行する試みが見られた。『地震の目撃者』(Saksi Gempa)、『災害被害者の声』(Suara Korban Bencana)、『ジョグジャの守り』(Merti Jogja) である。

　これらのコミュニティ・ペーパーは、災害時には物質面での支援活動だけでなく情報面での支援活動も重要な役割を果たすが、全国紙は中央政府の政治家や役人の主張ばかり掲載しており、被災者を含む一般住民の声を掲載するスペースが限られているとの認識のもとで発行され、支援者どうし、支援者と被災者、被災者どうしを結ぶ工夫がみられる。

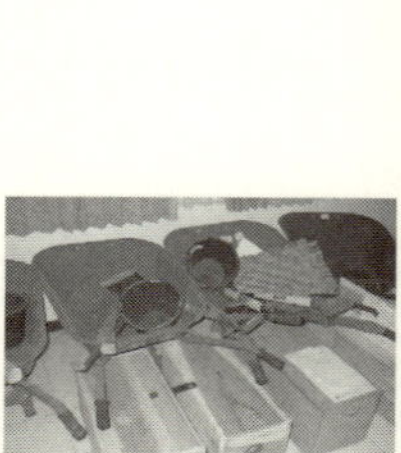

1　支援者を監視する——『地震の目撃者』

『地震の目撃者』を発行したのは、情報マネージメントを専門とする地元ＮＧＯの「コンバイン」である。コンバインは、ジャワ地震発生より前から、ムラピ山噴火に備えたウェブサイト「ムラピ・ネット」[*4]を開設し、携帯電話のショートメッセージによるウェブ掲示板の運営などを試みていた。地震発生に際し、ムラピ・ネットをもとにウェブサイト「地震の目撃者」[*5]を開設し、地震前のデータ、被害データ、建材の価格などの情報提供を行った。あわせてニューズレター『地震の目撃者』を発行し、政府機関や国内外のＮＧＯなどの救援活動の担い手に被災地の状況を伝える役割を担った。

図3－3　地元ＮＧＯコンバインの事務所

『地震の目撃者』は二〇〇六年六月三日に創刊され、創刊から一か月の第七号まではＡ５判四ページで週二回発行され、第八号からはＡ４判四ページで計三回発行された（図3-4）。発行部数は一五〇〇部で、関連ＮＧＯを通じて三〇〇〜五〇〇部が配布された。ウェブサイト「地震の目撃者」にも掲載された。

週に二回発行された紙面では、号ごとにテーマを設定して政策や科学的知識についての一般的な情報を提供するとともに、被災地の事情を紹介し、また、支援

＊4　http://merapi.combine.or.id/
＊5　現在は閉鎖されている。

Saksi Gempa
SALURAN KOMUNIKASI DAN INFORMASI GEMPA 27 MEI 2006
03 Juni 2006

Kemana Mencari Bantuan?

Banyak bantuan datang ke Jogjakarta. Tetapi sering kali tidak ada koordinasi untuk menyalurkannya. Akibatnya hingga kini banyak korban gempa yang masih minim bantuan. Inilah informasi posko-posko bantuan yang dapat dikontak oleh masyarakat.

BUMN Peduli

Alamat: Kompleks Hotel Inna Garuda, Jalan Malioboro, Yogyakarta.
Layanan: Logistik, medis (obat-obatan dan tenaga kesehatan), tenda, dan genset.
Sistem penyaluran: berdasarkan hasil survey yang dilakukan relawan dan lembaga lain, bantuan bisa dikirim atau diambil langsung.
Kontak: sekretariat (telp/fax 0274-588328) atau Yemo Wakulu (081513349995)

Pundi Amal SCTV

Bekerja sama dengan JAC (Jogja Automotive Community) dan Mc Donalds.
Alamat: Kompleks Mc Donalds Jalan Jendral Sudirman, Yogyakarta.
Layanan: Logistik, medis (obat-obatan ringan), tenda, dan makanan siap saji.
Sistem penyaluran: mendaftar langsung, petugas survey lokasi, bantuan dikirim.
Kontak: SCTV (Yuliasworo E Marhaendro 0818165725), JAC (Maulana Tri W 08122808115)

Sabtu & Selasa!

→1←

JANGAN TAKUT GEMPA SUSULAN

Setelah gempa besar berskala 5,9 ritcher, masyarakat sangat khawatir dengan berbagai isu tentang gempa susulan. Banyak isu beredar bahwa gempa susulan akan lebih besar daripada gempa pertama. Jangan percaya dengan isu tersebut! Kantor Badan Meteorologi dan Geofisika (BMG) menegaskan, gempa susulan yang terjadi setelah gempa tektonik besar pertama itu intensitasnya terus menurun dan akan segera berakhir dalam 11-12 hari sejak gejala pertama muncul.

" Iwan Hermawan, staf BMG Jakarta, yang secara khusus ditempatkan di Kantor Pemerintah Provinsi DIY di Kepatihan, menjelaskan, sejak Minggu (28/5) hingga Selasa tercatat berturut-turut jumlah gempa tektonik mencapai 28 kali (lima di antaranya terasa), 26 kali (dua di antaranya terasa), dan 21 kali (hanya sekali yang terasa).

"Secara ilmiah, sejarah kegempaan susulan tidak bisa lebih besar dari gempa puncak yang terjadi. Yang terjadi adalah peluruhan gempa, yaitu pelelehan atau penurunan gempa yang makin mengecil, dan ini bisa diprediksi," jelas Iwan Hermawan.
(Sumber: harian Kompas, edisi 1 Juni 2006)

werno-werno

Rumah Sakit Lapangan Komunitas Internasional

- Angkatan Tentara Malaysia menyediakan rumah sakit lapangan di Jodog, Bantul. Mampu menangani korban luka parah yang membutuhkan operasi besar serta penanganan korban patah tulang.
- Rumah sakit lapangan Singapura yang lengkap telah dibuka di Piered, Bantul.
- Rumah sakit lapangan Jepang yang berlokasi di RS PKU Muhammadiyah Bantul. Bisa melakukan operasi ringan dengan bantuan dua dokter dan 26 tenaga medis lainnya. Ada peralatan medis sinar X dan laboratorium yang lengkap.

(sumber: Kompas, 2 Juni 2006)

combine RESOURCE INSTITUTION

Buletin Saksi Gempa diterbitkan oleh Combine Resource Institution untuk melayani kebutuhan informasi korban gempa 27 Mei 2006. Terbit setiap hari Sabtu dan Rabu, didistribusikan langsung ke tangan korban gempa oleh relawan dan melalui jalur distribusi logistik.

Redaksi: Ade Tanesia, Bibuk Rokhmani, Rohman Yuliawan, Akhmad Nasir.

Redaksi menerima tulisan atau sumbangan informasi yang berguna untuk korban gempa.

図3－4 『地震の目撃者』創刊号（1面、4面）

団体の情報を詳細に提供することで、現場で自力による再建を始めている被災者たちにとってただちに実践に結びつく情報を多く提供した（表3－1）。

支援団体の連絡先

第一号の「どこに援助を探しに行くか」では、被災した地域住民が支援団体に直接連絡を取れるようにと各支援団体の連絡先を掲載した。読者の評判がよく、各支援団体のポスコ（連絡事務所）の連絡先情報を毎号掲載するようになった。担当者の携帯電話番号まで掲載したため、掲載された支援団体から苦情が寄せられたが、これは支援団体の活動の透明性を高めるために意図的に行ったことだった。

政府の支援策

第二号の[*6]「政府の約束」では、「家屋再建のため世帯ごとに一〇〇〇～三〇〇〇万ルピアを支給する」「調理器具の購入費として世帯ごとに一〇万ルピアを支給する」「住宅再建が終わるまでの暫定的な居住場所として一万張のテン

*6 第二号の「ジョグジャカルタの地震」では、過去にジョグジャカルタ州で発生した地震が紹介された。記事によれば、二〇〇六年の地震は死者五名を出した一八六七年六月一〇日の地震から数えて八度目の地震となった。犠牲者が多かった過去の地震には一九四三年七月二三日の地震があり、死者二一三人、負傷者二〇九六人、倒壊家屋二八〇〇棟の被害があった。

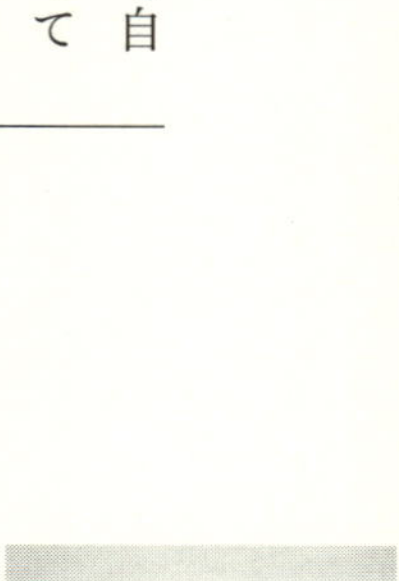

表3－1　『地震の目撃者』の記事一覧（見出しと内容）

第1号（2006年6月3日号）	
どこに援助を探しに行くか	被災者が支援者に直接連絡をとれるように援助団体ごとに連絡先を列挙
余震を恐れるな	ジャカルタの気象庁職員の説明「余震が本震より大きくなることはない」（『Kompas』紙の転載）
あれこれコーナー	マレーシア、シンガポール、日本による野営病院の設備や対応可能な患者についての情報
第2号（2006年6月7日号）	
簡易設置住居を待つ	『Radar Jogja』紙の転載
耐震住居が必要	
ジョグジャカルタの地震	過去にジョグジャカルタ州で発生した地震
ポスコ	援助団体のポスコ（連絡事務所）の情報
政府の約束	政府が被災者支援のために行った「約束」を列挙
避難民のための洗濯	サムスン電子インドネシア法人が洗濯ポスコを設置した
第3号（2006年6月10日号）	
地震後の子どもには特に目をかけて！	避難所を巡回して子どもを対象にしたプログラムを行っている団体がある
子どもの日常生活の再建を	地震は家だけでなく学校や遊びのような子どもの日常生活も奪う
がれき撤去や家の解体は近くの軍分区司令部へ	
被災後の子どもの状況に目を配って	
第4号（2006年6月14日号）	
外国の医療団の支援はまだ必要	政府は外国の医療支援チームの受け入れ停止を決定したが、重症の住民はまだ外国の医療支援を必要としている
キューバの臨時病院	キューバ政府は35人の医師からなる臨時病院を開設した
日本の臨時病院	自衛隊が臨時病院を開設した
移動診療所	
車椅子貸します	
第5号（2006年6月17日号）	
破傷風の危険！！	
骨折や開放切創のある被災者へ	
きれいな水	被災地での飲料水確保のためのサービスの紹介
ポスコ情報	援助団体のポスコの情報
住宅支援の新しい基準	被害の程度に応じて建設費用が支給されるという話に関して、支給の条件が追加されたことを紹介（『Kedaulatan Rakyat』紙の転載）
ニアの両親はどこに？	地震で記憶の一部が喪失したと思われる16歳の少女の両親の情報を尋ねる
コンピューター講習	ジョグジャカルタの大学生8人が実地演習単位の一環として被災地で児童に対してコンピューター講習を行っている

第６号（2006年６月21日号）	
亀裂の入った地面に注意、ゴミ捨て場ではありません	地割れの上に家を建てたりゴミを捨てたりしてはならないと忠告（『Kedaulatan Rakyat』紙の転載）
震災孤児の行く末	インドネシア自由児童事務局による孤児に対する支援活動の紹介（『Kedaulatan Rakyat』紙の転載）
子どもの元気に学ぶ	
教育ボランティアのポスコ	教育ボランティア・ポスコによる活動の紹介
設計士のサービスはいりませんか？	設計士援助機構による設計サービス提供の紹介
情報！	カリタス・スイスが自身の支援活動の対象地域と内容を示し、同地域で活動するNGOに対して援助の重複を避けるために情報を共有して互いに調整するよう呼びかけ
地震の情報	気象庁による地震に関する情報を求める
第７号（2006年６月24日号）	
家屋解体後の廃材を活用する	建設費用の節約のため、家屋解体後の廃材の利用のしかたを種類別に解説
ジョグジャカルタ市の被災者は水道代が３か月間無料	ティルタ・マルタ飲料水が６月から３か月間、ジョグジャカルタ市内で家屋が倒壊した地震被災者の水道代を無料にする
ポスコ情報	国際赤十字連盟が６万5000世帯への支援を計画
レンガ工場設立	経済復興計画の１つとしてバントゥル県でレンガ工場が再建される
第８号（2006年６月30日号）	
地震被災者のインドネシア共和国銀行からの借入金は帳消しにされる？	インドネシア共和国銀行総裁が被災者の借入金を帳消しにすると発表したが、ジョグジャカルタ州ではまだ実施されておらず、被災者はインドネシア共和国銀行から借金の取立てを受けている
電気メーターを無料で設置	電力公社は被災者の通電再開工事を無料で行うと発表したが、実際には様々な費用がかかる仕組みになっている
援助団体情報	
州政府と国連、NGO、住民組織の調整会議	バントゥル県で県政府と同県国連リエゾン事務所が共同で援助団体の調整会議を行い、30団体から36人が出席した
ムラピ山から77万3000ルピアの簡易住居	ムラピ山のふもとの住民は噴火の不安を抱えながらも被災地支援に関心を向けている
第９号（2006年７月14日号）	
垂直方向に対する強さは必要か？	家屋は地震によってどのような衝撃がかかり、どのように壊れるのか
建物被害の自己チェック	家の再建にあたって損壊の程度をはかるための自己評価票とその使い方の説明
建物の適性調査と改良のアシストを無償で	
600人のボランティアが建物の整理・再建	いつでも何日間でも無償で作業する。ボランティアが必要な人は移動手段を提供し、道具はボランティアが持参する
電力公社の施策に当惑させられる	

トを支給する」「世帯ごとに一か月あたり一二キログラムの米と、おかず代として一人あたり一日三〇〇〇ルピアの現金を支給する」「衣装代として一人あたり一〇万ルピアを支給する」「水場の設置費用として被災者五〇人につき五〇万ルピアを支給する」「地震による死者に対して一人あたり二〇〇万ルピアの見舞金を遺族に支払う」「二〇〇六年六月三日にバントゥル県の電気を再開する」*7と、インドネシア政府が発表した被災者支援策を詳細に記した。

子ども

第三号は子どもの被災を取り上げた。長く揺れた地震は子どもに恐怖心を与えるため、地震後は特に子どものケアが重要であるとして、避難所を巡回して子どもを対象にしたプログラムを行っている団体を紹介した。また、地震は家だけでなく学校や遊びのような子どもの日常生活も奪うとして、地域の子どもセンターや遊び場を作る支援団体の活動も紹介した。「被災後の子どもの状況に目を配って」という記事では、子どもに物乞いをさせるな、子どもに二〇キログラム以上の物を持たせるな、学校に行かせてあげると甘い言葉で誘われても子どもを知らない人に預けるなと大人たちに呼びかけている。

医療

第四号では外国による医療支援、第五号では破傷風を取り上げた。政府は外国の医療支援チームの受け入れ停止を決定したが、被災地の住民はまだ外国の医療支援を必要としているとし、キューバや日本が開設した臨時病院の様子を紹介した。また、被災者の三三人が破傷風にかかり、そのうち八人が死亡したことを伝えて、破傷風の症状を記し、身に覚えがある負傷者には最寄りの保健所で適切な手当てを受けるよう促した。

---

*7 この記事が掲載された第二号は六月七日発行であり、六月三日までに電気を再開するという約束は実現していなかった。

住宅再建

第七号では住宅再建を取り上げた。自力で住宅再建を始めた被災者が現れたことに対応して、建築費節約のため、家屋を解体した廃材の再利用方法を紹介した。木材の樹種ごとに再利用の方法を教え、割れ瓦をセメントと混ぜて再利用することや、レンガを壁材やセメント代わりに利用する方法を提案した。第九号では、地震によって家屋にどのような衝撃がかかり、どのように壊れるのかを分析した記事や、建物の被害の程度を住民が自己評価するチェック票を紹介した。

ローン返済猶予

第八号では、「被災者が銀行でローンを組むにはどうすればよいか」といった被災者から送られてきた携帯電話のショートメッセージ情報をもとに、被災者のニーズに応じた情報が提供された。地震発生の三日後、インドネシア共和国銀行の総裁が被災地である中部ジャワ州とジョグジャカルタ州では被災者の借入金を帳消しにすると発表したが、この指示はジョグジャカルタ州で実施されておらず、インドネシア共和国銀行の債務取立て人が被災者に借金返済を迫っていることが紹介された。

住民どうしの支援

同じく第八号では、ジョグジャカルタ州で支援活動を行う三〇の団体から三六人が参加して救援・復興支援の調整会議が行われた様子が紹介されたほか、自身が噴火の不安を抱えながら暮らしているムラピ山麓の住民が地震の被災者に簡易住居建設を支援したように、政府や支援団体を介さない地域住民どうしの支援活動が見られることも紹介した。

『地震の目撃者』発行の担当者は、「外国のNGOでも、以前からジャワで活動してジャワの

文化を理解しているＮＧＯは信頼できる。それ以外のＮＧＯに対しては、支援活動を行うなとは言えないが、ニューズレターなどを通じてＮＧＯの活動の透明性を高め、どれが信頼できるか人々に知らせることが必要だと考えている」と語り、域外からの支援者について、支援するならこの土地に事務所を構えて、ジャワの社会や文化を十分に理解してから活動するべきだと述べた。

2　被災者に寄り添う――『災害被害者の声』

二〇〇六年五月二九日、地元ＮＧＯの二六組織がフォーラム「災害被害者の声」を結成した。主な参加組織はチンデララス（図3-5）、コンバイン、ＩＲＥで事務局はチンデララスにおかれた。その後、参加ＮＧＯは六九組織に増えた。同フォーラムは六月二〇日にニューズレター『災害被害者の声』を創刊した。Ａ４判八ページで、週刊で発行された（図3-6）。発行部数は一万部で、フォーラム参加ＮＧＯを通じたり、巡回診療車や道路沿いのガソリン屋台[*8]を通じたりして配布された。フォーラムのウェブサイト[*9]でも入手できた。

『災害被害者の声』は、政府やＮＧＯではなく災害被害者の声を重視し、災害や被災者の最新情報ではなく、被災者を元気づけたり愉快な気持ちにさせたりする見方や考え方を掲載するとの編集方針をとった。このため、家が全壊したにもかかわらず農作業を再開した農民の話や、仮設住宅の建材として需要が高まった竹材の価格を据え置いて商売を続けている竹業者の話、支援物資を必要な分だけ受け取って残りは他の被災者に配ってくれと言った被災者の話な

＊8　道端でオートバイを対象にガソリンを売る屋台のこと。
＊9　現在は閉鎖されている。

図3－5　地元NGOチンデララスの事務所

どが掲載された。マンガを活用して読者に読まれやすい工夫もなされた。奥付には「編集部では、地震被害者に関するショートメッセージ、記事、写真、絵、データおよびあらゆる形態の情報を歓迎しますが、即席メンは要りません」との但し書きを付し、物資と並ぶ情報の重要性が示された。

以下、記事の一部をかいつまんで見てみよう。

住宅再建資金

ユスフ・カラ副大統領が一世帯あたり三〇〇〇万ルピアの住宅再建資金を支給すると発表すると、それに対してさまざまな角度から異論が出された。主な批判は政府にはそれだけの資金力がないため外国からの借金に頼らざるを得ないというものである（第一号、第三号、第五号）。その背景には、外国に借金すると外国に対して自立的に振舞えなくなることへの批判がある。また、住宅再建資金が被災住民に不均等に支給されると住民の間で分断が生じるという危惧が重ねて表明され、これを地震の後の「社会的地震」（第一号）や「地震病」[*10]（第六号）と呼んだ。

＊10　「地震病」とは地震の後で住民のモラルや社会習慣や礼儀が見られなくなってしまうことで、それを治すには口にしたことを実行すること、あるいは口にする前によく考えることである（第六号）。

生活補助金

インドネシア語で「ジャドゥップ」(jadup) と呼ばれる生活補助金についても、自分の家は被害が軽微だからと生活補助金の受給を断る被災者がいる一方で、複数ある家の一軒だけ壊れた人が受給者リストに入っていたり、自分で登録した覚えがないのに受給者名簿に名前が載っていて戸惑ったりする人がいることが紹介された（第二号）。

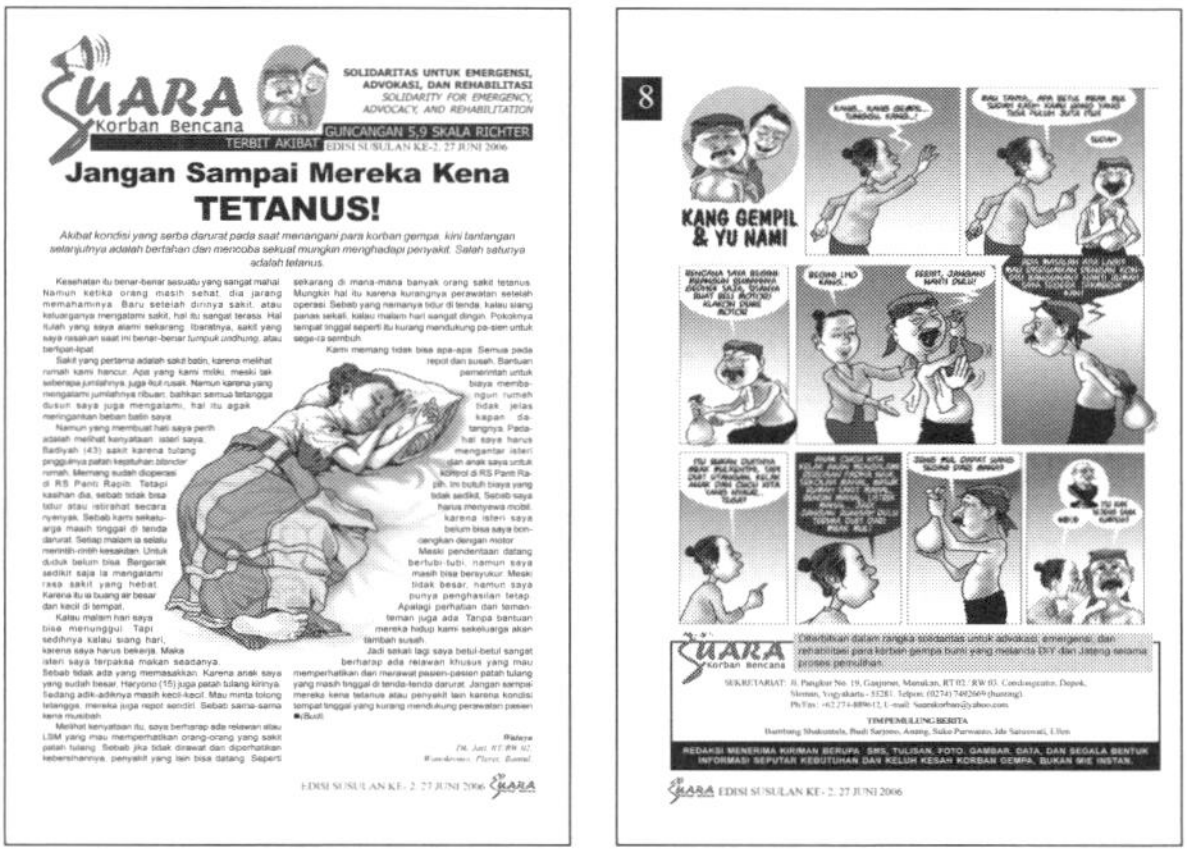

図3－6　『災害被害者の声』第2号（1面、8面）

ほほえみ＝回復?

第四号の記事「ほほえみ＝回復?」は地元文化の解釈に関して後で見る『ジョグジャの守り』との対比で興味深いので、少し長くなるが紹介したい。入院中の友人を見舞いに行くと、友人は微笑んでくれるし、様子を尋ねると「少し頭痛がして眠るときにつらいけれどよくなった」と答えるが、まだ頭に包帯が巻かれており、痛みをこらえている様子が見て取れる。

病院には支援団体の外国人も来ていた。あるジャワ人がイギリス人に対し、「ジャワ人は再起の心意気が高く、どんな事態も受け入れる用意があります」と誇らしげに語り、友人のことも来週には退院すると説明した。退院後に村に帰ってどうするのかというイギリス人の質問に

表3－2 『災害被害者の声』の記事一覧（見出しと内容）

第1号（2006年6月20日）	
タマンサリ地区の区長	被災後、わが地区の住民はゴトンロヨンなどで助け合ってきたが、住宅再建の補助金が出るという話が出て以来、住民は困難に立ち向かう姿勢を失って助けを待つ姿勢になってしまった
基本生活物資の寄付にとどまらない結束	ジョグジャカルタ住民で被災していない者は、食事や基本生活物資の寄付だけでなくがれきの片づけにも力を貸しており、住民の結束の固さがわかる
また借金、返済はいつ終わる？	ユスフ・カラ副大統領は1000～3000万ルピアの住宅再建資金や生活補助金を発表したが、被災状況や予算状況は十分に検討されていない。アチェの津波のように外国に借金をすれば、第二第三の「社会的地震」となりうる
住宅損傷評価基準の難しさ	家屋の損傷の程度が調査されているが、軽度の損壊でも地震の恐怖で家に住めない人もおり、家に住み続けられるかは建築物の損傷の程度と一致しない
地震はすでに去った	陶器で知られる観光地カソンガンは、家や学校の被害が大きく無残なありさまだった。学校や幼稚園を訪れ、子どもたちと絵をかいたり遊戯したりした
広告	地震被災者に無料でメガネ差し上げます
	児童によるイラストと文
スローガンに1000万ルピア	街には激励のスローガンがあふれているが、その横断幕代だけで1000万ルピアはかかる。被災者が求めるのはスローガンではなく具体的な支援だ
再起と自立をめざす	悲しみと混乱にいつまでも浸っていてはいけない
バンドン・ボンドウォソにも引けをとらない：一晩で仮の家を建てる	家を失って一晩で仮小屋を建てた被災者は、中部ジャワの民話の登場人物バンドン・ボンドウォソを引き合いに出して「それよりすごい」と誇った
マンガ	
第2号（2006年6月27日）	
破傷風に気をつけて	地震後は避難生活の中でも様々な試練があり、破傷風には特別な注意が必要
タマンサリ地区長のプロジョより	自分の家の被害はましな方だからと生活補助金の受給を断る被災者がいる一方、複数の家を持っていて一軒だけ壊れたのに住宅再建費受給者リストに名前が入っている人もいる
	児童によるイラストと文
大地が揺れる	すさまじい地震の様子に驚いたことをつづった手書きの手紙
生活補助費：対象を誤ればコミュニティ内での紛争を招く	被災者を対象にした生活補助金は一人一日3000ルピアだが、受取人名簿の作成過程や受け渡し方法をめぐって混乱が生じている
地元の知恵：生活補助金問題	生活補助金の受け取りを拒否しようと思っている住民スカムソの話
まだある財宝	がれきの片づけをしていたら結婚指輪がでてきた。見つけたのは隣人で、くすねることもできたのにきちんと持ち主に返した
SMS で一言メッセージ	もし歌手がバントゥルに来て災害の歌のコンサートをしてくれるなら、入場料は乾麺で払う。乾麺はたくさん持っているから
スレマン公立病院：ボランティアが帰り、医療器具もなくなり、私は病院から帰った	怪我をして病院に運ばれてフィリピンの医療チームの治療を受けたが、4回予定されていた手術のうち3回行ったところで外国人医師が帰国することになり、手術に必要な器具もなくなり、手術を受けられないままになった
求む：蜂蜜の寄付	破傷風などの病気を防ぐうえでビタミンは欠かせない。住民のビタミン源の1つである蜂蜜は、安く手に入れやすく、栄養価も高い。乾麺は飽きるほど食べた。どこかに蜂蜜を支援してくれる団体はないのか
お椀が2つ、皿が2つ、コップも2つ：バソ売りをしたいだけなのに	これまで商売に二度失敗していた。地震で家も商売道具も全て失ったが、助かった妻と母と一緒に三度目のゼロからの出発だ
マンガ	（本章図3－6右）
第3号（2006年7月4日）	
3000万ルピアの支援金問題	家族でテントで避難している男性へのインタビュー。住宅再建補助金3000万ルピアの噂は聞いているが、期待しすぎないようにしたい。スラウェシの洪水もあるし、アチェの津波も終わっていない。3000万ルピアはもらいすぎで、それだけの金があれば政府をよくするのに使えるはず
天気予報：お金の雨の夢	金は儲け方よりもらい方の方が難しい。一世帯に3000万ルピアの補助金が出るとなるとバントゥル県だけでどれだけの額になるのか。自分ならば受け取らない。壊れた家を直すだけなら釘や竹などで自分でやりくりできる

	児童によるイラストと文
子どもセンター：子どもたちの精神的健康	被災地では下痢、猩紅熱、マラリア、麻疹、食あたりが問題となっている。クラテンやバントゥルでは破傷風が多く、ワクチン接種が始まった。身体の健康だけでなく精神の健康も大切
バントゥルの「ガレン」：お金のかからないプロジェクトで復興を	ピユンガンのスリムルヨ村では20世帯が協力して120万ルピアの資金で橋をつくった
地元の知恵：地震から一月でゴトンロヨンで仮設住宅をつくる	パヤチリでは住民がゴトンロヨンで仮設住宅を建設している。被災から1か月後に12棟の仮設住宅を建てる計画を立て、現在9棟が完成した
やむなく墓石とともに暮らす	チェレバンの墓所に墓参りする人たちの世話をして生計を立てていたムジナ一家は、地震で家が壊れ、墓所で避難生活を送っている
私たちにはまだ財宝がある	被災のさなかにあったちょっといい話。避難者で混乱していた駐車場で免許がないのに車を運転したけれど見逃してもらった話など
SMSで一言メッセージ	
命か足か？　あなたには決断できるか	がれきに埋まった人が迫られた選択は、足を切断して命が助かるか、足を切断せずにその場で死ぬかだった。その人は足を切る方を選んだ
マンガ	
第4号（2006年7月11日）	
スシロ・バンバン・ユドヨノ大統領が訪問	被災地を訪問した大統領は、ジャワの伝説の人バンドン・ボンドウォソが一晩で1000の霊廟を立てた故事にあやかるように12兆ルピアの支援を約束したが、一晩では成しえない
ほほえみ＝回復？	入院していた友人を見舞った際の話。本人は見た目にも痛々しく苦しんでいるのに、その場にいた別のジャワ人が外国人に「ジャワ人はどんな事態も受け入れる、微笑んでいるのは回復の証し」と話していた
	児童によるイラストと文
家が貝のように動いた	地震のために多くの住民が住む家を失い、プランバナンのスンベルハルジョ地区では家が建っていた地面もなくなってしまった
大統領がプランバナンを訪問：「テントに住むのには飽きました、でもまだもっとテントが必要です」	大統領がクラテン県プランバナン郡を訪問し、1時間の滞在の間、ジョグジャカルタ州知事と中部ジャワ州知事に支援金を贈呈した
得るものあれば捨てるものあり	補助金を待つより自分で家を建てたいという住民の話。自力で建てると補助金は出ないが、何かを得れば何かを切り捨てることになるのはしかたない
求む：インドネシア子ども会議に出席する被災児童代表10名	ジャカルタで開催されるインドネシア子ども会議に出席する被災児童代表10名を選ぶ
手品のよう：消える電力メーター！	電力会社は倒壊家屋から電力メーターを回収しているが、いずれ住宅が再建されたら電力メーターが必要になる。誰が回収を指示しているのか
私たちにはまだ財宝がある	
SMSで一言メッセージ	
道端で自慢する	各団体が横断幕を張って激励のスローガンを競い合っているが、被災者の生活再建に具体的な解決策をもたらさない。必要なのは食べ物や建材だ
マンガ	
第5号（2006年7月18日）	
ストレスを解消しよう！	芸術、文化、社会、政治のいずれの分野でもよいので「表現」すること
緩衝材	住民組織は政府と住民の間に入って仕事をする緩衝材のようなもの。誰が悪いか責めてもしかたない、あえて犯人を捜すならば地震なのだろう
	家の被害は軽微でも、地震が怖くて家で休めない
彼らにはエールがある「バントゥルの子どもたちは大丈夫！」	バントゥル県ジェティスでは子どもを対象にしたポスコが作られて活動が行われている。中心となっているのはバントゥル生まれのアディエル（20歳）
ブルバ郡の役場、住民の「ゴトンロヨン」で壊される	被災者に支給される食費が被災の程度に応じて金額を変えられたことに怒り、住民が郡役所に押しかけ、「ゴトンロヨン」で役所の建物を壊した
プルワルナ村長：私は住民とともにありたい	バントゥル県では村長たちが生活補助金の分配をめぐり、その手腕が問われている。新聞で批判されたプルワルナ村長の主張
イモギリの住民は約束を求め、学生はハンスト	ユスフ・カラ副大統領が示した住宅再建補助金について、確実な遂行を求めるため住民や学生がジョグジャカルタ州議会でアピール行動を行う

住民「政府がそれほどのお金を持っているとは信じがたい」	地震被災者への補助金を出すことで外国から借金することになるのではないかと懸念する
SMS で一言メッセージ	
マンガ	
第6号（2006年7月25日）	
住宅再建補助金：3000万ルピアから87%割引	ユスフ・カラ副大統領が述べた3000万ルピアの住宅再建補助金が取り消されたことに住民は大きな不満を持っている
地震で見えなくなったもの	人々に「地震病」が生まれた。地震の後、住民のモラルや社会習慣や礼儀が見えなくなってしまう。治すのは簡単で、口にしたことを実行するだけ
スノパキスの住民「あせるなと言われるけれど」	3000万ルピアの補助金に関するデモを見た住民。乾麺の配り方をはじめ様々な不満や疑問が被災者にはあるけれど、誰に訴えたらよいかわからない
広告	2006年7月20日はバントゥル県設立175周年：ゴトンロヨンの精神が復興の柱となり続けますように
住宅再建：住民は鍵を受け取るだけ	ジョンブランではトルコの住宅再建支援があり、150世帯が1棟あたり7000万ルピアの再建住宅支援を受ける。建設は業者任せで住民は鍵をもらうだけ
ジョンブランガンの地区長「この家には歴史がある」	両隣の家が倒壊したがジュマリの家は崩れなかった。ジュマリ曰く、この家は私の汗でできた家で、歴史がある。ジュマリは7000万ルピアの再建住宅をもらうよりも自分の家を修理するほうを選んだ
「家の周りの地面は藁で覆う」	トルコの再建住宅をもらう住民は、ヤギが庭を荒らすのを防ぐためと言って、住宅の周りにしつらえた庭の周囲を藁束で覆う予定にしている
「電力料金を無料にするといったらデモになった」	電力会社はジョグジャカルタ州と中部ジャワ州の被災世帯の電力料金を無料にすると発表したのに、地元の電力会社は電力料金が無料になるのは電力メーターの回収に応じた世帯だけだという
財宝	災害の渦中で感じた神の存在について、また、神に願うことについて、小中学校の児童・生徒の声を集めたもの
SMS で一言メッセージ	
マンガ	
第7号（2006年8月1日）	
インドネシアの季節をもう一つ追加：地震の季節！	現場では遺体の捜索や日々の避難生活が課題なのに、副大統領のように、中央政府は壊れた家の数さえわからずに住宅再建補助金の話をしている
季節は地震	住宅再建補助金が3000万ルピアから400万ルピアに変わったのは地震の予言と同じ。何か起こったら賞賛と支持を得るし、何も起こらなくてもむしろ良かったと人々は安堵する。言った本人は安全なところにいて、言われたほうは当たるにせよ当たらないにせよ不安な気持ちになる
地震被災者の代表児童10人がジャカルタの子ども会議に参加	ジョグジャカルタ地震被災者の代表児童10人がジャカルタの子ども会議に参加した
被災者がボランティアを育てる	大学の課外研修で被災地に来た13人の学生が家の片づけや修理を申し出た。しかし道具も持たず、修理の仕方も知らず、作業半ばでお祈りだ授業だと放り出そうとするので、しまいには住民が手伝って作業を終えた
3000万ルピアの住宅再建補助金中止への謝罪を求める：ユスフ・カラ副大統領のジョグジャカルタ訪問	ユスフ・カラ副大統領がジョグジャカルタを訪問した際に、副大統領を迎えたデモ隊は「約束」をキーワードにした歌を歌い、当初の言葉を翻したことを批判した
ハメンクブウォノ10世：生活補助金と再建資金について合意	ジョグジャカルタ州知事は、210万人の避難民のうち160万人はすでに対応ができていると述べた
電力問題	「約束を守れ行動」が電力会社へのデモで得た回答の報告
村での話を大切に：住民間の社会的軋轢を防ぐため	バントゥル県は人道支援活動の競争の場になっている。約束の金額や資材が支援者の都合で変わると、村人は取りまとめ役がごまかしたのではないかと疑う。村人全員が対象にならない場合には支援対象の選び方が重要になる
カルトさん：水田にいるときは生きている実感がある	家を失って悲しく、自尊心を失ったように感じるが、水田にいると生きている実感がある
投票せよ！	チャトゥルハルジョ村で住民50人が村長に公平な住宅再建支援を求める抗議行動。再建には地震前に住宅を所有していた証書の提示が求められたが、被害が大きな家では証書が残っておらず、被害が小さい家の再建が優先された
SMS で一言メッセージ	
マンガ	

対し、「ゴトンロヨン[*11]（相互扶助）で壊れた家の再建に取り組みます。彼らは施しを受けるのが嫌いです。インドネシア政府が被災者支援のために外国から借金することに私たちが反対するのも、ジャワ人が自立を好むためです」と答えた。「でも緊急事態は続いているという人もいます」と言うイギリス人に、「緊急事態は終わっています」と答え、友人が微笑んでいることをもってその証拠としようとした。

　そこで記事の書き手は割り込んだ。「友人が微笑んでいるのはもてなしのためです。見た目と体や頭の中の状態は別です。もし今の話を聞いて支援が不要だと考えたらそれは間違いです。友人はまだ助けを必要としています。もしあなたが帰国したら、内面に深刻な傷を負い、助けが必要だとようやくわかった人々を誰が助けるのですか」「借金に反対するというあなたの意見は無意味です。そのような考えが傷をより深くさせ、政府に借金をつくらせるのです」と。

医療

　ここにもうかがえるように、『災害被害者の声』は外国からの支援を否定しているわけではない。外国の医療チームが帰国すると医師も医療器具もなくなるので困るという例を紹介したり（第二号）、トルコの住宅再建支援により一五〇世帯が一棟あたり七〇〇〇万ルピアの住宅再建の支援を受け、建設は業者がすべて行い、住民は住宅再建が済んだら鍵を受け取るだけという例を紹介したりしている（第六号）。

住宅再建の補助金額の修正

　政府への不満も表明された。政府の高官はその場の思いつきで三〇〇〇万ルピアの住宅再建補助を公言したが、被害を受けた世帯数が多く、計算してみると一世帯あたり四〇〇万ルピア

*11　ゴトンロヨンとは、住民の自発的な相互扶助を意味するインドネシア語で、住居の建築を隣人が総出で手伝うといった伝統的な相互扶助のほか、地域清掃や道路建設など公共施設の整備のための共同無償労働や、祝い事や災難のために生じる突然の出費に金銭的な支援を行うことまで幅広くゴトンロヨンと呼ばれる。

が関の山とわかって金額を下げた。現場では遺体の捜索や日々の避難生活が課題になっているが、政府は被災地で壊れた家の数さえよくわからないまま住宅再建補助金の話をしている[*12]（第七号）。

被災地からの抗議

政府への不満が直接的な行動に結びついた例もある。スレマン県ブルバ郡では、被災者に対する食費の支給額が当初の発表から減らされ、しかも被害の程度によって支給額が変えられたため、不満を抱いた住民が郡役所につめかけ、郡役所の一部が壊された。この出来事を紹介した第五号の記事は、住民が集まって自発的に家屋の再建を行っているゴトンロヨンに引っ掛けて、「住民がゴトンロヨンで郡役所を壊した」と見出しをつけた。

心もとないボランティア

バントゥル県パンダック郡で、大学の課外研修のために一三人の大学生が被災地を訪れ、壊れた家の片づけや修理を申し出た。家の修理を依頼したが、学生たちは道具を持たずに来ており、修理の仕方にも習熟しておらず、作業半ばでお祈りだ授業だと言って放り出そうとしたため、しまいには地域の住民が手伝って作業を終えた。家の持ち主は大学生たちに感謝したが、誰が誰に感謝すべきなのか（第七号）という記事にも考えさせられる。

3　伝統文化を説く――『ジョグジャの守り』

二〇〇六年六月第一週に地元NGOの活動家たちがフォーラムを結成し、六月二三日に地震

---

*12　政府高官が補助金の金額を下げたことについて、地震予知と重ねて批判する記事もあった。それによれば、この問題は一度口にした約束を守らなかったことであり、また地震が起きると予言する人と変わらない。本当に起これば予言があたったとして賞賛と支持を得るし、何も起こらなくても、むしろよかったと人々は安堵する。言った本人は安全なところにいて、言われた方は当たるにせよ当たらないにせよ不安な気持ちになる（第七号）。

災害と救援活動についての情報誌としてニューズレター『ジョグジャの守り』の発行が開始された。一般住民を対象とし、広告掲載をせずに無料配布された。Ａ３判八ページで、創刊時は週刊で二〇〇〇部発行され、後に隔週刊で一〇〇〇部発行された[*13]（図３-７）。『ジョグジャの守り』は、中央政府や外国からの支援に頼らず、ジョグジャ（ジョグジャカルタ）の人々が互いに助け合って自力で復興再建している様子を多く紹介した。

Merti Jogja
Terbit sejak minggu kedua setelah gempa
Beredar di kawasan Jogja dan Klaten
Ora Perlu Ngarep-arep Bantuan
GRATIS!!!
Dari Jogja Kita Selamatkan Indonesia
Merti Jogja
Gethok Tular
Yang Memilih Rumah Tidak Ambruk
Upama Aku Pejabat BAKORNAS
Dari Jogja Kita Selamatkan Indonesia

図３-７　**『ジョグジャの守り』第４号**（１面、７面）

第一号では、政府が被災者に見舞金として大金を支給するという情報に住民が戸惑うなか、地震発生から一週間が経って、被災地にはゴトンロヨンの伝統に基づいて自力で住宅再建をはかろうとする村や、直接の被災地ではない地域の住民が被災者を支援している次の三つの例が紹介されている。

家の建て直し

バントゥル県ドリンゴ郡のドリンゴ村では、「ベダ・オマ」（家の解体）の慣習に基づいて住宅再建を行った。ベダ・オマは、村の男性が四〇人ほどで行う。世帯ごとに一人を出し、まず「ムシャワラ」（話し合い）で仕事の分担と作業に取り掛かる家の順番を決める。仕事の分担は各人の専門性に応じて決め、作業に取り掛かる家の順番はくじ引

*13　関連するＮＧＯ活動家などを通じて配布し、壁に掲示されてもよいように大きめの活字で紙面が構成されている。まわし読みで一部あたり二〇人程度の読者を想定している。

きで決める。

毎朝、村のポスコに人々が集まる。多くは手袋と頭巾を身につけ、鋸やスコップなどの道具を手にしている。全員で解体をする家に向かい、作業にかかる。午前一一時半頃に休憩時間となり、ベダ・オマされている家の持ち主が飲み物とタバコを用意する。健康上の理由などで作業に参加できない人はお茶を届ける。再び作業にかかり、ズフル（昼すぎの礼拝）の時間が近づくとポスコに戻って礼拝し、昼食を取る。午後一時を過ぎると作業を再開する。

簡易住宅作り

スレマン県カリティルト郡のカラン村では、村の住民会合で簡易住宅作りを行うことになった。カラン村の住民で大学教員のムルヨノ氏が家のデザインを担当した。資材はすべてカラン村にあるものか付近の村から提供されるものを使うため、新しく購入する必要はない。簡易住宅を建てるのは隣組ごとに一棟とし、建てる場所は話し合いで本当に必要なのは誰かをもとに住民が決める。家を建てる作業をするのはボランティアたちで、ボヨラリやソロの住民やインドネシア国軍、学生など、それぞれグループをつくって毎週土曜日と日曜日に被災地にやってくる。この簡易住宅はモデルで、住民が見て自分の簡易住宅を建てたいと思えば村が支援する。

住民どうしの支援

ムラピ山に近いスレマン県トゥリ郡では、地震の被害はなかったが、被災者支援をする動きが自発的に出た。これは、かつてムラピ山の噴煙があがったときにジョグジャカルタ住民の支援を受けて避難所を運営した経験があり、そのお返しにジョグジャカルタの地震被災者に共感を示すものだった。

表3－3　『ジョグジャの守り』の記事一覧（見出しと内容）

第0号（2006年6月）	
スカルノ大統領の署名	「ジョグジャカルタは独立の精神で知られる。この独立の精神が今後も続くように！」
巻頭言	250年の歴史を持つジョグジャカルタは、これまで闘いに疲れた若者や学びを求めて訪れる若者に食事を提供してきた。ジョグジャカルタを災害都市と見ないでほしい
マンガ	マグニチュード3000万の地震
マンガ	食事代、洋服代、道具代…ひと月いくらになる？
バントゥル県の炊き出し所	テレビではジョグジャの女たちが涙にくれている印象ばかり与えるが、実際は災害後の暮らしを日常に戻すカギとなる役割を担っているのは女たちの元気と働き
耐える力：何に？	地震で家も家族も友人も失った人にとって「忍耐力」とは、災害時でも社会関係や絆を維持する力のことだ。安易に新聞に「ジョグジャよ立ち上がれ」という広告を載せればよいわけではない
目覚まし時計	笑い話
イラスト	井戸：古いうえに100%お化けがでます
イラスト	養護学校2年のウギク画
コタグデ：ジョグジャカルタ、ある朝	1975年にジョグジャカルタのコタグデ地区でダルウィス・クドリが詠んだ詩
イラスト	カルティノ幼稚園アグン・プラセトヨ画
ジョグジャカルタ	ジョグジャカルタの住民の大多数は貧困層で、近代化から取り残されている部分があることは十分わかっているが、ジョグジャカルタにもよいところはいろいろある
イラスト	プテル鳥：幸せを招く力があり、妖怪除けにもなるプテル鳥、今なら一羽200万ルピア
イラスト	チーク製の机が495万500ルピア？
情報と娯楽の境界はどこにあるのか？	テレビのニュース番組では州知事や大統領ばかり。地震の報道が娯楽番組と並んで放送され、テレビ局による支援活動の様子が報じられるのを見ていると、地震も娯楽として視聴者に提供されているように感じられた
イラスト	もしもし、地震があったの、あなたの国に借金しなければならないぐらい大きな地震で、被害は国家災害クラスよ
イラスト	ハイビスカスの木。樹齢およそ100年、お化けが棲むという。売ってはならぬ！
写真	白黒で描かれている家と木、そして山が色塗りされようとしているところ
写真	車のための道、移動するための車
おい！折ってはならぬ	1967年の詩
写真	昼は田んぼで稲刈り、夜はテントで避難
第1号（2006年6月）	
ドリンゴ地区：家の解体	地震発生から1週間たち、ゴトンロヨンで家の解体を始めるところが出てきている
仮設テントはまず女性と子どもに	ゲシカン村の7世帯27人は家が壊れて住めなくなった。夜には雨が降り、ビニールの敷物を敷いて27人が身を寄せ合った
簡易住宅をつくる	カラン村では住民会議でテントに替えて簡易住宅を作ることになり、同村住民で大学教員が地元で採れる竹などを使った簡易住宅を設計
グヌンキドゥリでスルタン・ハメンクブウォノ10世	「援助を取り仕切るのは住民自身だ」と発言

トゥリ郡からバントゥルへ	ムラピ山噴火の際にジョグジャカルタ市民の支援を受けたトゥリ郡の住民が、バントゥル県の被災者に対して食事の提供、家屋再建の手伝い、簡易住宅建設の資材提供などを行っている
地質学が自然のメッセージを翻訳する	地質学の専門家で元バンドン工科大学教授が地震と噴火に関する神話と科学技術の見方を説明
質問コーナー	耐震設計の家とは何か、プレート性地震と火山性地震は同じものか、地震の影響にはどのようなものがあるかなどの質問への答え
問題は場所、耐震か否かは問題ではない	建設会社は耐震設計の家を建てるというが、そのせいで住民は自らの手で時間をかけて手入れして家を作っていくことを忘れてしまった
ジャカルタの支援にかかわらず生活維持を	ジャカルタの政治家や高官たちはさまざまな支援策を検討しているが、被災者は現場の事情に即して復旧計画を立てて自分たちの手で進めている
ともに安全を望む	ジョグジャカルタ市の低所得者向け借家地区の住民が被災地への祈りをささげた
避難所生活でお金を出し合い	ジョグジャカルタ市の低所得者向け借家地区の住民は小学校に避難したが、食糧が足りず、住民がお金を出し合って食糧を手に入れた
第3号（2006年7月）	
40日目の祈り	地震から40日目の祈りが行われた
災厄払いの儀式	バリのヒンドゥ教徒たちが世界の安全を祈って災厄払いの儀式を行った
天空	バントゥル県ジェティスのボランティアによる記録。バントゥルの幼稚園教員ラストリ氏の地震発生以来の活動について
ブン・カルノからジョグジャのために、1952年	インドネシア共和国の初代大統領スカルノの直筆の文書
家族の写し絵	援助に頼るだけなら自立は得られないし、援助は均等でなく被災者を分裂させる。どう再建するかはそれぞれの家族しだい
ジョグジャよ立ち上がれ	地震から40日目を迎えたジョグジャカルタでスルタンが各宗教の信徒に呼びかけた。ジョグジャカルタの価値は、共にあること、結束、自立の3つ
トラウマ・ヒーリング	村を訪れた町の住民が子どものためにトラウマ・ヒーリングをしたいと申し入れたが、村の青年会議は、議論を重ねた結果、この申し出を断った
不安を招く一時金	テガル・パングン村で被災者に対する一時金が配られたが、住民を分裂させるという不安が起こっている
「もしも私が竹と竹壁の業者だったならば」	
第4号（2006年7月）	
写真	ジョグジャカルタ市内に立つスディルマン将軍の像
写真	スカルノ大統領の自筆のメモ
地震後の学校に入学	被災者が公立小学校への入学準備金として総額85万ルピアを求められた
「綿入りのマットレス」	マットレスの材料は身近にあり、職人になるために学校で研修を受けなくてもよいし、広告を出す必要もなく、村の多くの人が生計を立てることができる
避難所の子どもたち	この40日間、眠ったりテレビを見たりするための家がない状況で寝泊りしている
政府の約束	政府（災害対策局）がこれまでにした約束の数々。「我々は約束ではなく物証がほしい」
トランスミグラシ？	ここで大変な思いをし続けるよりも他の場所に移住してはどうか
絵日記	
もしも私が国家災害復興庁長官だったならば	汚職する、辞職する、人々のためになる復興策を進めるなど
本紙への読者の意見	ラジオ放送の対談番組で紹介された読者の声

トゥリ郡内の三〇〇世帯が一世帯あたり五食分の弁当を提供して、二台の車でバントゥル県の被災地に届けた。また、同郡のガディン村では地震で倒壊した一五棟の家屋の再建のためにゴトンロヨンに人を出した。毎週末の午前七時、男たちと作業道具でいっぱいになった車が何台も南に向けて出発する。地震の被害が大きかったバントゥル県に向かい、地震で壊れた家を取り壊す作業を手伝う。はじめのうちは取り壊し作業に行くだけだったが、簡易住宅の建設資材として竹やサラック（サラカヤシ）の葉を持っていくようになった。住民の話を聞くと、一村あたり一軒の簡易住宅を建てるという目標を持って活動している。

科学か慣習か

第一号では、バンドン工科大学の元教授であるサンプルノ氏（七一歳）へのインタビューを通じて、科学技術と地元の慣習的な知識のどちらが災害対応に適切かという問答を行った。サンプルノ氏は地質学の専門家で、夫人は考古学に通じており、子どもと義理の両親は文化人類学に通じている。ジャワの人々の間には、北と南にそれぞれ山と海を司る超自然的な存在があり、山と対話して山と人間の仲介役をする役職がスルタンによって置かれており、よく知られたものにムラピ山を担当するマリジャンという役職がある。ムラピ山が噴火しそうになると、科学技術に基づいた噴煙や噴火の予測をもとに住民に対する避難勧告が出されるが、噴火や噴煙は起こらないというマリジャンの発言が新聞などで報道されると住民の多くは避難しないといったことが繰り返されてきた。[*14]

耐震設計の家

第一号には耐震設計に関する記事も掲載されている。地震で家が壊れた四人の例を紹介した上で、「耐震設計の家」はジョグジャの人々にまっとうな考え方を忘れさせてしまったと説

*14　マリジャンは二〇一〇年のムラピ山噴火に際し、インドネシア政府による避難勧告に従わず山の中腹にある自宅にとどまり続け、一〇月二六日の大噴火の際に発生した火砕流に襲われて死亡した。

く。記事によれば、ジャワの伝統的な暮らしでは家とは時間をかけて少しずつ作り足されていくものだが、建築会社が建てた「耐震設計の家」は、住民たちに理解できない図面をもとに会社が建てるため、住民はその家のどこに何をどう付け足していけばよいかわからない。その結果として、村の住民たちは、勝手のわからない耐震設計の家に住み、自分が広い竹林や椰子の木やジャティ（チーク）の木を持っていることを忘れてしまっている。しかも、彼らの村がレンガ生産の中心地だったことも忘れてしまい、そのために仕事がなくなったと考える住民を増やしている。

「もしも私が……」

第三号には「もしも私が竹と竹壁の業者だったならば」という記事が掲載された。その問いを被災地住民に投げかけ、出てきた答えを並べたもので、「被災地の経済を活性化させるために商売を続ける」「自分の竹林にできる限りたくさん竹を植える」「地震が来ても心配しないで済むように竹の家を広める」「国際的な品質を維持した支店をインドネシア全土に作って将来は輸出も目指す」などの答えが見られた。役割を交換して考えてみるという「もしも私が○○○だったならば」はその後も続き、「ジャカルタの国家災害復興庁長官だったならば」（第四号）や「バントゥル県知事」（第五号）になって何をしたいかという記事が書かれた。

自力で再建するジョグジャ

『ジョグジャの守り』の編集人は、プリム・ヌグロホ氏および彼の自宅を事務所とする地元NGO「フマナ」のスタッフである。プリム・ヌグロホ氏は、『ジョグジャの守り』の刊行について次のように語った。

地震発生時、一般紙は「ジョグジャ」を「災害」と同義であるかのように報道した。ジョグ

ジャがジャーナリストや政治家の道具にされていると案じた。アチェの津波が政治家や役人に利用されたのを見ていたため、この震災が「国家の災害」と位置づけられ、国家（政府）が外国から借金する口実にされるのではないかと思ったという。

　ジョグジャの人々は、援助に依存せず、困難なときでも元気に働く。「援助を待つだけのジョグジャ」ではなく「自ら働くジョグジャ」であることを示すため、倒壊した家屋から集めた建材で自力で家を再建している話などを多く載せた。

図３−８　地元ＮＧＯフマナの事務所

　『ジョグジャの守り』では、ジャワ農村の農民たちに読んでもらう工夫を施した。ジャワ農村でなじみ深い人形影絵劇ワヤンの登場人物の絵柄や、人々に親しまれている歴史上の偉人であるスカルノ大統領の自筆の文章やスディルマン将軍像、人々に慕われている先代スルタンの写真などを入れた。子どもの「絵日記」コーナーや、「もしも私が……だったら」コーナーをつくることで、読者が紙面に参加しやすくする工夫もした。また、インドネシア語の文章にジャワ語の単語を頻繁に挿入した。これは、ジャワ農村部では国語のインドネシア語よりも地方語であるジャワ語のほうが感情を表現しやすいという考えによる。
（プリム・ヌグロホ氏）

4　「地元文化」を語る難しさ

紹介してきたコミュニティ・ペーパーでは、地元ＮＧＯはジャワ文化を理由に政府や外国人を批判する様子が見てとれたが、地元ＮＧＯの主張にも多様性が見られた。

ジャワの人々によるジャワ文化に対する思い入れは、街角で見られる横断幕にも見ることができる。バントゥル県に張られていた横断幕には、インドネシアの国旗を背景に握り拳を掲げ、「バントゥルの民は立ち上がる」とジャワ語で書かれていた（図3-9）。このほかにも、「外国からの負債を拒絶せよ」や「どんなことがあろうとも私はイスラム教を手放さない」と書かれた横断幕も見られた。かたちの上では横断幕を掲げた人の意思表明として書かれているが、コミュニティの他のメンバーにも同意を求める雰囲気が醸し出されているとも感じられた。

さらに、倒壊した家屋の塀などにペンキで書かれた「落書き」からは、コミュニティ・ペーパーや横断幕とは異なる個人の声を見聞きすることができる。ジョグジャカルタ州の住民の多くは日常的に英語を使わないため、ほとんどの「落書き」はインドネシア語かジャワ語で書かれているが、ところどころに英語の単語や記号を使った「落書き」も見られた。

図3-10は、インドネシア語で「助けて!!!」と書いた後に英語でお金を意味する「$」を書いている。図3-11は、インドネシア語で「あなたの支援を」と書かれた隣に英語で「ヘルプ・ミー!」と書かれている。インドネシア語が読めない外国人に対して支援を呼びかけ、しかも支援の内容は「お金」であることが直接的に表現されている。

地元NGOは、外部からの支援者がジャワの被災者を適切に理解できない理由を、ジャワの被災者にはジャワ固有の文化的背景があるからだと説明する。支援が適切なものとなるためには、ジャワの伝統的な社会秩序や文化に即して「正しい」ことが必要であると説明する。他方で、地元NGOの主張を詳しく見てみると、「ジャワ的な正しさ」には必ずしも首尾一貫していない部分も見られる。外部からの支援者の行動は、「ジャワ的な正しさ」に照らし合わせて批判されているのではなく、地元NGOが考える正しさが「ジャワ的な正しさ」として説明されている側面もあるように思われる。

図3－9　「バントゥルの民は立ち上がる」とジャワ語で書かれた横断幕

文化背景や社会背景が異なる地域のことを知ろうとしたときに翻訳や仲介は不可欠だが、翻訳や仲介には、本人が自覚的であるかどうかにかかわらず、翻訳者や仲介者の価値観や意図が反映されることが避けられない。地元NGOは、自分たちが考える「正しさ」に即して翻訳・仲介を行っている。そう考えるならば、災害に際して外部社会の人が被災地を訪れ、支援者と被支援者の双方の事情によく通じた「事情通」である地元NGOの言葉を鵜呑みにしてしま

うのは、適切さを欠くことになる。地元NGOが果たした役割は重要だが、英語で書かれた被災地の落書きが物語るように、立場にかかわらず誰もが認める中立的な「正しさ」は存在しない。そこにあるのは、国際機関・NGO、インドネシア政府、地元NGO、被災者というように、それぞれの正しさを持った層の重なりである。情報や正しさの重なりを意識して、その中に与えられた情報を位置づけて受け止めることが必要である。

図 3-10　インドネシア語で「助けて !!!」「$」という落書き

図 3-11　右の方に「HELP ME!」という落書き

第4章

「正しさ」が招く混乱

西ジャワ地震（二〇〇九年）

インターネット

右：西ジャワ地震では内陸部で地崩れにより多くの犠牲が出た（チアンジュル、2009年9月）

本章下部の写真：西ジャワにて、2008年2月、2009年10月撮影

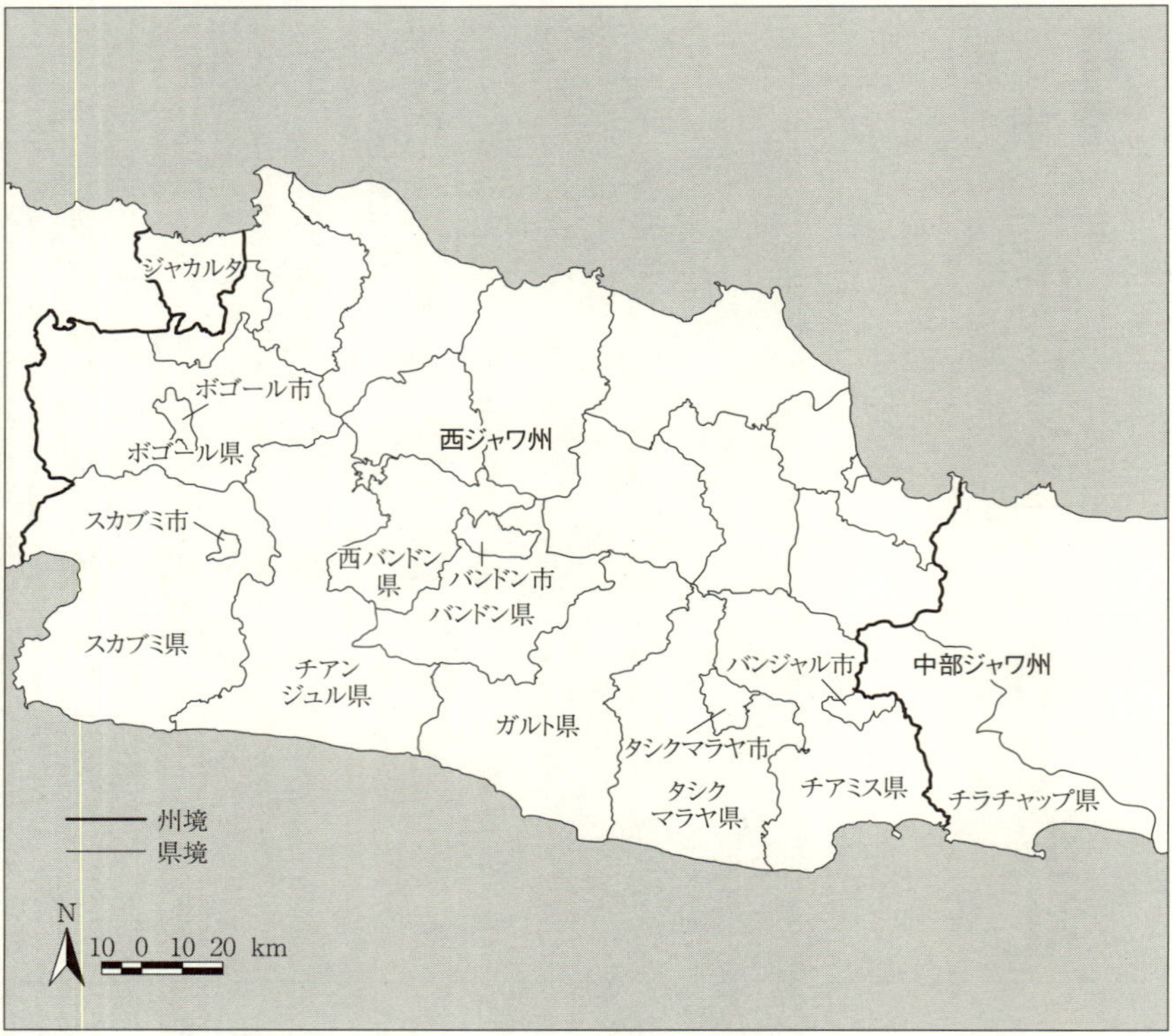

西ジャワ地震

2009年９月２日（水）午後２時55分（西部インドネシア時間）発生

震源は西ジャワ州タシクマラヤの東南の海中

南緯7.809度、東経107.259度、震源の深さ46.2キロメートル

マグニチュード7.0

死者81人、行方不明者42人、負傷者1297人、住宅を失った人の数19万6153人、全壊家屋６万6863棟

災害は突如として多くの人命や財産を奪うものであり、災害の被害から逃れようとするのは極めて自然の行動である。しかしながら、災害対応に関する最新の知識や技術があっても、人々は必ずしも適切な災害対応行動を取るとは限らない。その背景にはさまざまな問題がありうるが、ここでは、災害対応に唯一の正解を求めようとする態度が災害対応の現場での混乱を招いているという見方について考えてみたい。

二〇〇四年以降、インドネシアでは、日本をはじめとする災害対応先進国の技術や経験を取り入れながら、災害への対応に取り組み、災害対策の制度づくりを急速に進めてきた。政府は二〇〇六年に災害対策基本法を策定し、中央政府に国家災害対策庁を設置するとともに、地方政府レベルでも災害対策局を設置・整備した。これと並行して、災害対応の技術や知識の導入も進められた。インドネシア気象気候地球物理庁（ＢＭＫＧ）による地震速報制度が整えられ、沿岸には津波ブイが設置されて津波の早期警報システムの整備が進められた。また、近い将来に大規模な地震・津波災害が発生する可能性が高い地域ではハザードマップが作成された。さらに、津波避難訓練の実施や防災教育のカリキュラムの策定も行われた。これらの取り組みは、「科学的知見に基づいて災害の原因や因果関係を知ることで対応を定める」、「事前に災害に備えておくことで被害を減らす」という災害対応の基本的な考え方に従って行われてきたと言える。

また、インドネシアでは災害や防災に対する国民の関心も高い。スマトラ島沖地震・津波の発生以来、毎年のように大きな地震が発生してインドネシア各地で被害が相次いだことは、インドネシア国民に「災害で危ないインドネシア」という認識を広めた。インドネシアの人々は積極的に災害や防災に関する情報を求めている。防災の技術や知識は書籍や新聞を通じて提示

されており、容易に手に入れられる状況にある。

では、実際の災害対応はどのように行われているのか。また、そこで情報はどのような役割を果たしているのか。本章では、この点について二〇〇九年九月に発生した西ジャワ地震[*1]の事例をもとに考えてみたい。[*2]

1　二つの被災地——首都と後背地

西ジャワ地震は、二〇〇九年九月二日に西ジャワ州の南方沖で発生したマグニチュード七・〇（米国地質調査所発表）の地震である。震源に近かったタシクマラヤ県をはじめ西ジャワ州の各県・市に大きな被害をもたらした。人的・物的被害は西ジャワ州の南側に集中したが、地震の揺れはジャワ島の広い範囲で体感された。

この地震では、影響を受けた範囲が広域に及び、大きく分けて二つの災害対応が見られた。一つは、人的・物的被害が大きい直接の被災地で緊急支援と復興再建が課題となったことである。西ジャワ州の南側は丘陵地帯が多く、地震による崖崩れによって集落がのみこまれたり道路が寸断されたりした状況で救援活動が進められた。

もう一つは、人的・物的被害は小さいが人口が密集する首都ジャカルタへの影響である。ジャカルタに電気や水を供給する後背地にあたる西ジャワ州で被害が大きかったことから、ジャカルタの都市インフラ（交通・通信・電気・水）にさまざまな影響が及んだ。[*3] また、地震発生に対応して高層ビルから避難した人々が道にあふれ、帰宅ラッシュで幹線道路が渋滞し、

＊1　震源が西ジャワ州タシクマラヤ県に近かったため、インドネシアではタシクマラヤ地震とも呼ばれる。

＊2　本章の記述は主に二〇〇九年九月に行った現地調査に基づく。

＊3　西ジャワ州はジャカルタの水源地であり、西ジャワ州の地震で水源ダムの決壊等が懸念されたが、ダムに被害はなく、ジャカルタへの水道管の一部に被害が出ただけだった。

人々が情報を求めて電話がつながりにくくなった。

これまでインドネシアでは、災害が発生すると、人々は主に新聞やテレビ・ラジオを通じて被災状況や支援活動についての情報を入手してきた。西ジャワ地震では、これらのメディアに加え、携帯電話などを用いたインターネット上での情報交換が盛んに行われた。また、新聞社やテレビ・ラジオ局などの既存メディアもオンラインでの情報発信に積極的で、たとえば全国紙の『コンパス』(Kompas) はウェブサイトに「タシクマラヤ地震」の特設ページを設け、この震災に関する情報をアーカイブ化して提供した。

オンライン情報の配信を行っている『コンパス』および『オケゾネ』(Okezone) でも[*4]、西ジャ

図４－１　高層ビルが建ち並ぶジャカルタ

図４－２　渋滞で知られるジャカルタの道路

*4　本章の記述において参照される記事名や記事数は『コンパス』と『オケゾネ』の二紙による。また、記事の時刻はいずれも西部インドネシア時間。

表4-1　主要オンライン情報紙に掲載された2009年西ジャワ地震の記事数（件）

	死者数＊1	地震発生後の経過時間ごとの記事数			
		(0–24h)	(24–48h)	(48–72h)	合計
ジャカルタ＊2	0	67	8	1	76
ボゴール(県・市)	2	3	2	0	5
スカブミ(県・市)	2	8	0	0	8
チアンジュル＊3	28	21	6	7	34
バンドン(県・市)＊4	23	14	9	9	32
ガルト（県）	8	11	2	3	16
タシクマラヤ(県・市)	10	24	7	5	36
チアミス（県）＊5	8	4	2	0	6
他の地域	0	22	9	3	34
他の情報	—	0	46	31	119
合計	81	185	91	59	335

＊1　国家災害対策庁発表による。単位は人。
＊2　近隣地域を含む。
＊3　地すべりのため32人が行方不明。
＊4　西バンドン県を含む。
＊5　バンジャル市を含む。

ワ州各県とジャカルタとで異なる災害対応が見られた。

西ジャワ地震における災害対応の特徴は、情報の観点からは、それまでの災害と比べて対応の早さと情報量の多さにある。前述の二紙のウェブサイトでは、地震発生から一時間以内に三八件の記事が掲載され、七二時間以内には三三五件の記事が掲載された。

ただし、情報の多さは被害の規模に必ずしも対応していない。表4-1は、オンライン報道で配信された記事を地域別に分け、地震発生から二四時間ごとに区切って件数を数えたものである。情報が多いのは、地震発生から二四時間以内ではジャカルタ（近隣地域を含む）に関する情報、地震発生から二四時間以降では特定の被災地を対象としない情報（表では「他の情報」）である。

「他の情報」とは震災全体に関わる情

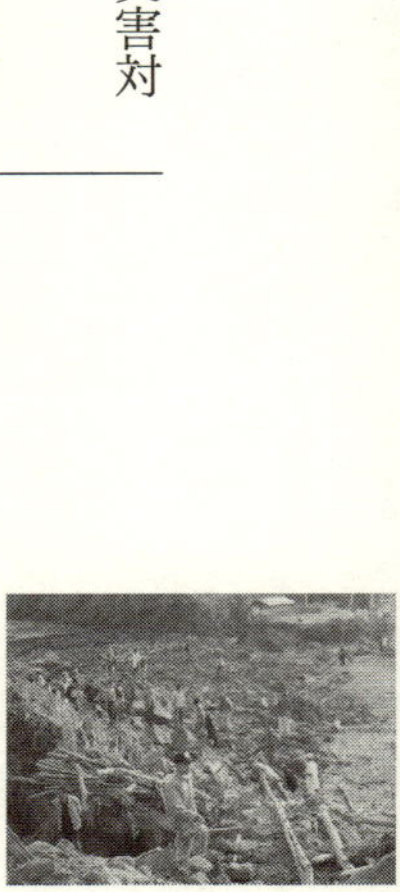

報であり、「地震」「被害」「支援」「解説」などの情報を含む。「解説」は、後で紹介するように、ジャカルタでの人々の災害への対応を踏まえて専門家が見解を述べたものである。

西ジャワ州における被害状況と情報伝達

西ジャワ州の各県・市では人命が失われたり建物が倒壊したりする被害が生じた。地震の被害が及んだ地域は広範囲にわたり、地域ごとの特徴がそれぞれ異なるため、被害状況や救援の入り方も地域ごとに異なっていた（表4-2、4-3）。ジャカルタから見た場合、ボゴールやバンドンのように、道路が整備されていて車で日帰りが可能な地域と、そこからさらに山道を入っていく先にある地域に分けられる。さらにその先にはジャワ島南岸の沿岸部地域がある。津波警報装置が設置されていたが、西ジャワ地震では警報装置が機能しなかった。

インドネシア政府は西ジャワ地震への緊急対応期間を一四日間と定め、外国からの支援は必要ないとし、西ジャワ州に対して緊急支援のために五〇億ルピアを供与すると発表した。被災地では、被災者の捜索・救助活動、負傷者の治療、住居を失った人たちの避難、被災者への水や食料をはじめとする生活必需品の提供などの災害対応が行われ、西ジャワ州の避難民は二万五〇〇〇人にのぼった。以下、いくつかの県・市について見てみよう。

チアンジュルの情報は地震発生から二時間後に入り始めた。地震のために地すべりが発生したため、それに巻き込まれた行方不明者三二人の捜索活動が続けられた（図4-3）。

バンドンは西ジャワ州の州都であり、町にはオランダ植民地時代に建てられたアールデコ様式の建物が多い。この震災で人的・物的な被害を被ったが、被災地支援の拠点としても機能した*5。

*5 西バンドン県は二〇〇七年にバンドン県から分立した新しい県であるため、本章の記述において西バンドン県に関する記述部分はバンドン県に含まれている。

表4－2　西ジャワ地震に関する記事（ボゴール、スカブミ、チアンジュル、バンドン）

地域	日時	記事の内容
ボゴール	9月3日　6:13	ボゴールで2名が死亡
	9月3日 18:24	ボゴールで住宅702棟に被害
スカブミ	9月2日 15:15	スカブミで地震、停電に
	9月2日 21:55	地震の恐怖のため住民100人が家に帰らず華人墓地で夜を過ごす
	9月3日　4:14	スカブミ軍小分区司令官「スカブミでは建物1082棟に被害、5人が負傷」
チアンジュル	9月2日 16:54	チアンジュルの住民数十人、地震による地すべりで生き埋め
	9月2日 19:16	地すべりによる行方不明者数は57人
	9月3日　8:49	地すべり現場、重機が入れず手作業のため捜索が難航
	9月3日　9:46	大統領、チアンジュルの被災者を訪問
	9月3日 12:59	チアンジュルの地すべりで落ちてきた岩は家とほぼ同じ大きさ
	9月4日 14:56	チアンジュル県政府、地すべり事故再発防止のための住民の移住には十分な事前調査を求める
	9月4日 16:01	地すべり現場での捜索活動に警察が捜索犬を投入
バンドン	9月2日 16:50	バンドン県の製菓工場の職員十数人がパニックのため気絶
	9月2日 18:08	バンドン県ランチャバリ郡一帯に建物の被害
	9月3日 10:04	被災地の住民の一部に依然連絡とれず
	9月3日 11:56	避難所の被災者、清潔な水の確保に困難
	9月3日 15:11	1897年建設のボスカ天文台*6関連施設も重度の損壊
	9月3日 15:15	バンドン県では住宅2万6985棟が損壊
	9月3日 17:48	ハサンサディキン病院は被災地に2つの医療チームを派遣
	9月4日 14:53	バンドンのモスクで地震被災者に対する祈り
	9月4日 16:20	バンドンの大通りには義捐金を求めるポストが100mおきに並ぶ
	9月5日　5:23	避難所の被災者のあいだで病気が広まる
	9月5日　9:38	アチェ州知事、避難所を訪問して5億ルピアを供与　地方政府による支援はこの震災ではじめて
	9月5日 12:42	ハサンサディキン病院で手当てを受ける負傷者が増加

*6　ボスカ天文台は、オランダ植民地統治期に建設されたインドネシアで最も古い天文台。実際には一九二三年に建設が開始され、一九二八年に完成した。現在はバンドン工科大学の施設。二〇〇四年にインドネシアの文化遺産に指定され、国による保全事業の対象となっている。

タシクマラヤについては、地震発生直後に電話連絡が途絶えたため、モスクの被害に関する情報だけがもたらされていた（表4-3）。記者が現地入りした九月二日の午後八時半以降になって現地からの記事が届けられるようになった。避難所での水不足の問題が報じられたが、チアンジュルでは地震発生前から水不足の問題が生じており、地震を契機に水不足の問題が広く認識されることになった。

西ジャワ地震の発生を受け、アチェ州の州知事がバンドンを訪問し、被災地への支援を与えた。これは、西ジャワ地震で国内の地方政府から被災地に届けられた最初の支援となった。ここには、スマトラ島沖地震・津波で支援を受けたアチェ州が別の震災で支援する側にまわるという役割の交替が見られる。

図4－3　チアンジュルの地すべり被災地

首都ジャカルタにおける避難行動

ジャカルタは、人的・物的な被害はほとんどなかったが、広範囲にわたって多くの人々が揺れを感じ、特に高層建築のオフィスビルが揺れたため、人々が建物の外に避難した。数千人が非常階段で避難しようとして混乱に陥り、高齢者や女性には何千段もの階段を下りるのに力を使い果たして気絶する人が出て、妊婦には胃痙攣を起こして倒れて病院に運ばれた人もいた（表4-4）。高層建築の周辺には十分な避難場所がなく、避難した人々が道路にあふれ、また、避難した

表 4－3　西ジャワ地震に関する記事（ガルト、タシクマラヤ、チアミス、チラチャップ）

地域	日時	記事の内容
ガルト	9月2日 16:52	ガルトで数十棟の住宅が倒壊、１人死亡
	9月2日 20:53	地震による停電のためガルトは真っ暗闇に
	9月2日 22:12	ガルトで電力回復、地震後の灯りがともる
タシクマラヤ	9月2日 15:14	タシクマラヤとの電話回線が不通に
	9月2日 15:24	タシクマラヤのアルラフマン・モスクが倒壊
	9月2日 15:42	タシクマラヤのアッタクワ・モスクが損壊
	9月2日 16:02	タシクマラヤのシンガパルナ・モスクの屋根瓦が落ちる
	9月2日 16:19	タシクマラヤとの通信に障害
	9月2日 20:32	タシクマラヤで２名が死亡
	9月3日 7:19	タシクマラヤ県政府、５トンのコメを配給
	9月3日 8:20	タシクマラヤで建物1500棟が全壊
	9月3日 12:59	インドネシア赤十字が巡回医療車を派遣
	9月3日 19:59	タシクマラヤの避難所の500人、清潔な水の供給を求める　地震発生の２ヶ月前から水不足
	9月4日 11:47	タシクマラヤでは39郡で住宅2517棟が損壊、避難所には臨時の水場を設置
チアミス	9月2日 22:18	チアミス県で地震のため漁民の多くが海岸を離れ親戚などの家に避難
	9月3日 8:24	津波警報は鳴らず　住民によれば盗難や停電のため
	9月3日 9:27	チアミスで住宅5085棟が重度の損壊
チラチャップ（中部ジャワ州）	9月2日 15:45	チラチャップの沿岸部住民、地震発生直後に自発的に海面の状況を観察
	9月3日 10:55	チラチャップの住宅損壊は1245棟、避難者は2388人
	9月3日 11:38	チラチャップの第四製油所の操業に影響なし
	9月3日 12:11	災害対策局「津波サイレン３基が機能しなかったのは専門家不在のため」
	9月3日 20:30	ドイツの援助でチラチャップに設置された津波警報装置３基が機能していないことが判明

表4－4　西ジャワ地震に関する記事（初期の対応）

9月2日 15:18	インドネシア警察本部の職員が地震でパニックに
9月2日 15:23	日航ホテルの宿泊客は落ち着いて屋外へ避難
9月2日 15:26	地震のためジャカルタ市内でバスから乗客が飛び降りる
9月2日 15:29	国会議員、揺れにもかかわらず会議を継続
9月2日 15:29	総選挙委員会の全体会議、地震でただちに散会
9月2日 15:32	州議会代表者会議は地震のため散会
9月2日 15:32	ジャカルタ州庁舎の職員や訪問者がパニックに
9月2日 15:32	高裁で離婚調停中の妻が逃げ出し、夫は部屋に残る
9月2日 15:41	地震でショッピングモールの買物客が気絶
9月2日 16:09	ブカシ地区で工場が操業を一時中断
9月2日 16:37	ショッピングモールで親子が避難して離れ離れに
9月2日 17:25	クニンガン地区でパニックになった学生1名が気絶
9月2日 17:59	避難する際に群集に押されて5人が負傷
9月2日 19:02	建物の12階から階段で避難した妊婦が腹痛を訴え、病院への搬送中に1時間半の渋滞に巻き込まれる
9月2日 18:53	地震のため大学の夜間部授業が休講に

表4－5　西ジャワ地震に関する記事（避難行動による混乱）

9月2日 15:36	スディルマン通り沿いのオフィス・ビルから続々と屋外に避難
9月2日 15:52	地震のため帰宅を早めた人々でジャカルタが大渋滞に
9月2日 16:31	スディルマン地区の大学生数百人が屋外へ避難
9月2日 16:41	屋外に出た国立大学の学生がチプタット通りにあふれる
9月2日 17:13	地震で屋外に避難した人々のためスディルマン通りが混乱
9月2日 17:34	ジャカルタ南部のクニンガン地区周辺は帰宅者で大渋滞に

人々がそのまま帰宅しようとしたため、ジャカルタ市内各地で渋滞が起こり、混乱が生じた（表4-5）。

ニュース等で地震の様子を見聞きすることや、学校・職場単位で避難練習をすることはあったが、ジャカルタ全域を対象に一斉に建物からの避難が行われ、しかも避難後にかなりの数の人々が職場に戻らず帰宅したことは、多くの人々にとって初めての経験となった。

2　高層ビルの狭間——避難と帰宅ラッシュ

高層建築から人々が避難することによる混乱は、実際にはジャカルタの人々にとって初めての経験ではなかった。西ジャワ地震の二年前、ジャカルタの高層建築が大きく揺れる地震があり、高層建築から屋外に人々が避難して大混乱になったことがあった。[*7] この地震の後、ジャカルタの高層建築には十分な耐震強度があり、ジャカルタでは地震が起きたら建物の中にとどまるのが適切な対応であることが専門家により指摘されていた。

これより前、インドネシアでは、五六〇〇人以上の犠牲者を出した二〇〇六年のジャワ地震の経験から、地震による犠牲者は建物の倒壊による圧死であり、「地震が起きたら直ちに家の外に逃げろ」という考え方が広まっていた。それに対し、低層のレンガ造りの建造物について言えることで、ジャカルタの高層建築では異なる対応が適切だとされた。それにもかかわらず、西ジャワ地震では再び人々の避難によりジャカルタで混乱が生じた。

それでは、高層建築の耐震強度についての理解がさらに高まれば、西ジャワ地震で見られた

*7　二〇〇四年以降、ジャカルタでは二〇〇五年八月一五日、一〇月一〇日、二〇〇六年七月一七日、一九日、一二月二四日、二〇〇七年二月一日、四月一一日と体感される地震が数か月おきに起こっており、二〇〇七年八月九日の地震（マグニチュード七・〇）では夜中の零時過ぎに起こったにもかかわらず多くの住民があわてて屋外に逃げ出したことが報じられた。

ような避難行動とそれに伴う混乱は避けられたのだろうか。インドネシアの主要全国紙が開設した西ジャワ地震のオンライン情報特設ページに寄せられた投稿を読むと、西ジャワ地震で高層建築から避難し、渋滞にもかかわらず帰宅した多くの人々の行動の理由は、高層ビルの倒壊を恐れたためではなく、自宅や家族の安否を確認するためだった。

ジャカルタの高層建築のオフィスに勤める人々は、自分がいるビルが大きく揺れたとき、地震が発生したことはわかるが、揺れや被害がジャカルタのどの範囲まで及んでいるかわからないため、自宅や家族の安否を気遣って帰宅しようとする。ここに、自分自身の安全を守るという点では不要不急の避難行動が発生する。これを解消するには、地震が発生した際に被害がどの範囲に及んでいるかについての情報がすみやかに提供され、その場にとどまったまま家族の安否確認ができること、そして、仮に安否が確認できなくても、各地域社会に避難所があり、当座の食事の提供などの対応がされているはずで、自分が無理に自宅に戻らなくても家族の安全が確保されていると思えることなどが必要である。

このことは、直接の被害が生じる現場ごとに災害対応を捉えるのでは不十分で、関連する地域を含めた社会全体において災害対応を捉えることの重要性を示している。高層建築で揺れを感じた自分がいる場所と、そこから離れた自宅周辺地域とでは、おそらく被害状況が異なり、そのため異なる災害対応が必要となる。地域社会ごとに地元の事情に応じた災害対応がなされているはずだという信頼があれば、被災した場所から無理に帰宅する必要がなくなるだけでなく、都心の高層建築に留まってその場で必要とされる災害対応に取り組むことも可能になる。

高層ビルからの避難の是非

西ジャワ地震に際して、新聞は、科学解説記事を通じて災害に対する科学的知見を提供した。『コンパス』紙は、西ジャワ地震の発生直後から「地震が起こったらどう行動すべきか」「タシクマラヤ地震の発生原因には二つの可能性がある」「西ジャワ南岸は地震多発地帯、一〇〜五〇年に一度の頻度で地震が起こる」「地震予知の手段を求める努力」などの科学解説記事を掲載し、科学的に正しい地震の捉え方を提供した。これらの記事の内容を簡単に見てみたい（表4-6）。

まず、地震から身を守る標準的な対応をあらかじめ知っていれば混乱が避けられることを確認した上で、高層ビルで地震にあったときに非常階段で建物の外に出るのは適切ではないことが指摘された（記事11）。

「地震が起こったらどう行動すべきか」という記事（記事9）では、①家の中にいるとき、②学校にいるとき、③屋外にいるとき、④建物、ショッピングモール、映画館、地下にいるとき、⑤エレベーターの中にいるとき、⑥電車に乗っているとき、⑦車の中にいるとき、⑧山や海岸にいるとき、⑨人を助ける、⑩情報を聞く、の一〇の教えが紹介された。これは、地震にどう対応すべきかは居場所によって異なることが明確に示されており、高層ビルからの避難に関しても、地震や火事のときにエレベーターを使ってはならないこと、エレベーターの中にいるときに揺れを感じたらすべての階のボタンを押して止まった階でエレベーターから降りて避難することなどを教えるものとなっていた。また、地震が起こると人々は精神的なダメージを受けて混乱しやすいため、一人ひとりが落ち着いて正しい情報に従って行動する必要があり、警察や適切な担当者からの情報をもとに行動すべきであって、素性のわからない人の情報で動

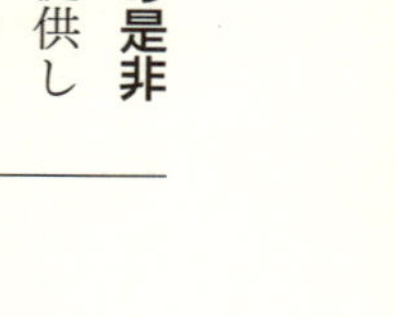

表４−６　西ジャワ地震に関する記事（科学解説）

地震発生のメカニズムと予知		
9月3日　0:12	地震とは何か	記事1
9月3日　3:46	地震専門家「タシクマラヤ地震の発生原因には2つの可能性がある」	記事2
9月3日 10:03	「タシクマラヤで地震が起こることは事前に予想されていた」	記事3
9月3日 20:07	バンドンの気象気候地球物理庁担当者「西ジャワ南岸は地震多発地帯、10〜50年に1度の頻度で地震が起こる」	記事4
9月4日　3:02	地震予知の手段を求める努力	記事5
9月4日　8:21	重力計を使った地震予知の試み	記事6
9月4日 10:54	地震工学研究所（CEEDEDS）「今後6年の間は余震が起こりうる」	記事7
9月4日 12:43	インドネシア・イスラム大学の地震災害専門家「インドネシアは構造の上で地震多発地域なのであり、最近特に地震が多くなっているわけではない」	記事8
地震発生時の対応		
9月3日　0:16	地震が起こったらどう行動すべきか	記事9
9月3日 11:02	ジャカルタ州建設計画監視局長「地震が起きたら屋外に避難するより机の下に隠れる方が安全」	記事10
9月3日 22:37	アメリカの基準では地震発生時に非常階段で避難するのはよくない	記事11
災害に強い都市		
9月3日 13:43	バンドン工科大学の防災専門家「インドネシアの建造物の多くは耐震性が極めて低い」	記事12
9月3日 13:47	トリサクティ大学の都市計画専門家「インドネシアは地震が多いため建造物は一般住宅も含めて強度が必要」	記事13
9月3日 14:00	トリサクティ大学の都市計画専門家「地震直後にジャカルタの通りが人で溢れたのは一時待避所となる緑地帯が少ないため」	記事14
9月3日 14:02	インドネシア建築家協会の名誉会長「ジャカルタの高層建築の耐震強度は50年間もつ」	記事15
9月4日　3:55	地震に耐える建物とは	記事16
防災教育		
9月4日 20:18	防災教育はまだ最低レベル	記事17

いてはならないとも教えている。

その一方で、今日のインドネシアでは必ずしも妥当ではない教えも含まれていた。たとえば、学校では、まず机の下に入ってカバンや本で頭を守り、揺れがおさまったらドアから遠い人から順に外に出るようにと教えているが、インドネシアでは地震によってレンガ造りの学校の壁が崩れる例がしばしば見られ、地震が起こったらまず外に出るようにと言われている。また、車に乗っているときに地震が起きて車を離れて避難するときには車のドアに鍵をかけないようにという教えについては、後で見るようにその現実味を批判する意見が多く寄せられた。

これに対し、アメリカの連邦緊急事態管理庁（FEMA）による行動基準を紹介する記事も掲載された（記事11）。その記事では、①屋内にいるとき、②屋外にいるとき、③車を運転中、④がれきに埋もれたときの四つの場合について行動基準を紹介している。その記事では、一九三三年以来、アメリカでは地震による死者一二〇人の死亡原因は建物の倒壊による圧死であり、地面の揺れが原因で死亡した人はいないといったデータをもとに地震発生時の行動基準を示している。地震が起こったら屋外に出ても安全だとわかるまで屋内にとどまるよう勧めており、下の階に降りるときはエレベーターやエスカレーターを使わないよう勧めている。＊8

高層ビルの耐震性

高層ビルの耐震性についても記事が寄せられた。ジャカルタ特別州建設計画監視局長は、政府の建設許可を得ている高層ビルは耐震設計がなされているために地震で倒壊することはなく、建物内にいるときに地震が起こったら屋外に出て落下物の危険にさらされるより屋内にいるほうが安全だと述べている（記事10）。これに対し、政府の建設許可の基準では不十分であり、建物の面積と高さだけでなく建物全体の構造や種類を検分して建設許可を出す必要がある

＊8　記事は、インドネシアは高層ビルにオフィスがあるものの、地震発生時の緊急行動について職員に訓練している企業はごくわずかしかないと結んでいる。

としジャカルタでも鉄筋を入れたコンクリートで耐震性のあるビルを建てる必要があるとの意見が寄せられた（記事12）。さらにこれに対して、政府は十分な建築基準を定めており、問題は建設現場で規則に従わない建物がたくさん建てられていることであるとして、建設許可を受けたときは二階建てだったのに実際に建つと四階建てになっていることもしばしばあるという反論も寄せられた（記事13）[*9]。

インドネシア建築家協会の名誉会長によれば、ジャカルタでは建物を建てるのに建設許可が必要であり、しかも建設後も毎年一回の検査があるため、高層ビルは地震による倒壊から守られている。ただし、建物の耐久年数は五〇年であり、それを越えた建物の耐震性は保障されない（記事15）。

緑地帯の不足

避難行動の是非とは別の角度から問題を捉えようとする指摘もあった。トリサクティ大学の都市計画専門家は、地震直後にジャカルタの通りが人で溢れたのはジャカルタに一時待避所となる緑地帯が少ないためであって、人々の避難行動を責めるだけでなく日常生活が抱える課題を解消すべきと説いた（記事14）。

3　机の下か屋外か――混線する防災知識

インドネシアは地震・津波や噴火の危険が多い地域で、国民は災害が起こりやすい自然条件で暮らす工夫を身につけなければならないが、災害多発地域でも災害に適切に備えれば先進的

*9　二〇〇九年九月に発生した西スマトラ地震では約一〇〇〇人の死者が出た。パダン市内のあるホテルは無許可で建て増しされており、地震で崩れて多くの人が犠牲となった。

な生活を営むことは可能である[*10]（記事13）。

学校の授業は教科学習に重点が置かれ、学んだことを日々の生活に役立てる能力には関心が払われていないことも指摘された。学校で地震のことは教えているが、概説だけで、地震にどう対応するかは教えられていないため、地震や洪水や火事が起こるたびに生徒たちは混乱しているという。災害対応は特定の科目として学ぶ必要はなく、すでにある科目の中で行うことができ、生徒が実際の災害に対応できるようにすることが肝心だとの意見が寄せられた（記事17）。

地震予知への関心

インドネシアの人々が地震に関して最も高い関心を示したのは、科学技術によって地震を予知できるかどうかだった。そのことは『コンパス』紙の記事からもうかがえる。

「地震とは何か」と題する記事（記事1）では、地震は突然発生し、その発生を正確に予測する方法は見つかっていないと書いている。これに対し、別の記事（記事2）では、地震は一定の周期で発生するために過去の地震や津波がわかれば次に地震が発生する時期を見通すことができるとの考え方に立ち、ジャワ島南部で過去に津波が起こった痕跡の調査を紹介している。[*11]

ジャワ島周辺では一九〇八年にスンダ海峡付近でM8クラスの大地震が起こっており、二〇〇六年には南岸のパンガンダランを津波が襲っている。タシクマラヤでも二九年前に大きな地震があり、ジャワ南部地域では一〇〜五〇年の間隔で大きな地震が起きている（記事4）。この記事に対し、インドネシア・イスラム大学の地震工学研究所の所長は、大きな地震が起こったので今後約六年は周辺地域で余震が起こりやすい（記事7）が、インドネシアは構造の上で地震多発地域であって、最近特に地震が多くなっているわけではないと述べている[*12]（記事8）。

---

*10　別の記事では、ジャワの影絵人形劇ワヤンの物語では同じ出来事が何度も繰り返し起こることを引き合いに出し、ジャワ地震で倒壊した建物の下敷きになって多くの人が亡くなったのもそれと同じく繰り返されるものであるとして、地震が多い地域ではどのような住宅が適切かについて政府は国民に周知させるべきとの意見が寄せられた（記事12）。

*11　インドネシア科学院（LIPI）のダニー・ヒルマンは、過去の地震の歴史を知ることでM8クラスの地震が起こりやすい地域を知ることができるとの考えのもと、地震後のサンゴの成長の痕跡を調査することで西スマトラ州パダンの周辺地域で地震が起こる間隔を調査しており、地震が周期性をもって起こることには同意している。

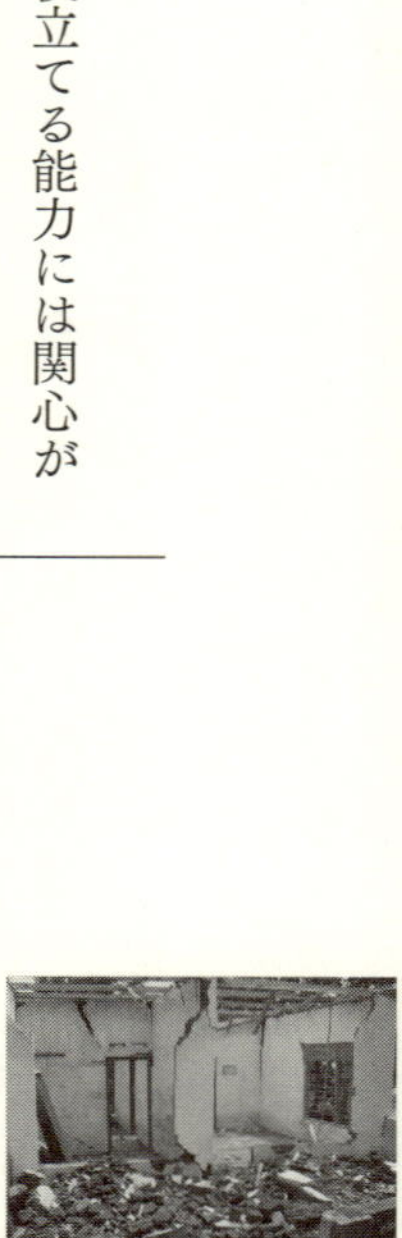

記事へのコメント

新聞記事で紹介された政府や大学に籍を置く災害対応の専門家の見解は、互いに食い違うものもあり、一般の読者は自分たちの経験や知識を持ち寄ってそれらの見解の妥当性を検証しようとした。人々の関心の高さは、オンライン記事の参照数と、記事に付されたコメント数の多さに見て取ることができる。表4-7は、西ジャワ地震に関する主要な四記事の参照数とコメント数である。西ジャワ地震では発生から一か月の間に主要記事に一四万回以上ものアクセスがあり、六二三件のコメントが付されている。

表4－7　西ジャワ地震に関する記事の参照数とコメント数

記事	参照数	コメント数
タシクマラヤの地震、ジャカルタでも強い揺れ	145,259	623
マレーシアが自分たちの地震だと主張	131,093	205
津波警報が機能しなかった	24,501	69
地震が起きたらどうするか	49,590	51

地震関連記事には多数のコメントが寄せられ、被災時にどのような対応をしたかという個人の経験が紹介されたり、過去の地震の経験や知識をもとにどのような対応がふさわしいかが議論されたりした（表4-8）。

表4-8に示されるように、人々の地震に対する関心は高いものの、地震への対応に関するさまざまな知識の混在が見られる。日本滞在中に地震の避難訓練を受けていた子どもに「机の下に避難するように」と教えられて怪我を免れた話が紹介されると、それに対して「机の下ではなくソファーと壁の隙間に入れ」という情報が提供され、さらにジャワ地震の経験者から、家が潰れれば机もソファーも潰れるのだから家の外に逃げろという意見が出されている。これらは『コンパス』紙の科学解説記事で専門家が「地震が発生したら屋外に避難する

ただし、地震が具体的にいつごろ起こるかは確定できないとする（記事3）。

※12　測量地図庁は二〇一〇年九月より日本の大学と協力してスーパーコンピューティング重力計をインドネシアに設置しており、西ジャワ地震を含めて地震の様子をモニターしている（記事5、6）。

表4－8　西ジャワ地震に関するコメント欄の議論

- 災害は突然。準備は無意味。
- そんな考えこそ我々の頭から消し去れ。
- 日本滞在中に避難訓練を受けていた息子に助けられた。
- 避難中にはSMS発信やブログ更新をするな。
- テレビで「机の下ではなくソファーと壁の隙間に入れ」と言っていた。机の下でなくていい？
- ジャワ地震の経験から言うと、家が潰れれば机もソファーも潰れる。外に逃げろ。
- ジャワ地震の私の経験では情報がとにかく大事だった。

より机の下に隠れる方が安全」と述べた記事に対するコメントであり、専門家の意見に対してもそのまま受け止めずに他の情報をもとに検討している様子がうかがえる。

また、「災害は突然起こるのだから備えても無意味だ」というコメントに対して「そんな考えこそ頭から消し去れ」という意見が投稿されたり、「災害時には情報が重要」という意見に対して「避難中には携帯電話のショートメッセージ通信やフェイスブックの更新をするな」という意見が寄せられたりしている。これらは一例に過ぎないが、実際の地震に直面した際にどのように行動してよいかわからずに混乱している人々の様子がよく表れている。

この混乱は何を意味しており、どのようにすれば解消されるのか。この混乱の原因を災害や防災に対する「正しい」知識の不足と捉え、正しい知識を提供することで混乱を解消しようとしても、その試みはおそらく実を結ばないだろう。この混乱が示しているのは、地震という災害一つをとっても、その現れ方は場所や人によって異なり、対応の方法も多様であるという災害の現実そのものである。それにもかかわらず、いつでもどこでも通用する「正しい」災害対応があるはずだという発想があり、そのために議論が混乱しているように見えるのではないか。災害の現れ方はさまざまであり、自分の置かれた状況に応じて適切に対応すべきという発想で臨め

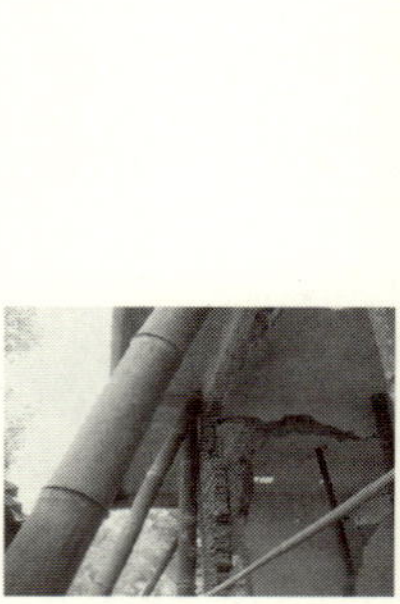

ば、場面に応じてどのように行動するかについての情報の多様化は決して混乱と受け止められないはずである。

今後、ジャカルタでの人々の実際の行動をもとに、専門家の意見を交えて、改めて防災教育をどのように行うかが検討されていくものと思われる。しかも、政府や研究機関で検討されるだけでなく、オンライン報道を含む各種メディアを通じて人々の防災に関する理解が形成されていくだろう。どのような内容が語られ、どのメディアでどのような人々に伝えられているのか、さらにそれが人々にどのように受け止められて行動に影響を与えているのかを観察していくことは、防災意識の形成と浸透を把握する上で重要である。

先にも述べたが、西ジャワ地震では携帯電話を用いたオンライン情報のやり取りが特徴的であった。地震発生後にどの電話通信が利用可能かを伝える記事が多く掲載されていたことも、携帯電話等による通信の重要性が大きいことを物語っている（表4-9）。災害発生時にインターネットを利用して正確な情報を提供する仕組みを作ることも、今後の災害対応では重要になるだろう。

表4-9　西ジャワ地震の通信状況に関する記事

9月2日 16:07	地震直後、気象気候地球物理庁のサイトがアクセス激増のため開けず
9月2日 16:22	地震でTwitterも大揺れ
9月2日 17:10	Flexiによるジャカルタへの通信量が激増
9月2日 17:19	AXISとTRIの電話通信網は平常通り
9月2日 17:41	固定無線アクセスEsiaの通信量が倍増
9月2日 17:47	Twitterでインドネシア人名による検索数が激増
9月2日 20:16	地震で障害が生じていたテレコム社の電話通信が回復
9月4日 3:55	地震後、携帯電話の通信量が激増
9月4日 21:09	XLが被災者向けに無料の公衆電話を設置

4 場所が決める「正しさ」

インドネシアで地震・津波や他の災害が起こるたびに有効な防災行動が取られず、人々が混乱しているように見える。その背景には政府の政策や人々の防災意識などさまざまなものが考えられるが、本章で注目したのは、災害が場所や対象によってさまざまなかたちをとって現れる複合的な事象であること、それにもかかわらず災害が単一の事象として対応が考えられることである。同じ地震であっても地域や個人の状況によって被害の現れ方は異なり、対応の仕方も異なるが、インドネシアの防災教育などでは、災害が現場ごとに異なるかたちで現れることが十分に伝えられていない。しかし、このことは、特にインドネシアのように地域や階層によって生活様式が大きく異なる社会において十分に考慮される必要がある。

また、災害対応の内容には、特定の地域や事例にあてはまる教訓が一般化して語られているものがある。日本では車の運転中に地震が起こったら路上に停車して鍵をつけたまま車から離れるようにと言われるが、西ジャワ地震では、日本での滞在経験がある人が日本のこの慣行を「正しい災害対応」と紹介したことをきっかけに、鍵をつけたまま車から離れることがインドネシアでは適切なのかについての議論が生じた。日本は防災の先進国として知られているが、日本から来る防災の知識や技術はすべてそのままのかたちでインドネシアに適用できるとは限らない。

これらに共通して見られるのは、災害は人命や財産を奪う大きな試練であり、その試練を乗

り越えるには「正しい」対応が必要であって、その対応はただ一つに定まるはずだという発想である。この発想は、災害対応のパターン化を進めることで防災行動を促進する助けになる側面もあるだろうが、もともと災害は複合的な事象であり、その現れ方は同じ災害でも場所や人によって異なるのであって、場所や人などの文脈を抜きにしていつでもどこでも成り立つ災害対応はありえない。科学技術の知見は時代や地域を選ばない普遍性を持っているが、現実世界に適用されるときには必ず適切な広がりと重なりがある。地域や階層による差異が大きいインドネシアでは、全国一律の災害対応ではなく地域社会ごとや現場ごとの災害対応が求められている。社会内の格差が大きくなりつつある現代世界において、インドネシア以外の地域でもこの考え方は重要だろう。

第二部

支援と格差、そして物語

浜に行きたる人の話に、異人はよく抱き合いては嘗め合う者なりなどいうことを、今でも話にする老人あり。海岸地方には合の子なかなか多かりしということなり。

（柳田國男『遠野物語』1910年）

第5章

米を捨てる人

ベンクル地震（二〇〇七年）

支援と
階層格差

右：ベンクル地震の被災地で幹線道路を通る車両を止める村の被災者たち（北ベンクル、2007年 9 月）

本章下部の写真：ベンクルにて、2007年 9 月撮影

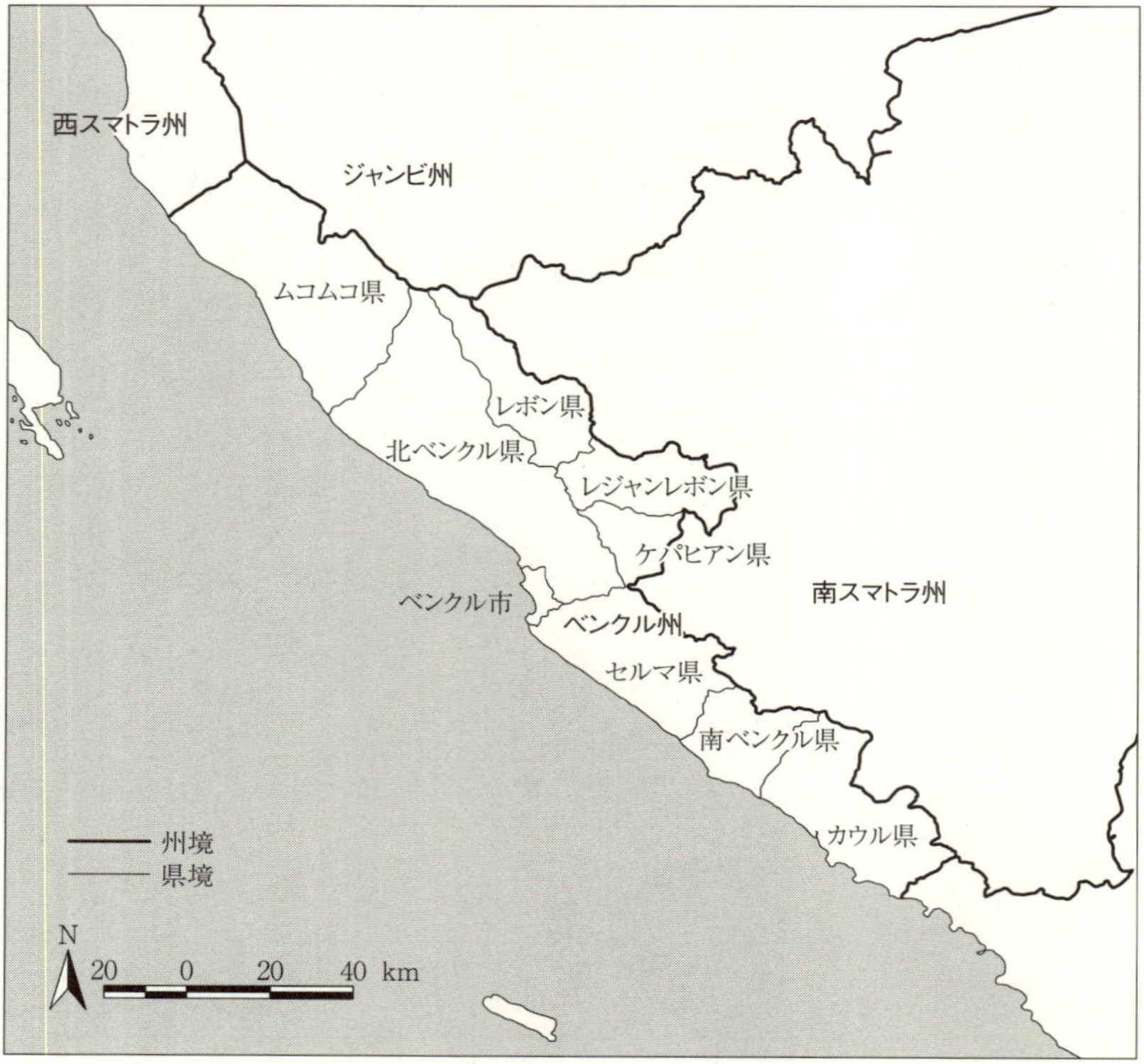

ベンクル地震（スマトラ島南西部沖地震）

2007年９月12日（水）午後６時10分（西部インドネシア時間）発生

スマトラ島から105キロメートルの海中

南緯4.520度、東経101.374度、震源の深さ34キロメートル

マグニチュード8.5

2007年９月13日（木）午前６時49分（西部インドネシア時間）発生

南緯2.506度、東経100.906度、震源の深さ30キロメートル

マグニチュード7.9

死者25人、負傷者92人、全壊家屋３万4626棟

二〇〇七年九月一二日のベンクル地震（スマトラ島南西部沖地震）では、一二日の午後六時一〇分にマグニチュード八・五、一三日の午前六時四九分にマグニチュード七・九の二回の地震が発生した。この二つの地震による死者は二五名、負傷者は九二名に上った。家屋の被害は、全壊が三万四六二六棟、半壊が五万七三五八棟だった。

筆者は、ベンクル地震の発生に際して、国際人道支援NGOジャパン・プラットフォームによる初動調査に同行した[*1]。ジャカルタ経由でベンクルに入って同団体の職員と合流し、一台の車両に同乗してベンクル州ベンクル市から西スマトラ州のパダンに陸路で抜けた後、再び同じ行程をベンクル市まで戻って追加調査を行った。

地震発生から現地入りするまでの二日間に、インターネットを通じて現地の新聞から被害の情報を収集し、地図上で被害状況の概要を把握した[*2]（図5-1）。互いに接するベンクル州と西スマトラ州にまたがって被害が出ており、ベンクル州

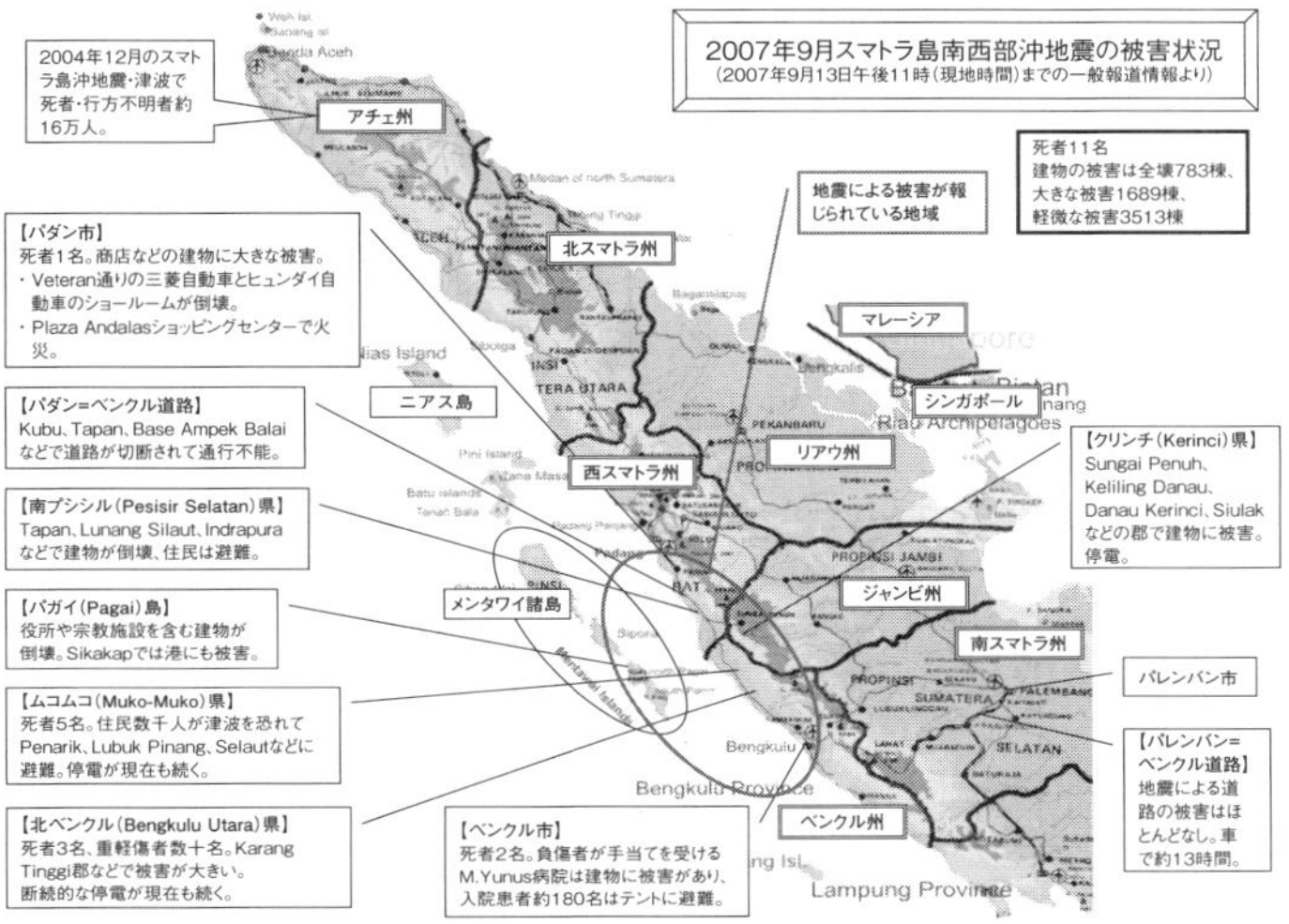

図5-1　ベンクル地震の被害状況の地図

＊1　調査期間は二〇〇七年九月一四日から二〇日まで。

＊2　これは二〇〇四年のスマトラHPに対してA4判で一枚程度にまとめないと参照されないとの意見が寄せられたことをふまえ、被災と支援の様子を一枚の地図で表現したものである。被害の規模にもよるが、手作業でも丸一日あれば現地語情報だけでこの程度まで情報をまとめることができる。

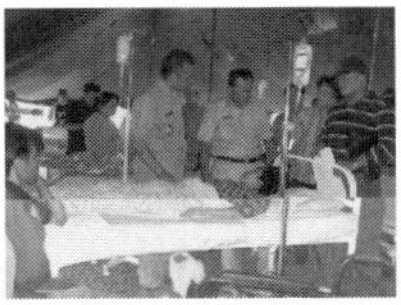

図５－２　テレビ映像で流れた米を撒き捨てる人（メトロＴＶより）

の北部と西スマトラ州の南部で特に被害が大きかった。ベンクル州では北ベンクル県とムコムコ県で被害が大きかった。

1　米を捨てる人、車を止める人

緊急時にはふだん見えにくい地域のかたちが見えやすくなる。それを捉えるには、日常とのくい違いや違和感が手がかりになる。ベンクル地震の被災地の人々の対応には見たままでは理解できないところがあった。まず、そのような出来事を二つ紹介したい。

一つ目は、支援者から救援物資として米を受け取ったにもかかわらず、何かに激怒した様子でその米をその場で道路に投げ捨て、足で蹴って米の袋を破り、米を道にばら撒いた被災者がいたことである。筆者はその現場を実際に目撃したわけではないが、現地のテレビ局がこの様子を撮影しており、地震に関するニュース番組で繰り返し放映したため、インドネシア全国で放映されたものと思われる。支給された米を何袋も道路に投げ捨てて米をばら撒くというかなりショッキングなシーンが繰り返し放映された（図5-2）。彼らがなぜ米を投げ捨てたのかが一つ目の謎である。

もう一つは、目の前の道路を通る車両の前に山刀のようなものをもって飛び出し、体当たり

せんばかりの勢いで車を止めて、支援者やメディア関係者に自分たちの村の被害状況を見てほしいと求めた被災者たちがいたことである（図5-3）。これは筆者らが九月一九日にバティクナウ郡スロロン村で実際に経験したことだが、地元の新聞でも同じような出来事が報じられており、ほかにも同じ経験をした人がいた様子である。*3

ところが、筆者らが車を停めて「あなたたちは何を求めているのですか」と尋ねると、村の人はみなきょとんとした顔をして、何が欲しいのかを明確に答えられる人はいなかった。

図5-3　幹線道路に飛び出して車を止める人

彼らはなぜ目の前を通る車両を止めたのか。何か欲しいものがあって、それを訴えるために車を止めたわけではない。では、何を求めていたのか。これが二つ目の謎である。

人は自分の行動の理由を常に言語化して認識しているとは限らないため、この二つの謎について当事者である被災者たちに答えを尋ねても明確な答えが返ってくるとは限らない。そこで、被災地がどのような社会なのかを考えるなかで答えを探ってみたい。

まず、車を止めた人たちについて簡単に説明しておこう。場所はベンクル州の内陸部の丘陵地にあるスロロン村で、図5-4に見え

---

*3　九月一五日、バティクナウ郡で支援物資を受け取っていないことに腹を立てた住民らが道路を封鎖した。支援物資を積んだトラックが目の前の道路を何台も通りながら自分たちには支援物資が一切配給されなかったため。車は迂回路を通っていた［Kompas 2007.9.20］。九月一八日、バティクナウ郡スカマルガ村の住民らが、村の前の道路を通る支援団体の車両に対して木の棒や刀で威嚇する出来事があった［Kompas 2007.9.20］。

図５－４　スロロン村から見た幹線道路

図５－５　スロロン村の住民たち

るように村から沿岸部を走っている街道が見える。

スロロン村の近くを通ったとき、赤いTシャツを着た男が道に飛び出してきて、スピードを落とした車に近寄り、かなり興奮した様子でドアをたたいて車を止めようとした。車を停めて話を聞くと、村の様子を見てほしいと言う。車を降りると、村じゅうの人たちが筆者らの様子を見守っていた（図５－５）。

村の中央にはモスクがあった。地震で崩れたので、モスクの屋根に使われていたトタンを壁にして、屋根の代わりに手持ちのビニールシートを使って、同じ場所に臨時のモスクを造り直したという。*4

*4　まず宗教施設に案内したことは、自分たちは信仰を持つ者であり、したがって野蛮ではないというアピールであるように感じられた。また、壊れたモスクを自分たちで修理する意思と能力を持っているアピールにもなっていた。

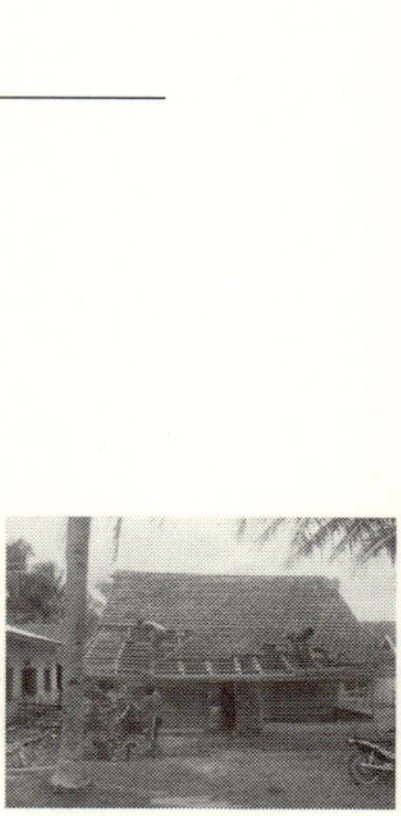

確かに村には地震のさまざまな被害の様子が見て取れた。しかし、何が必要なのかと尋ねてみると、特に何が欲しいということではないと言う。支援や報道などで外部から訪れる人たちに何かを伝えたいけれど、具体的に何が欲しいということではない人たちがいることをどのように考えればいいのか。

表5－1　ベンクル地震の被害状況（ベンクル州のみ）

	人的被害（人）			住宅被害（棟）		
	死亡	重傷	軽傷	全壊	半壊	損傷
ベンクル市	2	3	8	308	2,117	6,312
北ベンクル県	6	8	18	2,338	4,368	4,750
ムコムコ県	7	—	—	5,334	709	4,369
ケパヒアン県	—	—	—	65	39	322
レボン県	—	1	—	—	27	4
レジャンレボン県	—	—	—	—	40	209
セルマ県	—	—	—	5	44	371
南ベンクル県	—	—	—	—	—	—
カウル県	—	—	—	1	—	11
合計	15	12	26	8,051	7,344	16,348

注：その後、国家災害対策庁の発表では、ベンクル市の全壊住宅と半壊住宅が合わせて8,713棟、北ベンクル県の全壊住宅と半壊住宅が合わせて9,233棟、同県の損傷住宅が23,652棟に修正された。
出典：ベンクル州災害対策局、2007年9月25日。

インドネシアの「外れの外れ」

ベンクル地震は、スマトラ島の南西海岸部を中心に被害を与え、主な被災地はベンクル州（表5–1）から西スマトラ州にかけての地域だった。この地震の被災地となったベンクル州は、あえて単純化するならば、インドネシアの「外れの外れ」と言うことができる。[*5]

まず、この地域は開発の歴史が非常に浅い。インドネシアの近代的開発は二〇世紀以降にオランダの植民地下で進められた。真っ先に開発が進められたのは人口が稠密なジャワ島で、それに対してジャワ以外の地域は「外島」と呼ばれ、これから開拓していくフロンティア地域だと認識されてい

*5　スマトラ島西海岸に位置するベンクルは、一七一四年にイギリス東インド会社が城砦を建設して以来、イギリスやオランダの植民地統治の拠点として発展してきた。ただし、東南アジアの交易拠点はシンガポール、バタヴィア（現在のジャカルタ）のようにいずれもマラッカ海峡やジャワ海側にあり、交通不便な僻地だった。一九三八年にはオランダからのインドネシア独立を求めたスカルノ（後のインドネシア初代大統領）がベンクルに「流刑」となっている。

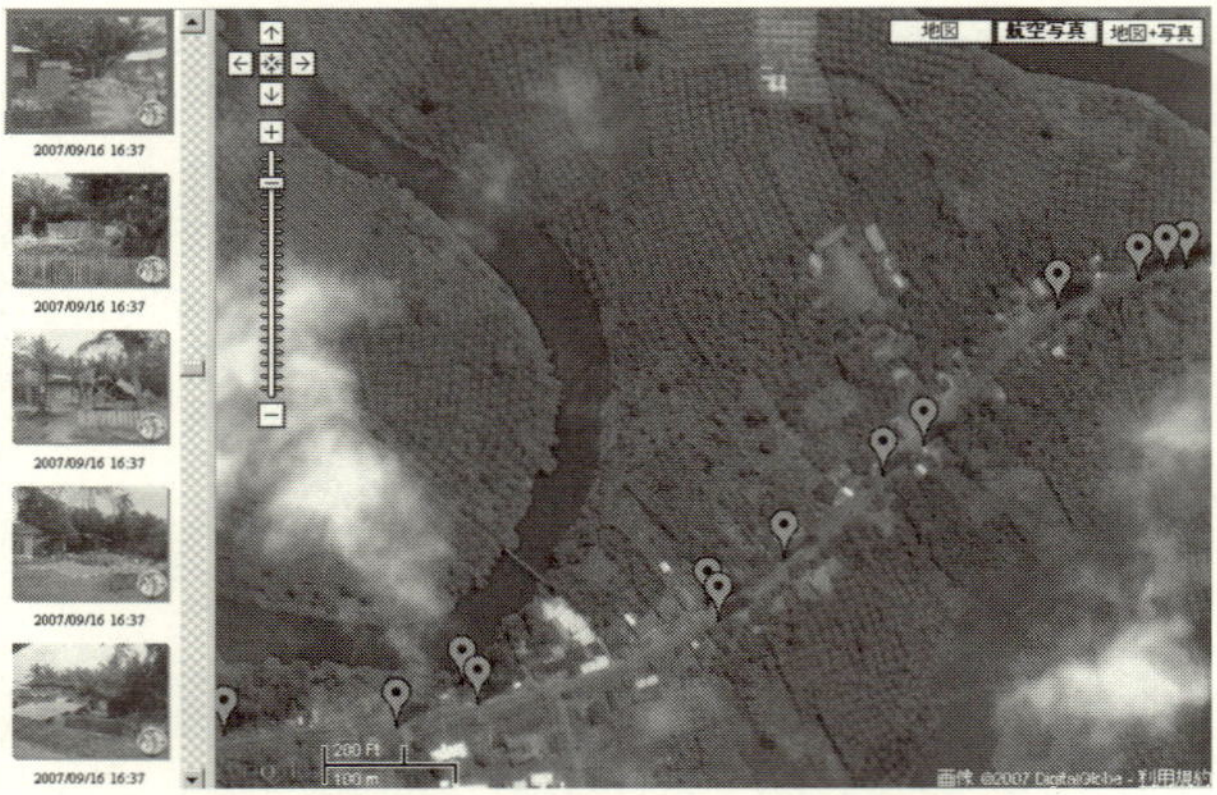

図5－6　倒壊した家屋の写真（左側）を地図上に表示したもの

アブラヤシ農園の中を通る幹線道路沿いに被害が集中している（Googleマップより。衛星画像 ©2007 DigitalGlobe）

た。二つ目に、この地域はスマトラ島のインド洋側にある。インド洋側はマラッカ海峡側より船舶の航行が少なく、その結果、経済開発が遅れていた地域である。つまり、インドネシアでも開発の歴史が浅い外島地域の、さらに辺境の地にあるインド洋側という意味で「外れの外れ」であると言える。

この地域は伝統的に人口が希薄な地域で、人々が居住していたのは主に内陸部と沿岸部で、主な交通手段は海や川などの水路だった。開発が進められる前には内陸部には先住民が、沿岸部には周辺の沿岸地域から移住してきた漁民がまばらに住んでいた。

ベンクル州の内陸部に大きな開発が入ったのは一九八〇年代以降で、域外からの労働者や移民を多く受け入れていった。一九八二年にベンクル州から西スマトラ州にかけて沿岸部に幹線道路が作られ、アブラヤシの農園開発が始まった（図5-6）。二〇〇二年には、旧北ベンクル県[*6]の農業総生産額の六二%をアブラヤシが占めるに至っている。

同じ頃、この地域は人口稠密なジャワの人口問題を解消するための国策移民の受入地域としても発展した。ベンクル州はジャワ島からの国内移住者を受け入れてきた。[*7]ジャワからの国策

---

*6　北ベンクル県は二〇〇三年に北ベンクル県とムコムコ県に分立した。二〇〇三年以前の統計資料は現在の北ベンクル県とムコムコ県をあわせて北ベンクル県としているため、混乱を避けるために二〇〇三年の分立以前の北ベンクル県を旧北ベンクル県と呼ぶ。

*7　ジャワ島から他島への移住はオランダ植民地下の一九三〇年代に始まっているが、ベンクル州への移住は一九六七年に始まり、一九七三年にはインドネシアの国内移住先の一〇州の一つに指定された。

表5－2　ベンクル地震による公共施設の被害状況（ベンクル州のみ）

	宗教関連施設（棟）			教育関連施設（棟）			行政関連施設（棟）			保健・医療施設（棟）		
	全壊	半壊	損傷	全壊	半壊	損傷	全壊	半壊	損傷	全壊	半壊	損傷
ベンクル市	—	15	—	—	13	10	—	22	2	—	8	8
北ベンクル県	44	2	16	244	174	44	42	28	48	66	34	42
ムコムコ県	95	—	—	—	208	44	—	156	—	—	55	1
ケパヒアン県	—	20	82	16	11	29	6	1	88	1	28	67
レボン県	—	—	4	—	6	1	—	3	2	—	1	2
レジャンレボン県	—	—	11	—	—	9	—	—	4	—	—	—
セルマ県	—	1	2	—	36	58	—	5	5	3	2	9
南ベンクル県	—	—	—	—	—	—	—	—	—	—	—	—
カウル県	—	—	—	—	—	—	—	—	—	—	—	—
合計	139	38	115	260	448	195	48	215	149	70	128	129

出典：ベンクル州災害対策局、2007年９月25日。

移民には移民時に二ヘクタールの土地が与えられた。ベンクル州でジャワ人移民が多いのが旧北ベンクル県であり、二〇〇〇年には同県の人口一三万八〇〇〇人の三七・四％がジャワ人だった。*8 ベンクル地震の主要な被災地となったムコムコ県では住民の三四％がジャワ人で占められている。

幹線道路沿いには政府機関やさまざまな商業施設があり、幹線道路は情報と物流の担い手でもある。この地域は商品作物を中心とした農業と海岸部の漁業が主たる生業であり、幹線道路沿いにいるということは、商品作物の集荷や出荷に便利だし、燃料確保という点でも有利である。*9

この地域の人々は、はじめは農園や沿岸部に入植して簡素な住まいを構え、農業や漁業で経済的に成功すると、生業の拠点をそこに残したまま、住宅を街道沿いに移すようになる。逆に言えば、沿岸部や内陸部に住んでいる人々は、経済的に取り残された人々であると言うことができる。

---

*8　スンダ人六・三％、ミナンカバウ人五・四％、その他と続く。

*9　その一方で、幹線道路から離れた内陸部は流通の問題を抱えている。北ベンクル県に接して内陸側にあるレジャンレボン県は、道路が整備されておらず、電気がないために夕方になると暗くなることもあり、物流などの面で大きな問題を抱えている。二〇〇四年にレジャンレボン県から分立して新設されたレボン県では、県の最初の仕事が県外に通じる道路の開通だったほどである。

図5－7　学校。壁が抜け落ちて構造がとても不安定になっている。

図5－8　モスク。壁で屋根を支えていたため、地震で壁が壊れて倒壊した。

建物の被害状況

この地域の建物にはさまざまな建材や様式が混在している。木造とレンガ造り、トタン屋根と瓦屋根、そしてそれらを組み合わせたものが見られる。二〇〇六年のジャワ地震の被災地にはレンガ造りと瓦屋根の家が多く、そのため倒壊した建物の下敷きになって多くの人が亡くなった。ベンクルでは、全壊した家屋と、外見上はまったく被害を受けていないかに見える家屋とが混在した。

数の上で大きな被害を受けたのはレンガ造りと瓦屋根の建造物で、学校やモスクのような避難所となるべき公共施設に多かった（表5－2、図5－7、図5－8）。また、建物の種類が多様だっ

たため、被害の様相も多様だった。全壊や半壊のものもあれば、屋根だけ落ちたものもあり、屋根を載せたまま骨組みだけになったものもあれば、壁がひび割れしただけのものもあるというように、一つの集落にさまざまな被害状況の家屋が見られた。

2　避難の二つの形――自宅前と集団避難

自宅前の避難

避難所となるべき公共施設に多く被害が出たため、どこに避難するかという問題が生じた。また、ベンクル地震は大きな地震が二回あり、最初の地震では倒れなかったが二回目の地震で倒れた建物もあったため、倒れていない建物もいつまた余震で倒れるかもしれないという住民の不安は拭い去れなかった。

その一方で、建物以外の被害は比較的軽微だった。行政組織は被害をほとんど受けず、市場や商店の多くも機能していた。道路や橋などの交通インフラも、一時的に不通だった場所がいくつかあったが、応急処置を施してとりあえずの用は足せる状況になっていた。被害が大きい地域と軽微な地域が混在していたため、物資の調達を含めて被災者が自分たちで応急処置できる部分が大きく、ビニールシートと自前の道具を使って屋外にテントを作って避難する住民の姿が多く見られた。

避難の仕方には二つの異なるパターンが見られた。一つは自宅の前に野営する避難で、街道沿いの住民に多く見られた。何世帯か集まって避難するのではなく、自宅前の空間に手持ちの

図5－9　自宅前にテントを張って野営する被災者

ビニールシートでテントをつくって寝泊まりしていた[*10]（図5-9）。

街道を通る車両から見ると、街道沿いにビニールシートで作られたテントが並ぶ景色になる。車両から見ると避難している人々の存在が一目瞭然で、幹線道路を走るだけでどの地域に被災者が多いかを簡単に見て取ることができた。

集団避難

もう一つは、数世帯が集まって避難キャンプを作る避難である（図5-10）。何か所かで話を伺ううちに、主として沿岸部の住民が津波を避けて街道沿いの役所前などの公共スペースに集団避難して、政府から支給されたテントを立てて避難していることがわかってきた。

モスクのそばの空き地でテントを張っていた人たちを訪ねると、沿岸部に家がある人々で、余震と津波を恐れて集団で避難していた。取りまとめ役のEさん[*11]（女性、三七歳）によると、その背景と経緯はおおよそ次のようだった。

九月一二日の夕方六時過ぎに地震があった。地面が割れて水が染み出てきたので、怖くなって森や丘の方へ逃げると、海の水が上がってきて浜辺の家は海の水に襲われた。その日の晩は

---

*10　農作業の際に物を乾かしたり、乾かしているときの雨天に対応したりするため、各家でビニールシートを持っていた。

*11　Eさんは西スマトラ州南プシシル県の出身で、二〇年前にこの土地に来た。夫は地元の出身で、漁民の取りまとめ役をしている。この地区の漁民は自分で船を持たずに人の船に乗って働く漁業労働者が多いという。

小学校で過ごした。校舎は地震の被害で中に入ることができず、校庭で休んだ。翌朝、海岸に戻ると、朝七時ごろに大きな地震が起こり、津波が怖くてまた丘の方へ逃げた。小学校に避難していると、三日目に政府が緑色の大型テントを支給してくれた。

この場所には三七世帯九〇人が避難していたが、みな避難先での扱われ方に不満がある様子だった。避難直後は、全体に対して一日に米一袋（二五キロ）しか支援されず、この日で被災から1週間になるが、それまでに全体に米が六袋、食用油が二キロ、魚の缶詰が六缶、そして乾麺が一人に一つずつ支援されただけだったという。

図5-10　アブラヤシ農園に集団避難する被災者

まわりの人たちにも話を聞くと、沿岸部から街道沿いに避難してきたところ、避難先である街道沿いの地元住民から立ち去るように言われ、ここに居座ればテントを焼くと脅されたり、救援物資の配給の際にもトラックの荷台に置かれた救援物資をわざと足で蹴り落として自分たちに拾わせ、まるで動物扱いされたりしたといった不満が多く出てきた。*12

また、もう安全なので村に戻るようにと言われ、沿岸部の村に戻って空き地にテントを張って寝ようとすると、津波が来るという噂

＊12「沿岸の村まで支援の人が来ることはない。このあたりまで出て来て避難していると、近くを車が通るので私たちにも支援が来ることがある。ただし、支援内容も私たちの扱い方も満足がいくものではない。先日、どの団体かわからないが、黄色いトラックがやってきて、乾麺三〇袋と魚の缶詰二缶を置いていった。持ってきたのはインドネシア人。荷台から降りずに上から物資を放り投げ、しまいには足で蹴り落としていった。私たちを動物扱いした。」（女性、三七歳）

が流れて一晩じゅう対応に追われ、後になってその噂は嘘だったと判明したというできごともあった。[*13]

集団での避難は、市役所やモスクの敷地やアブラヤシ農園などで見られたが、いずれの避難場所でも同じような不満が聞かれた。街道沿いと沿岸部とでは住民どうしの間に社会的亀裂があることが想像されたため、これ以降、被害の状況だけでなく、被災前の生業の様子や、この土地に入植してから現在までの暮らしの様子も尋ねることにした。

3　「海の民」と「丘の民」――浮かび上がる階層格差

米を投げ捨てた被災者がいたのはムコムコ県ルブックピナン郡だった。ルブックピナン郡の郡長に話を伺うと、郡内の郡役場に三二〇世帯、小学校に二一七世帯、中学校に二五〇世帯が避難していた。

郡長によれば、彼らは北ムコムコ郡の海岸部に住む漁民で、津波で家屋が損傷した。昼間は村の近くで仕事をしているが、夜は余震や津波の再来を恐れて高台にあるルブックピナン郡に寝泊りに来る。彼らの村からルブックピナン郡まで二七キロあり、車やオートバイで毎日移動している。ルブックピナン郡には、ベンクル市と西スマトラ州パダン市を結ぶ幹線道路が通っており、幹線道路沿いに官公庁や公共施設が集まっている。海岸部から来た被災者は数世帯も集まってそこにテントを張って寝泊りしている。朝出かけて夜帰ってくるため、ルブックピナン郡の郡長としては、越境してくる被災者の様子を把握しにくいという。

＊13　「昨日、軍小分区司令官が避難所に来て、もう津波の心配はないので村に戻るようにと指示したので、テントを持って村の空き地に移った。ところが深夜零時ごろに津波の噂が流れてきた。六メートルの津波が来るというので、あたりはパニック状態になった。車が二台きて「津波はない」と触れてまわったので騒動は落ち着いたけれど、自分たちは地元政府からも邪魔者扱いされて全く尊重されていないということだ。結局、津波の噂は嘘だとわかったけれど、いつ本当に津波が来るかわからずにとても不安なので、また丘の方に避難してきた。」（女性、三八歳）

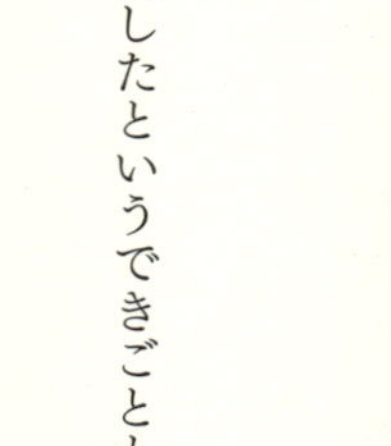

郡役場で話を伺っているとき、郡長の携帯電話に何度か連絡が入った。聞こえてくる話の様子から、被災者が支援物資の米を道に投げ捨てた事件について州や県の役所やマスコミ関係者からの問い合わせに答えている様子だった。通話が終わったところで、テレビで報じられた例の事件のことかと尋ねると、事情を説明してくれた。あの避難所はもともと地元住民と避難者の間でいさかいが生じていた。避難者が避難所のそばにある地元住民の家の庭に野営する許可を求めたが、女性が一人で住んでいる家だったので断った。避難者たちはこの対応に怒り、その家の持ち主に強い口調で文句を言った。このことに地元住民の青年が怒り、テントを焼くぞと脅し、避難キャンプのまわりに汚物を撒いた。そのため避難者たちは別の場所に移動せざるを得なかった。郡長は、問題がある避難キャンプだったことはわかっており、援助物資を配布する際に郡役場に相談してくれればなんとかできたはずで、残念だと語った。

沿岸部

沿岸部の集落を訪ね、応対してくれた隣組長（男性、四七歳）によれば、地震で地面が割れて水が湧き出てきたため、住民たちは怖くなって丘の方に避難した。夜の八時ごろに高波が来た。波打ち際で高さ三メートルほどあり、海から五〇〇メートルのモスクまで及び、船が波で運ばれて魚を干すコンクリートの柱にぶつかり、柱はみんな倒れてしまったという。地震以来、津波の噂がたびたび出て、住民はそのたびに丘の方に避難している。

隣組長によれば、海岸部に住んでいるのは主に西スマトラ州から移住してきた漁民で、移住先で政府の支援も特になく、少しずつお金を貯めて漁船を買ったり家を買ったりしているが、他方で幹線道路沿いに住んでいる人の多くはジャワからの移住者で、政府の支援を受けている

ため経済的に成功するのが早いという。

私はミナンカバウ人で、五〇年前に母が西スマトラ〔南プシシル県〕からこの土地に移住してきた。この土地で海岸の村に住んでいるのは西スマトラから来た漁民が多い。ほとんどが移住前から漁民だった。この土地では船がないと漁ができないので、まず人の船に乗って漁をする。お金が貯まると自分の船を買って、人を乗せてもいいし、船を貸すだけでもいい。もっとお金が貯まったら丘の方の便利なところに家を建てる。この村にも、丘の道路沿いに家を建ててそこに住んでいて、船はこの村に残して人に貸している人もいる。*14

ムコムコ県は住民の六割がジャワ人。彼らはジャワから来たときに政府から二ヘクタールの土地をもらう。土地があればアブラヤシ農園が持てるので成功するのも早い。道路沿いに大きな家を建てているのはジャワ人ばかり。母がこの土地に来た五〇年前にアブラヤシ農園はなく、人々はピナンやコーヒーや籐を栽培していた。道路は自転車かオートバイが通れる程度だった。父は、西スマトラで仕入れた衣服を自転車に載せて付近の村に売ってまわっていた。パダンとベンクルの間の道路を車が通れるようになったのは一九八二年のこと。そのときからアブラヤシ農園も増えた。（隣組長）

さらに、この集落の住民二人からも話を伺った。

西スマトラ州南プシシル県出身。木材会社の仕事でこの土地に来て、その仕事がなくなったので漁をすることにした。今は自分の船を持つようになったけれど、この地震で大波を受けて船外機が故障してしまった。船外機は毎日の漁が終わると船から取り外して家で保管する。地震のときに船外機を持って逃げられず、波を被って使えなくなった。船外機つきの船の値段は一隻三〇〇〇万ルピア、船外機だけだと一五〇〇万ルピア。（Kさん、男性、四二歳）

*14 「この集落は二五〇世帯で、漁船は一一〇隻ある。自分の船を持っている人と持っていない人がいて、持っていない人は人の船に乗って仕事をする。漁に出るときは早朝に出て昼過ぎに帰ってくる。一日で多いときは三〇〇キログラム、少ないときは二〇キログラムの魚が捕れて、一キログラムあたり六〇〇〇ルピアぐらいで売れる。漁に出るのは一一月から五月の間。それ以外の季節は波が高い。お金を貯めて丘の方に農地を買ってアブラヤシを植えている人もいる。」（Kさん、男性、四二歳）

北ベンクル県クタフン郡出身。一九八六年にこの土地に来た。自分の船を持っているが、人に貸している。地震でテレビで見たアチェの津波のようなものが来ては大変だと考えて丘の方に避難した。丘の方に家があれば安心で、妻も私もそう望んでいるけれど、家を建てるにはまだ十分なお金が貯まっていない。（Hさん、男性、四一歳）

図5-11　海岸部は津波の被害を受けた

これらの話から、ベンクルへの移住の時期や方法が違うと生業や経済状況も違い、さらに居住場所も違ってくるため、幹線道路沿いに住む人々と沿岸部に住む人々の間に階層格差が生じている様子がうかがえる。幹線道路沿いの住民には漁業や農業に従事する人が多く、漁業に従事する人たちは自分の船を持って操業し、農業に従事する人たちは自分の農地を持っている。この土地では幹線道路は情報や物流の拠点になっており、生業の場所を確保しながら幹線道路沿いに家を構えることで、さまざまな情報や物資をやり取りすることができる。だからこそ、幹線道路沿いの人々は被災しても自分の家を離れず、自宅前にテントを張って家を守っている。しかも、家の前で避難していれば、居ながらにして幹線道路を通る支援者から支援を受け取ることができ

図5−12　幹線道路沿いのゴム園で働く人々

る。

　これに対して沿岸部の住民には自分の船を持たずに他人の船に乗る漁業労働者も多く、幹線道路沿いの住民と沿岸部の住民の間には日ごろからわだかまりがあった。

　米を道路に撒き捨てた被災者は、沿岸部から幹線道路沿いに避難した「海の民」で、幹線道路沿いの住民から見れば隣の郡から自分たちの地元に避難してきた人々である。数世帯が集まっていて避難者として目立つため、支援団体が立ち寄って救援物資を配給しようとする。支援団体から見れば、郡役場などの公共施設に集まっている人々が地元住民か隣の郡からの避難者かわかりにくく、目の前の被災者を支援対象としたのだろう。しかし、幹線道路沿いの住民からすれば、自分たちの郡に与えられるはずの支援物資を他の郡から来た人に横取りされたと見えたのかもしれない。日ごろからお互いの間にわだかまりがあったことが、自分たちの土地から立ち去るようにとの嫌がらせや、物資配給の際の乱暴な扱いに結びついたのだろう。

　このようにわだかまりやトラブルを抱える中で米の配給を受けたとき、わずかの米を受け取

ることと引き換えに自分たちが米を食べられない貧しい人々で他人の施しによって暮らしている存在だと見られるのを嫌い、あえて道路に米を撒き捨てたということだった。

せっかく他人が好意でくれたものを、しかも食べ物を、わざわざ人が見ている前で道に撒き散らすのはあまりに拙いやり方だと言わざるを得ない。たとえそれまでに鬱積したものがあったとしても、そのようなかたちで感情を爆発させたのでは他人から理解されないどころか、むしろ否定的な評価を得ることにもなりかねない。しかし、それにもかかわらず、沿岸部の被災者たちが米を捨てるような手段に訴えざるを得なかったということでもある。米を捨てることでテレビで報じられ、インドネシア全国にその存在が知られることになった。本人たちが自覚していたかどうかは別として、この人たちは、米を捨てることによって世間の関心と注目を集めることができた。

冒頭で見た車を止めようとした人たちについても同じことが言える。ふだんから幹線道路沿いの人たちほどの恩恵が得られていない「丘の民」は、被災を契機に幹線道路を通る車を止め、自分たちのことを知ってほしい、そして世界の人々に知らせてほしいと求めたのである。

このように、日ごろ社会の主流から取り残されていると感じてきた人々が、被災を契機に外部社会から訪れた支援者や報道関係者に自分たちの存在を認めてもらおうとしたことが、冒頭で紹介した二つの出来事だった。一見すると無謀である行動は、彼らが被災前に抱えていた社会の問題点の改善を求める声なき声だったのである。

4　よそ者が果たす役割

このことをどのように考えればよいのか。幹線道路沿いだけに支援をするのは不十分で、より支援を必要としている沿岸部の住民にこそ支援すべきなのか。一般化は難しいが、少なくともこの事例においては、幹線道路沿いだけを支援対象としたこと自体は間違った選択ではなく、どのようなかたちで支援を実施するかが重要である。何も考えずに目の前の被災者一人一人に平等に物資を配ればいいというわけではない。

支援者の目にはみな同じ被災者に見えても、被災地の出身地区や被災前の経済状況の違いなどがあり、被災者は一様ではない。そのような違いに意識を向けることは地域のかたちを捉える第一歩となる。ただし、地元の事情がわからないよそ者は被災地入りして支援活動を行ったりするべきではないのではなく、よそ者にはよそ者だからこそ果たしうる役割があるということを強調しておきたい。

たとえば、よそ者が持つ調整能力がある。よそ者だからこそ地元の力関係に関係なく活動することで調整能力を持つことができる。まず被災地の人々に当事者として認めてもらう必要があり、そのためには、緊急人道支援で現地に入って支援活動を行うことで、被災地で支援の当事者としての立場を得るのもよい。支援物資を幹線道路沿いの被災者に持っていったり、持っていった物資がテントや米など被災者が自分たちで調達できるものだったとしても、それ自体は大きな問題ではない。それを持って被災地に入ることで当事者として認められれば、その立

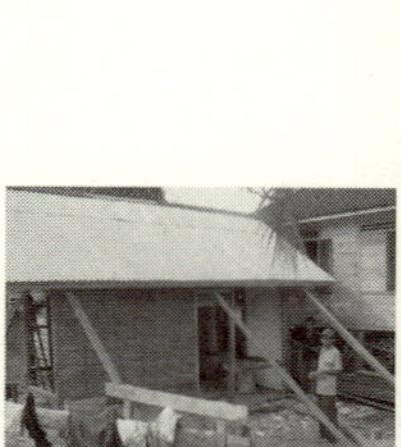

場を利用して調整できることや伝えられる情報や技術が出てくるためである。

外部社会の支援者が支援活動を行うとき、被災による直接の被害からの回復を考えがちになる。しかし、よそ者が持ち込めるものには、情報や技術のほかに調整能力もある。米を投げ捨てた人はテレビのニュースで報じられ、車を止めた人は新聞記事になった。どちらもよそから来た人を選んで何かを訴えようとしたのはなぜなのか。地元社会では解決できない問題があり、災害を契機に現れた新しい当事者であるよそ者に解決の期待を託しているからではないだろうか。

第6章

尾根筋に住む

西スマトラ地震（二〇〇九年）

災害に強い社会の構築

右：西スマトラ地震では津波時の避難先となる中層の建物に多く被害が出た（パダン、2009年12月）

本章下部の写真：西スマトラにて、2009年12月、2010年３月撮影

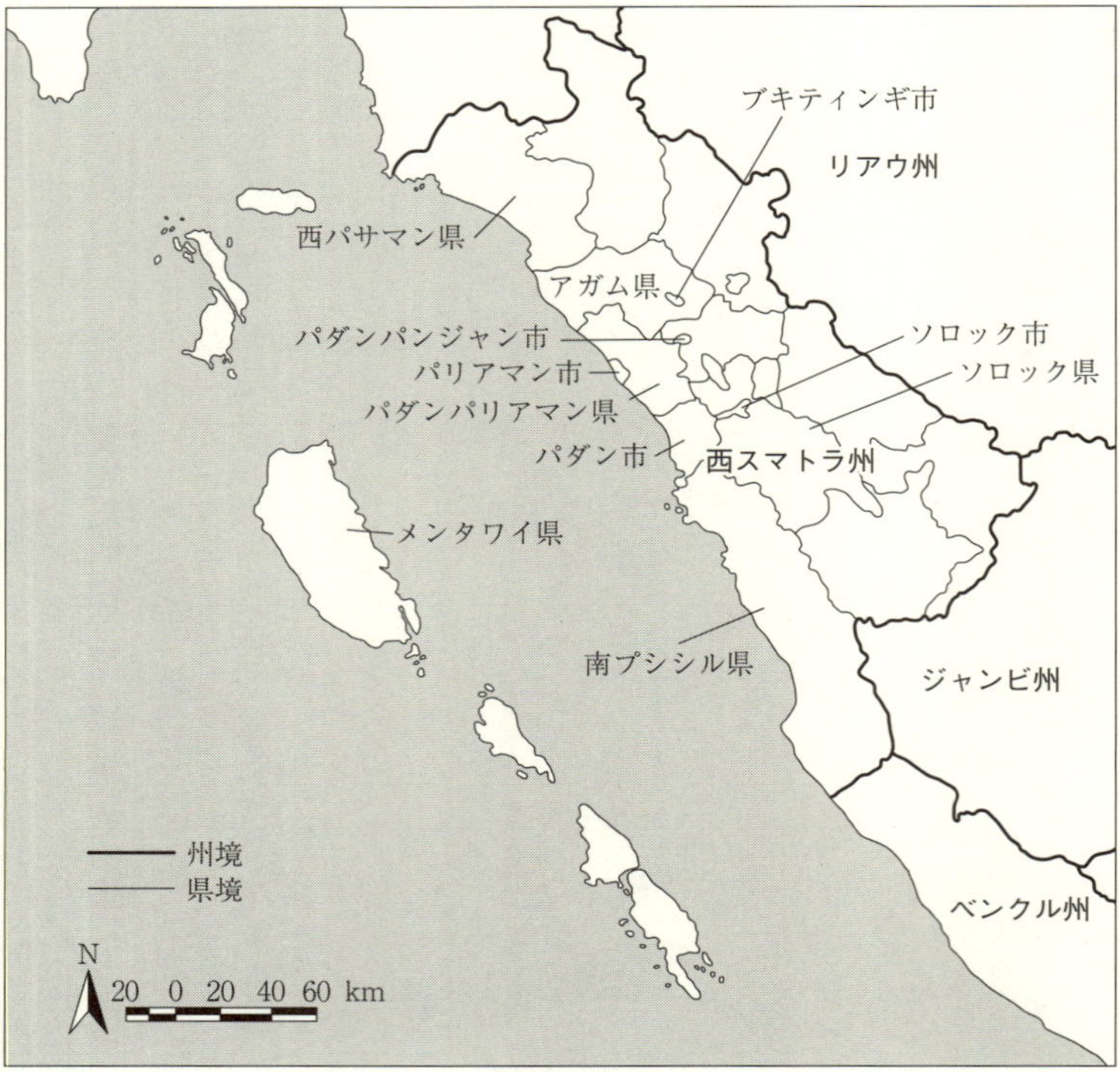

西スマトラ地震

2009年９月30日（水）午後５時16分（西部インドネシア時間）発生
パダン市の西の海中50キロメートル付近
南緯0.725度、東経99.856度、震源の深さ81キロメートル
マグニチュード7.6
死者1195人、行方不明者２人、負傷者1803人、住宅を失った人の数6554人、全壊家屋11万9005棟

日本は災害対応の先進国であり、防災や復興などの災害対応分野において日本の経験と知見を生かした国際貢献が期待されている。また、日本の人道支援団体は、諸外国とりわけアジア諸国の自然災害の被災地で緊急人道支援や復興支援に携わる経験を重ねている。

ここで問われるのは、防災や復興に関する日本の経験や知見をいかにして諸外国に伝えるかという問題である。日本と諸外国とでは社会のあり方が異なるため、日本の経験や知見をそのまま適用しても十分に効果的なものとなるとは限らない。

このことは、救援・復興支援の現場で被災者の反応に対する支援者の違和感として表明されてきた。たとえば、作業の手順を教えてもなかなかその通りに作業できるようにならないし、時間をかけてようやく手順を習得したと思ったら転職してしまい、事業の担い手がいなくなることなどである。

違和感が生じるのは、支援者と被災者のあいだの認識の食い違いのためである。従来の災害対応では、多くの場合、被災前の状態に戻すことが目標とされてきた。その背景には社会を固定的に見る捉え方がある。被災前には発展し安定した社会があり、それが一時的に失われた状態からなるべく早くもとに戻すという発想である。これに対してインドネシアでは、被災前の状態に戻すのではなく、被災を契機によりよい社会を作ろうと考える。この食い違いが違和感を生む一因である。

違和感の原因は、しばしば「開発途上国ゆえの未成熟のため」と語られてきた。しかし、支援対象を未成熟と捉えていては、日本の経験や知見を十分に伝えることはできない。また、「文化の違いのため」としてしまえば、そもそも支援対象にとって異文化である日本の経験や知見を伝えることが意味をもたないともなりかねない。これに対し、インドネシアの地域のか

表6–1　西スマトラ地震の県・市別被害状況

県・市	死者数（人）	被災家屋数（棟）（軽微な被害を除く）	総家屋数（棟）	家屋被災率（%）
パダンパリアマン県	666	83,463	86,690	96%
パダン市	383	76,045	178,970	42%
アガム県	81	16,287	112,029	15%
パリアマン市	48	10,252	17,124	60%
南プシシル県	9	7,583	112,387	7%
西パサマン県	5	6,286	78,236	8%
ソロック市	3	—	—	—
合計	1,195	199,916	585,436	

注：西スマトラ州危機管理センターによれば、西スマトラ州全体で重傷者は619名、軽傷者は1,179名、行方不明者は2名。なお、報道や人道支援団体資料では2009年10月15日にインドネシア政府が発表した1,117名を死亡者数としているものが多い。
出典：死者数は西スマトラ州危機管理センター（2009年11月12日発表）、被災家屋数は国連人道問題調整事務所（UNOCHA）発行の *Indonesia: Earthquake Situation Report No.16*（2009年10月20日）による。

たちを「流動性の高い社会」と見ることでインドネシアの災害対応を捉え直し、「被災前の状態に戻す」のとは異なる復興のあり方を考えてみたい。

1　尾根筋に住む人々

二〇〇九年九月三〇日、スマトラ島西岸沖を震源とするマグニチュード七・六の地震が発生した。この地震によって西スマトラ州を中心に一一〇〇人以上が死亡し、多くの負傷者が出た（表6–1）。西スマトラ州の州都パダン市ではホテルや学校などの大きな建物が倒壊して多くの人々が犠牲になり、また、病院や学校を含む一三万棟以上の建物が倒壊し、住む家を失った多くの人々が建物の崩落や地すべりを恐れて避難所での寝泊りを余儀なくされた。被災から三週間経つとパダン市で電気の九五％、水道の八五％が復旧したが、被災地はその後も長い復興

再建の道を歩むことになった。また、沿岸部の幹線道路から離れて内陸部に向かうパダンパリアマン県などの山間部では、地崩れで村ごとのまれてしまったところが出たほか、家屋の倒壊や地崩れによる通行不能などの被害が出た。

インドネシア政府は西スマトラ地震を国家的災害と位置づけ、緊急・復興支援を中央政府の主導で行うとし、あわせて国際社会の支援を求めた。日本からは緊急段階で捜索救援チームや

図６－１　**西スマトラの伝統建築が被害を受けた**（パダン市）

図６－２　**200人以上が亡くなったパダン市内のホテル**

緊急医療支援チームが派遣されたほか、ジャパン・プラットフォーム傘下の人道支援団体が支援を実施した。

緊急時に現地入りした防災の専門家による帰国報告会に参加した筆者は、現地調査を行った防災の専門家から、この地震では尾根筋の集落に被害が多かったが、なぜ西スマトラの住民は尾根筋に家を建てるのかと尋ねられた。尾根筋は水を得にくいので谷や川まで水を汲みに行かなければならず不便だし、大雨や地震で土地が崩れやすいので危険であるにもかかわらず、尾根筋に多くの集落が見られたという。この問いへの明確な答えが出せないまま、現地を訪れて人道支援団体の事業地を中心に被災地の様子を見ることになった。

地元新聞の役割

西スマトラ地震では、インドネシア各地でそれまでに起こった災害の教訓を踏まえて、情報伝達上の障害を乗り越える工夫が見られた。

地震直後に携帯電話で通話できなくなったが、携帯電話で送る文字通信のショートメッセージサービス（SMS）では情報を送ることができた。二〇〇九年の西ジャワ地震の際に新聞社の地震特設サイトにSMSを集める仕組みが作られ、ここに読者からの情報が掲載されて、新聞やテレビで報じられていない被災地の状況が伝えられており[*1]、西スマトラ地震でもその仕組みがそのまま使われた。

地元新聞も大きな役割を果たした。西スマトラ州の地方紙『パダン・エクスプレス』[*2]は、パダン市内の事務所が地震で倒壊したが、幸いにも死者はなく、地震の翌日に新聞を発行した。初日は無料で配布した[*3]。地震直後は電話やテレビが使えなかったため、人々が何が起こったか

---

*1　本書第4章を参照。

*2　西スマトラ州全域を対象とし、発行部数は二万三〇〇〇部。ただし西スマトラでは新聞はまわし読みされるため、一部あたり五～一〇人に読まれていると推計される。パダン・エクスプレス社はパダン・テレビ放送とポス・メトロ・パダン紙の発行も行っている。

*3　通常の紙面は二四面だが地震翌日は八面の刊行となり、地震から五日目に二四面に戻った。

を知るのに新聞が役に立った。人々が特に求めていたのは余震の情報だった。[*4]

過去の地震の記憶

西スマトラ州は、一九二六年に大きな地震を経験している。ムハマッド・ラジャブ著の『スマトラの村の思い出』には次のように書かれている。[*5]

最初の地震は午前一〇時に起こったが、その後何度か揺れ、午後一時の地震では石造りの家が全壊してパダンパンジャンの町全域が壊滅した。多くの人びとが瓦礫の下に埋められたままになったが、兵隊が来て救出に当たった。線路が損壊して機関車は走らなくなった。出稼ぎに来ていた男たちは、村に戻って妻子のもとで死のうとして、担げるだけの品物と財産を担いでそれぞれの村に戻っていった。村の著名なイスラム教師である著者の父は、この世にあまりにも罪びとが多いので神の裁きが下ったとし、何日か後にこの世の終わりが来ると説明した。人びとは死後に天国に行けるようにと礼拝しようとし、そのため礼拝堂は人でごった返した。ほとんどの人が村の外の田んぼで寝泊まりし、家を空けるのが嫌な人は自宅の庭で寝た。この状況は五日五晩続いた。

この地震は水曜日に起こったので「水曜の地震」と呼ばれている。[*6] それから八三年を経た今回の震災では、「水曜の地震」を覚えているという話を伺った。インドネシア最大規模の全国的なイスラム社会団体であるムハマディヤの活動が西スマトラ州にもたらされ、西スマトラ州支部に発展していったのが一九二五年から二六年の時期に当たり、地震を西スマトラにおけるムハマディヤの設立と結びつけて覚えている人も少なくなかった。また、一九二六年末に西スマトラで生じた共産党蜂起に対して地震が心理的な影響を与えていた可能性に言及する意見も

*4 地震発生後、パダン市長は行方不明の尋ね人はラジオ局に情報を持ち込んでラジオ放送で流してもらうようにと呼びかけた。

*5 一九二六年六月二八日に発生した地震についての章（第一八章「大地震」）が設けられている。［ムハマッド 1983: 259-270］を参照。

*6 二〇〇九年の西スマトラ地震も発生は九月三〇日の水曜日だった。なお、一九二六年には六月二八日と九月五日の二度の地震があった。BNPBのデータベースによれば六月二八日の地震はアガム県を中心に死者五七名を出し、九月五日の地震はパダンパンジャンを中心に四二七名の死者を出した。BNPBのデータベースを見る限り、九月五日の地震のほうが規

聞かれた。

建築専門家の不足が招く問題

西スマトラ州の多数派住民であるミナンカバウ人は母系制社会で知られている。[*7] 土地や家屋を女性が所有し、母親から娘たちに相続される。また、結婚では夫が妻の家に入る。夫や父親としての男の役割は薄く、男たちは外の世界に出稼ぎに行く慣習でも知られている。伝統的なミナンカバウ社会では、何十年も耐えるように建てられる屋根の尖った大家屋で女たちが暮らし、男たちは田や山の粗末な小屋に寝泊りしていた。一九世紀以降にオランダによる西スマトラ支配が確立する過程で、人口増加や貨幣経済の浸透などがもたらされると、こうした社会変化の中で居住形態も変化し、伝統的な大家屋から核家族向けの独立家屋が増え、家屋の耐用年数も短くなっていった。

ミナンカバウ社会では、男たちは若いうちに外の世界に出稼ぎに行くが、西スマトラに戻って家庭を築く者も少なくない。もっとも、西スマトラは天然資源が少なく、この土地で安定した生業を得るのは容易ではない。そこで、他人の田畑で農作業をしたり、他人の船で出漁したりするほか、建築の仕事を請け負うこともあるが、専門の技術を身につけていない男たちの地位は低く、村の女たちからは間に合わせの建築作業のために雇う人々と見られている。

適切な建築技術の欠如は、人々の耐震建築に対する認識の低さを生むだけでなく、建築を片手間の仕事とすることで村人の生計と住居を不安定なままにするという悪循環も生んでいた。

模が大きいが、九月五日は日曜日だった。人々が一九二六年の地震を「水曜日の地震」と記憶している背景を確かめるには、BNPBのデータベースが元にした資料を含めて当時の新聞等の資料にあたる必要がある。

*7 この段落の記述は、ムハマッド・ラジャブ［1983］の加藤剛による訳者あとがき「ミナンカバウ社会について」による。

社会的流動性の高さ——住まいと仕事の柔軟さ

社会的流動性の高さとは、一般には人の移動が頻繁で社会の構成員の出入りが激しく、また、構成員の社会における役割が固定されていないことを指す。ただし、災害対応に即して言えば、社会の構成員の出入りが激しいことに加えて、住居と生業のかたちが固定されていないことも指す。

インドネシアでは、日常的に住居の増改築が頻繁に行われており、しかも住居の所有者が自ら作業することも珍しくない。また、一つの職場で長く勤めるよりも、転職の機会をうかがい、条件が合えば転職する人も少なくない。このような社会では、住居の増改築や職探しが日常的に行われており、被災によっても中断されない。したがって、極端に言えば震災の当日から住居の再建や生業探しが行われる。日本や欧米では、災害対応は救命救急から緊急支援、そして復興支援へと段階的に進むと理解されているが、インドネシアでは被災直後からこれらが同時に始まることも珍しくない。このような社会では、被災前に戻すことを前提とした復興・再建モデルは通用しない。

流動性が高い社会では、「場」の構成員の出入りが激しく、その「場」に長くとどまるとは限らない。そのため、村人たちに知識や技術を伝えようとしても、ある程度まで教えた翌日に教える相手がいなくなってしまうことも珍しくない。このような社会では、知識や技術を伝えたときに、直接伝えた個人に伝わったとしても「場」には共有・蓄積されにくく、知を定着させることが難しい。

図6－3　地崩れで四輪車の通行が難しい場所が多い

水と建築——日本のNGOの支援現場から

西スマトラ地震の主な被災地であるパダンパリアマン県[*8]では、内陸部山地から西側のインド洋に一二本の川が並行して流れ、それらの川に挟まれた尾根筋を道が通り、道に沿って集落が形成されている。毎年九月頃から一二月頃までの雨季には降水量が多くなり、地崩れによって尾根筋を通る車道は四輪車や二輪車では通れなくなる（図6–3、6–4）。まるで大雨で氾濫して川の流れが変化するかのように、大雨が降ると地崩れによって集落どうしを結ぶ道が閉ざされ、集落と集落を結ぶ経路が変化する。また、ときには集落が地崩れにのまれることもある。このような厳しい状況の土地で、主に衛生的な水の確保および建築技術の提供の二つの分野で支援を行っていた四つの日本の支援団体について、筆者が事業地を訪れたときの様子を交えながら、それぞれ簡単に事業内容を見てみたい[*9]。

2　水と衛生——家を守る

西スマトラ地震の緊急支援では清潔な飲用水・生活水を提供する支援が多く見られた。ここ

*8　二〇〇二年四月にパリアマン県が分立し、パダンパリアマン県とパリアマン市になった。

*9　本章の記述は主に二〇一〇年三月に筆者が西スマトラの被災地で行った調査に基づいている。

ではそれらのうち二つの支援団体の活動を取り上げる。

支援団体A——トイレ施設と衛生教育

支援団体Aは、学校にトイレ施設と簡易水道を供与し、あわせて衛生教育の教材を与えた。地震で倒壊した校舎の再建といえば、通常は教室の再建を指し、トイレ施設などは校舎ができた後に作られる。*10 支援団体Aは、校舎の再建とほぼ同時にトイレ施設を供与することで、学校における衛生教育を効果的に行う下地を作った。

支援を受けた学校の教員（男性、三七歳）は、トイレ施設と水道を提供してもらったことで、児童たちの衛生状態の改善が期待されると喜んでいた。また、近隣住民も水道を使いたいと言ってきているので、使用料などをどのようにするか校長と相談しているところだった。支援団体Aが児童に教えてくれた衛生教育はとても意味があるため、もし近隣住民も水道を使ってよいことになったら、近隣住民にも同じ内容の衛生教育を教えたいとのことだった。

この学校は交通の便がかなり悪い場所にあった。そのことについて尋ねると、先の教員は次のように語った。

この学校は山の中腹を切り拓いて作った。山の

図6－4　大雨が降ると二輪車での通行が難しくなる

*10　支援団体Aが供与したトイレ施設は、使用後に水で流さず地中に埋めたタンクに溜めておき、タンクがいっぱいになったらタンクごとそのトイレ施設を閉鎖して、必要なら別の場所に改めてトイレ施設を作ればよいとのことだった。タンクがいっぱいになるまで何年もかかるので、それまでには学校の再建も進み、学校にトイレ施設が作られるためである。

図6－5　学校に設置された水道施設が衛生教育の場になっている

下から来る道は山の斜面を削って作った道で、舗装はほとんどされていない。土が柔らかいのでオートバイで通るうちに道が抉れて通りにくくなる。舗装しても地崩れで埋まってしまう。道が崩れ落ちて使えなくなることもある。そのたびに山の内側を削って新しく道を作るが、しばらくするとまた崩れて使えなくなる。この繰り返し。道を通っている途中に谷に落ちて亡くなる人もいる。歩いた方が早いが、荷物があったり足が不自由だったりすると乗り物に頼らざるを得ない。

児童の家は徒歩で三〇分以内の距離にある。大雨が降ると道が通れなくなるので授業を切り上げて帰ることもある。

支援団体Aの事業地から別の場所に向かう途中、尾根筋の崖に突き出すように大きな給水タンクがあった。今回の地震で別の支援団体が供与したものだという。集落が尾根筋にあるため水を手に入れるのが大変で、地元住民は給水タンクをとてもありがたがっていた。

経験豊富な現地人スタッフ

支援団体Aは日本に拠点を置くが、西スマトラ地震で事業の統括を行った国際スタッフは日

本人ではなかった。支援団体Aの支援事業の特徴は経験豊富な現地人スタッフにあり、日本の本部から信頼された国際スタッフの統括のもと、現地人スタッフが主体的に支援事業を実施していた。[*11] 三人の現地人スタッフはそれぞれ以下のような経歴だった。

西スマトラ州パダン市出身。プロジェクトオフィサー。ジャカルタの銀行にエンジニアとして勤務した。二年間の契約が切れたころに西スマトラで地震が発生し、パダンに戻って実家の片づけを手伝っていた。地元紙に掲載された求人広告を見て応募した。（男性、三五歳）

西ティモール出身。公衆衛生担当。イギリスのNGOオクスファムに雇用され、二〇〇四年の津波支援でアチェに派遣された。国際赤十字社のもとでアチェでしばらく働いた後、西スマトラ地震が起こったのでパダンに派遣され、三か月の契約が切れるころに支援団体Aの国際スタッフと出会った。（男性、三三歳）

西スマトラ州パダン市出身。防災教育担当。西スマトラ州のアンダラス大学で食物科学を専攻した。イギリスでコミュニティ開発の研修を三か月間受けた。西スマトラ地震が起こるとチェコのNGOに雇用され、契約が切れたところで地元紙に掲載された求人広告を見て応募した。（男性、二四歳）

銀行勤務や食物科学の専攻など、もともとの専門性は人道支援ではなかったが、インドネシア国内の被災地で人道支援に携わり、その経験を踏まえて新しい事業地の状況に応じて事業内容を工夫しており、これを繰り返すことで支援の効果を高めるとともに自身の技術も向上させている。支援団体ごとに見れば現地人スタッフの出入りが激しく知識や経験が共有されないかもしれないが、現地人スタッフが支援団体を渡り歩くことで、インドネシアの人道支援業界全体で見れば知識と経験が共有され、蓄積されるのを助けているといえる。

＊11　インドネシア国外に拠点を置く支援団体がインドネシアに派遣して現場での支援事業を統括させるスタッフを「国際スタッフ」と呼ぶ。多くの場合、国際スタッフは支援団体が拠点を置く国から来るが、別の国の出身者が国際スタッフとして派遣されることもある。国際スタッフは現地語がわからないことも多く、英語がわかる現地人スタッフを雇用する。これは「現地人スタッフ」または「ローカルスタッフ」と呼ばれる。また、実際の支援事業のために地元NGOをカウンターパートとすることも多く、その場合には地元NGOのスタッフも支援事業の関係者となる。このように、国外の支援団体による支援事業の現場では、国際スタッフ、現地人スタッフ、地元NGOのスタッフという階層構造によって支援事業が進められる。

図６−６　給水施設が設置されると人が集まるようになる

支援団体B——給水施設

　支援団体Bは、小中学校に飲料水・生活水の供給施設を供与した。崖の下や数キロメートル離れたところにある水源や湧水点からパイプを引いて水を得て、貯水槽に溜めて利用する設備を住民の共同作業により設置した。

　支援団体Bは、小中学校だけでなく、村の子どもたちがコーラン（クルアン）を勉強する集会所（スラウ）への給水施設の提供も行った。集会所の管理人は、この給水施設によって水が得られることだけでなく、そこから派生して子どもたちが学ぶ場や地域住民が集まる場が得られることに特に感謝していた。

　スラウは、毎日午後に子どもたちがコーランの読み方を勉強する場所である。一般の学校ではコーランを教えないため、スラウがないと子どもたちがコーランを読めなくなる。スラウは礼拝の場でもあるため、礼拝前の清めの水が欠かせない。この場所は水源が崖の下にあって遠いので雨水を溜めるしかなく、そのため乾季には人が集まらず、子どもたちの勉強も中断されるし、村人たちが集まる機会も減るので困っていたという。

　集会場に人が集まるようになると、行商する人も集まってくる。集会場の前で子どもたちに

おやつを売っていた男性（三三歳）に話を聞くと、妻が土地と家を持っていたが、雨で崩れてしまったという。

ここから二〇キロ離れた村に住んでいる。ジャワ島のスラバヤに働きに行っていて、里帰りしたときに妻を紹介されて結婚した。この地方では結婚すると妻の家に住む。妻とその姉は両親から土地と家をもらっていた。山の斜面を切り拓いて作った土地で、大雨で地崩れして妻の土地は住めなくなった。

家を建てるお金がないので、今は妻と一緒に妻の姉夫婦の家に住んでいる。自分の土地がないので農作業もできず、オートバイで行ける範囲で行商を始めた。地震の後は大雨のたびに地崩れが起こり、それまでオートバイで通れた道が通れなくなることがよくあり、行商に行ける範囲が狭くなった。（男性、三三歳）

図６－７　オートバイにコンロをつけた簡易屋台で行商する青年

「名人芸」によるモノ作り

支援団体Bの支援事業の特徴は、事業の直接の目的である貯水設備の設置だけでなく、その過程で日本人スタッフがモノ作りの心構えを現地スタッフや地元住民に伝えようと努

図６－８　レンガで給水塔の土台作り。雨天決行

力した点にある。支援団体Bによる支援事業への参加者は、支援団体Bの日本人スタッフの仕事ぶりについて以下のように語った。

> 支援団体Bの仕事ぶりにはとても驚いている。今日も見ての通り、雨が降っているけれどビニールシートをかぶせてレンガを積む仕事をしている。雨が降っても作業するのは支援団体Bと仕事をするときだけ。今年は雨季が長くて三月末になっても雨が降っていて、一般家庭ではレンガによる再建をまだ行っていない。普通は途中で雨季になるとプロジェクトが止まって工期が延びるが、支援団体Bのプロジェクトでは雨が降っても当初の予定通りに仕上がる。（中学校教員、男性）

一般に、文化的背景が異なる相手と共同作業をするとき、考え方の違いから摩擦が生じて作業が中断されることがある。作業が中断されれば事業完了が遅れ、会計を含めた事業報告を期間内にしなければならない支援団体は困るため、考え方の食い違いをなるべく短時間で解消する方法が採られることも少なくない。しかし、支援団体Bは現地スタッフや支援対象との摩擦が生じるたびに事業を中断し、現地スタッフや支援対象の理解を求めた上で支援事業を再開し

た。その結果、右で紹介したように、支援団体Bの活動に対しては現地スタッフや支援対象者の真剣さの度合いが違うと現地社会の人々から評されるほどになっていた。[*12]

このような活動を可能にしたのは、支援団体Bの日本人スタッフの「名人芸」によるところが大きい。この日本人スタッフはインドネシアや他のアジア諸国で多く支援事業を行ってきたことから、協力相手と良好な関係を結んで交渉する経験を持ち、時間をかけながら人々をうまく動員して事業を進めていた。精神面まで含めたモノ作りが伝わったのはその結果である。[*13]

3　耐震建築——水を守る

西スマトラ地震の被災地となった尾根筋は、雨で土地が崩れやすく、道が通行不能になったり家が崩れたりする。このような地域で耐震技術を高めることにはどのような意義があるのか。耐震建築に関する支援を行った支援団体のうち二つの例を紹介しよう。

支援団体C——耐震技術ワークショップ

支援団体Cによる支援事業は、この支援団体が二〇〇六年のジャワ地震の際に行った支援事業を通じて出会った現地人スタッフの協力を得て、日本人スタッフと現地人スタッフが合同で耐震建築の技術指導を実施した。耐震技術ワークショップでは、まず日本人講師が講義し、次にインドネシア人講師が細部まで伝えるという役割分担を行っていた。日本人とインドネシア人の講師の組み合わせにより、日本の耐震技術が地元社会に適したかたちに「翻訳」して伝え

*12　ほかにも次のような声があった。「この学校では支援団体Bが数キロメートル先の水源から水を引いてくれることになった。長さ三キロメートルのパイプが必要だと言うので資材を調達したが、いろいろ節約して二キロメートルで済んだ。余ったパイプは自分たちで使えると喜んでいたら、支援団体Bの日本人スタッフに全部取り上げられてしまった。少しがっかりしたが、日本人スタッフの厳格さに改めて敬服した。」（中学校教員、男性）

*13　この「名人芸」を支援団体内でどのように受け継いでいくのかは支援団体Bにとっての課題だろうが、この課題を解決することで、「名人芸」の成果だけでなく「名人芸」そのものを伝達する道も開かれるものと思われる。

図6－9　耐震技術ワークショップの様子

られていた。*14

支援団体Cは、支援対象の集落にある集会所を使ってワークショップを行った（図6－9）。筆者が訪れた日は午前九時半に開始し、一九人が参加した。ワークショップに招かれたのは集落の成年男性で、子どもたちがまわりの窓から覗き込み、学校隣の売店に集まっていた近所の女性たちもときどき覗き込んでいた。

集会所の向かいにある民家に住むMさん（女性、七五歳）は、この家以外にも自分の土地に家を何軒か建ててきた経験があるという。*15

> 家を建てるときは施工主が設計して職人に家を建てさせる。家を一軒建てるのに二〇〇〇万ルピア以上の金がかかる。地元の職人は技術が確かでなく、よその土地の職人の方が技術が確かなので、もしお金が十分あれば地元の職人ではなくよその土地の職人を呼びたい。でもお金がなければ地元の職人に頼まざるを得ない。（Mさん）

集落内の別の民家で作業していたNさん（女性、四三歳）にトイレの場所を尋ねると、Nさんの家の奥に案内された。家の奥は高床式の家から張り出したかたちになっていて、半分が炊事

---

*14　インドネシア人講師は、立ったり座ったり寝転んだりして長丁場の講義を続け、その間に飲み物と食べ物が切れ目なく運び込まれた。

*15　Mさんに「水曜の地震」の話を伺うと、地震で建物が崩れ、列車が脱線してとても混乱した様子を身振り手振りを交えて臨場感豊かに話してくれた（図6－10）。年齢から考えてMさんはこの地震を直接経験していないが、子どものころにまわりの大人たちに繰り返し聞かされているうちに、まるで自分が経験したことであるかのように語れるまでになったものと思われる。この地域には、Mさんよりも若い人でも、「水曜の地震」の話を尋ねると同じような説明をしてくれる人に何人も出会った。

場のようで（図6-11）、あとの半分は水浴び場と洗濯場のようだった。水浴び場だと思ったのは水がめがあったためだが、水はほとんど入っていなかった。その脇の床に洗濯物が置かれており、洗濯の途中だったようだ。トイレらしき設備はなかったが、洗濯物のすぐ隣の床に直径五センチほどの穴が開いており、仕切りもないその場所で用を足して水がめの水で流しておくとのことだった。

図6-10 「水曜の地震」の思い出を語るMさん

この土地は夫と二人で自分たちのお金で買ったもの。夫とは死別した。裏庭に生えているビンロウの実を干して皮を剥いたものを業者に売って生計を立てている。息子はジャンビ州で働いている。しばらく音信不通だったけれど、今回の地震の後に連絡が来て、壊れた家を直すお金を送ってくれた。家の一部が壊れていたのでベニヤを調達して修復した。家にはテレビがないので地震の情報はあまりわからない。テレビはときどき隣の家で見せてもらっている。隣の家は息子がリアウ州で働いていて、仕送りでテレビを買った。テレビがあると人が集まるので家で雑貨屋や喫茶の商売ができる。（Nさん）

図6-11　民家の炊事場。すべての水まわりが一箇所に集まっている

図6-12　雑貨店での売り物のビンロウを切って準備する

支援団体D――分村事務所の建設

支援団体Dは、分村長が執務する分村事務所を建設して地元住民に供与した。支援団体Dの支援事業の特徴は、分村事務所が別の目的に転用されることをはじめから容認していた様子がうかがえたことである。

日本の建築技術を示す目的で建てられた分村事務所は、支援団体Dが設計・建築を主導し、どの分村でも同じかたちの事務所が建てられた。しかし、地元住民に引き渡された後では、分村事務所の壁が村の掲示板代わりに使われたり、軒下に喫茶店が増築されたりするなど、地元の事情に応じて自由に使われていた。分村事務所の管理を任されている男性（二七歳）は次の

ように語った。

私は五人兄弟。兄たちはジャカルタやメダンにいる。この土地の持ち主は母親。父親は亡くなっている。庭で採れるカカオなどを売って生計を立てている。この地域に分村事務所を建てることになり、この土地を提供した。人が集まるには少し手狭なので、分村事務所の軒下を改造して喫茶店にした。建物の外にあるので風通しもよく、くつろぎながら話ができる。分村事務所は衆人監視の中にあるし床も高くて水や動物の被害を受けないので、資材など村の共有物を置くのに適している。鍵がかからない設計になっているのでそれをどうするか村で相談中。

図 6-13　人と情報が集まる場として使われている分村事務所

これは、当初の目的以外に使うことを禁じる策を講じるのではなく、地元住民が自分たちに都合よく利用できるかたちで引き渡し、供与したものの用途を限定しないことで地元住民によって有効に活用されていた例である。

付近の民家を訪ねると、若い女性が一人で留守番をしていた。[*16] 両親は仕事、兄は川まで水汲みだという。毎日水を汲みに行くのは大変ではないかと尋ねると、雨季には雨水を屋

*16 「私は一番下の娘。町の中学校まで行ったけれど今は学校には行っていない。町の情報は携帯電話でわかる。携帯電話のプリペイドカードは両親が経営する雑貨屋で手に入る。この地方で家を継ぐのは一番下の娘なので私が継ぐのだろうと思う。」と話してくれた。

図6－14　民家内には水がめが作られている

根で受けて家の中の水がめに溜めるので水汲みの必要がなく、雨が少ないときだけ兄が下の川まで水を汲みに行くが、地震で水がめが壊れたので水汲みが必要だという。

家の中を見せてもらうと、三畳分ぐらいの広さの部屋いっぱいに水がめが作られており(図6－14)、トタン屋根で集めた雨水を水がめに導く仕組みができていた。今回の地震では、家自体にはほとんど被害が出なかったけれど水がめが壊れてしまい、水を溜めることができなくなった家が少なくないという。

豊かな水と管理の難しさ——見えてきた課題

四つの支援団体の事業地を訪れ、直接の事業サイトだけでなくその隣近所にも足をのばしているうちに、この地域の暮らしは水が鍵となっていることがわかってきた。この地域には水が豊富にあるが、水量を十分に管理できないため、雨季になると谷の付近では日常的に冠水状態となるため、水が少ない尾根筋に住居を作らざるを得ない。

生活水の問題は衛生の問題と直結している。各家庭では炊事、洗濯、水浴び、トイレがいずれも家の奥の水がめのそばの狭い空間で行われており、雨季以外では少ない水を使いまわす。

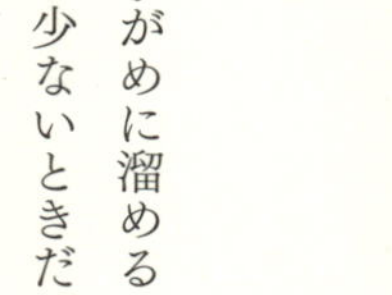

今回の地震では、外見上は家屋に被害が少なく居住に問題ないように見えても、屋内の水がめが壊れ、衛生的な水の確保に問題が生じた家庭が多く見られた。

また、この地域では、水を確保することと家を守ることとが密接に関係している。家を守ることは水がめを守り、水を確保することに繋がる。そして生活水の確保は、衛生状況の改善だけでなく地域社会をまとめる役割も果たす。きれいな水が得られないと人々は離れてしまうが、乾季でもきれいな水が得られれば、そこを拠点として人々が集まることができる。

尾根筋に住む人々は絶えず土砂崩れや地すべりの危険性にさらされており、災害に耐える土地を探したり災害に耐える家を作ったりするのではなく、災害が起こったら別の場所に家を移すことが現実的な災害への対応方法になっている。このような土地で耐震技術を高めることは、地震で水がめが壊れない家を作ることに加えて、耐震技術を身につけることでよその土地に行っても職を得ることができるようにするという意味もある。

4　決まりと運用——単年度主義・前例重視・流用禁止に囚われない

日本のNGO団体による支援事業では、流動性が高く、人の出入りが激しいために知識や経験が「場」に蓄積されにくい社会でどのように事業を実施し完了させるかという課題を抱えながらも、それぞれの工夫による解決が図られていた。

支援団体Bの日本人スタッフの「名人芸」は、支援対象者との間で考え方の食い違いが見られたとき、安易に妥協して事業の完了を優先するのではなく、事業を中断させてでも考え方の

違いを明らかにして納得を得てから進む点にある。単年度主義の発想に囚われると、年度内に事業を完了しなければ予算を返上しなければならなくなるし、事業計画通りに実施できなければ次年度以降に事業申請しても承認されないかもしれないと考えがちである。そのことは支援対象者もよくわかっており、そこに駆け引きの糸口を見出そうとするが、単年度主義に囚われず、考え方の違いがあれば作業を中断すればよいし、そのため事業が完了できなかったらその通り報告すればよいという態度で臨むことが、結果として支援対象者の積極的な関与を引き出していた。

支援団体Aは、現地人スタッフを雇用するにあたり、その分野での支援事業の経験がほとんどない人でも積極的に採用した。その分野でどれだけ業績を積み重ねてきたかという前例主義や業績主義によって評価するのではなく、他の分野で活動してきた実績をもとに、新しい分野でこれからどのような働きをしてくれそうかという観点から評価したことで、優秀な人材が集まった。

支援団体Dは、分村事務所を供与した上で、それを別の目的に流用・転用することを禁じなかった。結果として喫茶店や資材置き場に流用・転用されたが、これらはいずれも人々が集まる場であり、地域住民が必要としていたのは地域の人々が集まれる場だったということを意味している。流用・転用を許したことが、分村事務所を生かし、人々が集まる場を提供する結果となった。支援団体Cも、現地人スタッフを通すことで耐震技術をうまく「翻訳」して地域住民に伝える工夫がされていたという意味で、知識や技術の流用・転用をすすめていたと見ることができる。

強調しておきたいのは、単年度主義や前例主義や流用禁止に囚われないからといって、これ

らの支援団体の支援事業が決まりを守らない勝手な活動であるわけではないということである。決まりは決まりとしてしっかり守り、決まりを守るためにこそ現場の裁量による運用を許している。

西スマトラ州は、前章で扱ったベンクル州と隣接している。西側にインド洋、東側の内陸部に山脈があって、沿岸部の幹線道路沿いの平地部に町の機能が集まり、幹線道路から内陸部の高地に向けた尾根筋に沿って集落が点在する様子もベンクル州とほぼ共通している。ベンクル地震では、緊急支援への反応を通じて、幹線道路沿いに住む人々と「海の民」や「丘の民」との間の確執を見ることができたが、西スマトラ地震ではそのような事例には出会わなかった。広い被災地を限られた日数で網羅的に訪れることはできないという事情もあるが、ベンクル地震で現地入りしたのが地震から数日後だったのに対し、西スマトラ州を訪れたのが地震発生からほぼ半年後だったことを考えると、そのころには「人道の扉」はもう閉じかけていたということかもしれない。

第7章

浪費と駆け引き

スマトラ島沖地震・津波（二〇〇四年）

記憶に残る支援

右：マングローブ植林事業のために苗木を準備している北アチェ県の住民（北アチェ、2008年８月）

本章下部の写真：北アチェにて、2008年８月撮影

バンダアチェ市
ピディジャヤ県
ロクスマウェ市
ピディ県
北アチェ県
西アチェ県
アチェ州
ビンジェイ
メダン
北スマトラ州
州境
県境
N
20 0 20 40 60 80 km

ときに地元の論理を無視してでも外部社会から介入する人道支援は、地元社会にどのように迎えられているのか。事業終了直後でなく、事業が終わって支援団体が撤退してから一、二年が経った後で支援事業地を訪れ、二〇〇四年のスマトラ島沖地震・津波の支援内容が現地社会でどのような意味を持っているかを調査する学際調査チームのメンバーとして筆者は二〇〇八年八月にアチェを訪問した。

学際調査チームは、人道支援、報道、医療、地域研究をそれぞれ専門とする六人のメンバーから構成され、全員が一台の車両に同乗し、バンダアチェから北海岸のロクスマウェを経て北スマトラ州メダンまで陸路で抜けて調査した。*1

被災から三年が過ぎると、支援団体はあらかた撤退し、バンダアチェで活動しているのは防災教育や人材開発、学術振興などの平常時の事業のものが中心になっており、被災者は新しい段階を迎えていた。学際調査チームの目的は支援事業の評価にあったが、筆者はその中でも二〇〇四年の津波以後に大量にもたらされた緊急・復興支援が現地社会の人々にどのように記憶されている（いない）のかという側面に関心があった。

1　健康腹巻――浪費を楽しむ被災者

バンダアチェ市では、被災者の記憶がすっかり書き換えられている様子に出会った。どのように変化したのか、被災直後から時間を追って紹介しよう。

バンダアチェ市ランバロスケップ村のNさんは、津波の三年前に夫を亡くしていたため、津

*1　これに先立つ二〇〇八年一月にもバンダアチェと北海岸のピディ県で調査を行った。

波後の支援事業では他の村人に先駆けて様々な支援を受けた。日本のＮＧＯから生計支援として調理用コンロと調理器具の支援を受けたり、ジャワに拠点を置く国内ＮＧＯから住宅再建支援を受けたりした。

ほかの人よりも優先して支援が受けられることは、恵まれているように見える一方で、そのことが問題ともなった。Ｎさんに優先的にまわされた支援事業は、対象者の数が村人全員をカバーできないものが多かった。調整役となった村長は、村人全員にまわせない支援事業が来たとき、支援対象に選ばれた人が特別な立場にあると説明することで村人たちの不公平感をなくそうとしていた。その結果、Ｎさんは自分が受けた支援事業の不平不満を漏らす相手が限られていた。筆者が訪問するたびにＮさんから様々な不平不満が聞かれた。あるときは欠陥住宅について、あるときは息子からの仕送りが途絶えたことについてだった。

津波から三年半が経った二〇〇八年八月、その不満がぴたりと止まった。かわりにＮさんが楽しげに話してくれたのは「モチモチの会」のことだった。津波やそれ以外の理由で夫を亡くした女性を集めて週に数回開かれる会で、参加者が一緒に歌ったり踊ったりして楽しい時を過ごした後、会が勧める靴下や腹巻などの健康グッズを買って帰る会だった。主催者は日本から来たグループで、「モチモチ」というのは「ハロー」にあたる「もしもし」という意味らしい。[*2] Ｎさんはモチモチの会で買った靴下や腹巻を見せながら会の様子を楽しそうに話してくれ、それまでに受けた支援の話を尋ねても、欠陥住宅に対する不満は全く出てこなかったし、日本のＮＧＯが供与した調理コンロのこともすっかり忘れていたようだった。

少し振り返ってみよう。Ｎさんに出会ったのは二〇〇五年八月のことだった。バンダアチェ市で日本のＮＧＯの支援事業地を訪ねたとき、菓子作り支援グループの一人として紹介され

---

*2　ただし、モチモチの会には日本人スタッフはおらず、実際に日本とどのような関係があるかは確認できなかった。

た。

Nさんは津波直後はモスクの隣に張られたテントで寝泊りし、二〇〇五年五月ごろに仮設住宅に入った。仮設住宅では部屋を二つに仕切って二世帯で入居し、二メートル×五メートルほどの部屋に子ども四人と孫二人の七人で寝泊りしていた。仮設住宅の裏手にあった自宅は津波で流され、NGOの支援で建て直しが行われていた。津波前は、飼っていた鶏の卵を売ったりお菓子を作って売ったりして一日五〇〇〇ルピア程度を稼いでいたという。

津波後、菓子作りをするなら日本のNGOが道具一式（コンロ、なべ、フライパン）をくれて一〇〇万ルピアを貸してくれるというので契約書にサインした。筆者が出会ったときは、グループの取りまとめ役に毎週二万二〇〇〇ルピアを返済していた。

二〇〇六年九月に訪ねると、その一週間前に仮設住宅を出て再建された自宅に入居したところだった。ただし、家は建ったけれど扉はついていなかったので自分で新しく付けなければならず、天井も自分ではり、そのためセメント一〇袋分を自分で買い足した。Nさんの家を建てたのはジャワ島のマゲランにある裕福な婦人たちがつくったダルマワニタという支援団体で、津波後にアチェに支援に来て家を二〇軒建て、そのうちの一軒だった。屋根と壁だけで家具は全くなかった。日本のNGOに借りた資金は七月に全額返済を終えており、日本のNGOからもらった道具で菓子作りをして日々の生活費を稼いでいた。米、食用油、乾麺は世界食糧計画（WFP）から配給があったが、食糧の支援はその年の一二月までと言われていた。

二〇〇八年一月に訪ねたときにも、同じような話を聞いた。自分で家を整備するため、すでに五〇〇〇万ルピアかかったという。ミシンは外国のNGOのCAREが供与してくれた。テレビや冷蔵庫はマレーシアで働いている息子が帰省したときに買ってくれた。菓子作りは続けて

図7−1　夫を亡くした女性が集まる「モチモチの会」の様子

おり、近くの雑貨屋に卸している。津波後に菓子の値段があがり、一日の売り上げは一万ルピア程度になった。

　このように、津波から三年の間、Nさんの話はほぼ同じ内容だった。ところが、二〇〇八年八月にほぼ半年ぶりに訪ねてみると、前述のようにNさんの様子はすっかり変わっていた。製菓用具を供与した日本のNGOのロゴを見ても何も思い出さず、コンロなどは全て自費で購入したものだと言うようになった。しかも、これまで口癖のようだった欠陥住宅への不満は一切なくなり、高価な健康グッズを買ったことを半分得意げに話してくれた。

　Nさんを通じて頼み、「モチモチの会」に参加させてもらった。商店ビルの一角を借り切って会場にしており、シャッターが半分閉められていて外から中の様子は見えない。会場を訪れるのは女性ばかりで、会場に入るとスタッフの若い男性たちに迎えられる。男性スタッフは一人一人の顔と名前を覚えており、笑顔で呼びかけて、体の調子を尋ねたり、最近顔を見せない友人の様子を聞いたりする。女性たちは互いに顔見知りで、近況報告などをしているうちに会が始まる。男性スタッフがステージで笑顔で

体操し、女性たちもその場で立って一緒に体操する。狭い会場にしては大きな音量の音楽がかかっており、聞きながら体を動かしていると高揚感がしてくる。歌あり踊りありで約二時間の楽しい時間を過ごし、心も体も健康になった女性たちは、会の最後に、家に帰っても健康が維持されるようにと会が用意した靴下や腹巻を買う。一般の店で売られている靴下や腹巻に比べるとかなり値段が高いが、高価な商品を買う人や一人で何点も買う人もいて、スタッフ全員に拍手で歓迎されてうれしそうにしている。*3

Nさんも靴下を何足か買ったが、合わないからと履くのをやめてしまったらしい。しかし、「モチモチの会」に参加すると友達もできるし体も軽くなるしとても楽しいので、週に一度は行くことにしているし、会に行ったら何も買わないで帰るのも気恥かしいので、いつも一番安い靴下を買ってくるという。

Nさんの様子を見て、被災から三年が経って「他人に与えられたもので暮らす被災者」から「自分のお金で必要なものを買う私」へという意識の変化が感じられた。未完成のまま放置されている住宅をはじめ、物質的な生活環境はまだ復興の途上にあるが、少なくとも心理的には被災者という状態から脱したような印象を受けた。

NさんがNGOにもらったコンロを自分で買ったと言ったのは、その後の様子から考えて、見栄を張ったり嘘をついたりしたのではなく、半ば無意識に記憶が書き換えられていたのだろうと思う。津波後の記憶が書き換えられている例はほかにも多く出会った。この地区で日本のNGOによる起業支援で開設した雑貨屋を訪ねると、迎えてくれた新顔の店主が、この雑貨屋は津波前から営業しておりNGOの支援で開いたものではないと教えてくれた。この地区は人口の流動性が高く、津波から三年半のあいだに入れ替わった住民も少なくない。いつまでも被

*3　モチモチの会を訪問した学際調査チームのメンバーには、モチモチの会は悪徳商法ではないかと批判的な意見を持つ人もいた。確かに、腹巻や靴下は通常のものよりもやや値が張り、しかも買っている女性たちもどうしても欲しくて買っているわけでもなさそうであり、歌や踊りで気分を高揚させて半ば騙すようにして高額商品を買わせているという見方も可能だろう。ただし、値が張るといってもそれほど高額ではなく、何よりも参加している女性たちが身も心も解き放たれた様子だったので、筆者はこれも広い意味でトラウマケアの役割を担ったと考えている。なお、モチモチの会はその後もしばらく同じ場所で活動していたが、数か月後にはバンダアチェ市内の別の地区で同じように商店ビルの一角を借りて活動していた。

災や復興の経験を語りついでばかりいられないということかもしれない。

2　土壌改良の試み――記憶に残る支援

ランバロスケップ村とは対照的に、北アチェ県の漁村のクアラクルト村では、津波後にドイツのNGOによって漁船供与と側溝整備と住宅再建が行われたことを三年経っても村人たちがとてもよく覚えていた。ドイツのNGOがこの村を支援対象にした理由として、一九七八年にこの村の沖合で起こった飛行機事故でドイツ人乗客が助かったというエピソードを、村の男たちがまるで昨日のことのように語ってくれた。[*4] 隣のマタントゥノン村でも、日本人による支援活動の話を聞きたいと言うとすぐに広瀬憲夫さんの名前が出てきて、この村で広瀬さんのカウンターパートを務めたイスマイル・ハサンさん（四八歳）を呼んでくれた。

広瀬さんは、北スマトラ州メダン市在住のキリスト教宣教師で、ご夫妻でメダンに長く在住している。[*5] 二〇〇四年の津波発生直後、知り合いのアチェ人が実家の様子を見に里帰りするのに付き添ってロクスマウェの避難キャンプを訪問した。はじめは何らかの支援活動をするつもりは特になかったが、避難キャンプの住環境の保全や健康管理のため、広瀬さんが日常的に使っていた有用微生物（EM）の利用を思いつき、避難キャンプを管理していた国軍の許可を得てEMを使用して効果を確認した。

避難キャンプの衛生状態の改善を手伝っているうちに、津波で潮水が入って作物が育たなくなった田をどうするかが村人たちにとって深刻な課題だと知った。EMにより土壌改良ができ

---

*4　このドイツのNGOに連絡をとったが、飛行機事故については確認できなかった。

*5　広瀬憲夫さん（日本バプテスト・バイブル・フェローシップ調布バプテスト・テンプル派遣インドネシア宣教師）は、一九八七年に日本バプテストバイブル神学校を卒業し、一九九〇年にインドネシアに派遣されて現在に至る。個人ウェブサイト：http://www.geocities.co.jp/mission indonesia/

ないかと考え、二〇〇五年三月、マタントゥノン村のイスマイルさんの土地で土壌改良の実験を開始した。この活動の話を聞いた国内外の人々から寄付が集まり、広瀬さんは活動を継続することになった。二〇〇七年三月にはＥＭ処理した田で稲刈りを行って土壌改良の効果を確認し、二〇〇八年五月、三年間で一四回の訪問の後、被災地の支援活動を広瀬さん個人から北スマトラ州のビンジェイ教会に移管した。

この村には三三二世帯で約九〇〇人が暮らしている。海岸まで約二キロメートルあり、海岸と村の間には数百ヘクタールの田がある。イスマイルさんによれば、津波はまるで黒いビニール袋が押し寄せてくるように海からやってきた。気づいた誰かが拡声器で「大波が来た」と伝えてみんな逃げ出したが、老人や子どもは逃げ遅れ、村人のうち一〇人が亡くなったという。

図７－２　津波で作物が育たなくなった田で土壌改良の実験を始めるイスマイルさんら

この村は天水利用なので米の収穫は年に一回で、灌漑が利用できれば年二回の収穫が可能になる。稲作をしないときは牛などの家畜を田に放っている。津波が起こったのは収穫直前の時期で、家畜も被害を受けた。

イスマイルさんの仕事は村役場の手伝いで、津波の後、田に海水やがれきが入り込んで途方に暮れていたところに広瀬さんが来た。広瀬さんからＥＭのことを聞き、効果はよくわからなかったけれど、自分の田で実験することにした。当時、村人たちは津波で無気力になっていた。自分がとにかく何かをしてみて、よい例を見せれば村人たちの励みになると思ったためだった。

> 広瀬さんは何度も村を訪れ、実験がうまくいかないと田の土をメダンに持ち帰ったりして、何度も試しながら適切なやり方を探して教えてくれた。最初に育った稲は通常より小ぶりで、穂はついたけれど実らなかった。その結果を広瀬さんに伝えると、ＥＭを最初の二倍の濃さで使うようにと指示された。そのころ、ほかの田でも田植えを始めていた。二度目の実験は収穫に至り、ほかの田より収量が十分に多かった。
>
> いま、田は休耕期。津波の後に国際移住機関（ＩＯＭ）が灌漑を作ってくれたので、水を引けば田植えが始められるが、灌漑を使うにはポンプの燃料代がかかる。ＩＯＭは燃料代を出してくれず、燃料代をどう負担するか村人の間で了解が取れていないため、灌漑が使えずにいる。一〇月になれば雨が降るので灌漑を使わなくても田植えができる。（イスマイルさん）

興味深いのは、雨の水に頼らなくても田植えができるようにと国際機関が灌漑を設置してくれたにもかかわらず、ポンプの燃料代をどうするかの折り合いがつかないといって灌漑を使わず、いずれ雨季になれば灌漑を使わずに田植えができるだろうという態度を取っていることである。支援を受けたものを何でもありがたがって使うわけではない。

広瀬さんはキリスト教の宣教師だが、支援活動に関わる契機は宣教活動とは無関係の個人的なものであり、知り合いが実家に帰るのに付いていっただけで、巻き込まれていくうちに支援活動が拡大した。当時アチェはまだ紛争中で、アチェ内でも紛争の度合いが激しかった北ア

チェ県に単身で乗り込み、国軍の了解を取りつけて支援活動を行うという行動力の高さが印象的である。メダンから北アチェに陸路で物資を輸送すると、途中で国軍やGAM兵士に車を止められて「通行税」を取られることが常態だったが、そのような状況で広瀬さんは、運んだのが物資ではなく技術だったためか、物資を取り上げられるでも身の危険を強く感じるでもなく、被災地訪問を繰り返した。[*6] 村人たちは、技術とやる気を与えてくれたことに感謝し、その経験をもとに自分たちでさらに活動を発展させていこうという動きが見られた。事業を終えても人々に語られ、受け継がれており、広瀬さんの活動は村人たちにとって忘れられない支援となっている。[*7]

3　住宅再建――駆け引きする被災者

被災者がどのようにして支援を受け止め、支援者とどのように駆け引きしているかを知るため、アチェの津波被災地で住宅再建支援を行った国連ハビタットが製作した映画『象の間で戯れる』[*8] をもとに考えてみたい。

アチェ州北海岸のピディ県バテー郡東グンティン村を舞台とする『象の間で戯れる』には、異なる考え方をもつ人々が一つの事業を進めていく上での難しさと、その過程での人々の駆け引きがよく描かれている。[*9] 考え方が異なる人々が一つの事業を進める場合、それぞれの論理を理解する人が間に立ってうまく橋渡しをすることが必要になる。この映画では、村長がそのような立場で奮闘する姿が描かれている。

＊6　ただし、帰路は日没までに家に着けるようにするなどして不用意に危険に巻き込まれないようにはしていた。

＊7　バンダアチェと北アチェの例は、自分たちを支援したNGOや個人を覚えているか忘れているかという点では両極端だが、それを都市と漁村という違いで理解するのは適切ではないだろう。クアラクルト村でも、津波のときに高さ九メートルの波に襲われたと村人たちが語っており、記憶の書き換えが行われていないわけではない。ランバロスケップ地区でも、集合的な記憶として住民の間で語り継がれていたわけではないものの、日本のNGO団体のことを覚えている人にも何人か出会った。

＊8　Playing between Elephants（アルヨ・

インドネシア語が通じずに「話がわからない」メキシコ人職員に代表される国連ハビタットは、すでに建築された部分に耐震強度が低い箇所を見つけると、大目に見てほしいという村人からの要求に対し、契約に照らしてだめなものはだめと言ってやり直しを指示する。これに対して村長は、悪いところを指摘して一部の人にやり直しさせる方法ではこの地域の人々は動かないとわかっているため、間に立って苦労する。

住宅再建よりも橋の補修を優先するという国連ハビタットの方針が出てくると、村長は村人に対して「前に来たNGOと同じだ、家を作ると約束するけれど実現しない……村人にどう説明しようか」と困った顔を見せる。しかも、それ以外はほとんど地元のアチェ語で話している村長は、この部分だけ共通語であるインドネシア語で話しており、カメラを通じて観客に聞かせることを意識している。

村人たちも支援者に対して黙っているわけではない。最後に国連ハビタットが完成した住宅の受け渡し式をしようとしても、村人たちは受渡し書に署名しない。これより前、村人たちは自分たちの要求を国連ハビタットに却下されていたが、最後に村人たちが署名しなければ国連ハビタットは事業完了の報告ができない。結局、国連ハビタットは村人たちの要求を一部のむことで署名をとりつけた。途中の交渉で譲っても、最後に署名しない限り交渉は終わりではない。

村人たちは村長に対しても駆け引きしている。この映画で、村長は村人に怒られ、疑われ、悩む存在として描かれており、村長の権威がないように見える。しかし最後に再び村長に選ばれている。村の人たちは彼を村の代表にしておいた方がいいと判断したということであり、文句は言うが村長にはしておくということでもある。

村の集会に出ているのは男ばかりだが、駆け引きするのは男性だけではない。最後に村の女

ダヌシリ監督、二〇〇七年）。

*9「象の間で戯れる」というのは、東南アジアに古くから伝わる言い回しをもじったもので、大きなものどうしが戯れたり争ったりすると、他愛のない戯れであったとしても、その間で小さきものが被害を受けるという考え方を下敷きにしている。ただし、この映画は、「象の間で戯れる」というタイトルのように、小さきものである村人たちは大きなものである国際機関やNGOにただ翻弄されているだけではなく、小さきものなりの戦略を持って対応しようとしている姿を描いている。

性が、自分の家に家具を持ってくるようにと脅し半分で伝えている。誰もが駆け引きをしながら暮らしている様子が描かれている。

ここで描かれているのは、現地社会の人々がそれぞれの思惑を持って行動している姿だ。被災者の住宅再建だろうが作業する以上は十分な報酬が必要で、サボったり怒ったりゴネたりといろいろな手を使い、そのため事業が予定通り進まなくても止むを得ないという態度をとる。支援者側が、家は家、橋は橋、生計は生計と分けて事業を進めようとするのに対し、現地社会の人々はそれらを分けずに全部ひっくるめて自分たちの生活水準の引き上げを狙っている。敢えて乱暴な言い方をすれば、現地社会の人々は復興を一つ一つ切り分けずに全体でビジネス・チャンスとして捉えていると言えるかもしれない。

復興事業をビジネス・チャンスと見るのは、支援者側の考え方とは大きくずれることだろう。支援者側は、恩の押し売りをする気はないにしても、支援を受ける被災者たちも精一杯働くのが当然だと考え、この映画のように支援を受ける側がいろいろと注文をつけると復興事業が予定通り進まず、支援する側もそれを受ける側も困ると考えるのではないだろうか。

人道支援の専門家は、この映画で描かれた東グンティン村を特殊で例外的な社会だと見るかもしれない。しかし、被災者は支援に精一杯応じるのが本来の姿で、報酬が少ないと文句を言ったり作業をサボったりするのは例外なのだろうか。決してそうではなく、どの社会でも多かれ少なかれそのような対応をするものだというのがこの映画のメッセージの一つであるように思われる。そしてそれは、多くの被災地でボランティアを巡る摩擦として報じられていることと重なるところがある。なぜ私たちは被災者がビジネスとしてではなく善意で共同作業することを前提としてしまうのだろうか。

それを考えるには、なぜこの映画では村人のさまざまな思惑や対応が見えているのかを考えるとよい。この映画に登場する国連ハビタットのメキシコ人職員は、被災地を訪れて建築中の家屋を視察し、建て直しを命じる。おそらく彼の目には、村人たちのさまざまな思惑や対応は見えていない。契約通りに進められていないため改善を指示しただけだ。

それに対し、この映画のカメラは人々の多様な対応をしっかり観察している。それは、カメラが無色透明で中立的な存在だからではない。国連ハビタット、地元NGO、村長、村人、作業員など、それぞれの論理を理解した目で見ているために鋭い観察が得られている。

津波被災者と紛争被害者

二〇〇八年一月、この映画の舞台となった東グンティン村の集会場で漁民のAさん（男性、五四歳）に話を伺った。

津波が起こった日、まず地震があり、海の波が引いたので海辺に魚を捕りに行った人たちもいた。海から数メートルもの高さの波が押し寄せてきたのでみんな走って逃げ出した。家は津波で全部流された。お年寄りや子どもには逃げ遅れて死んだ人も多かった。*10

助かった人たちは仮設住宅に入った。仮設住宅には東グンティン村からの避難民しかいなかった。仮設住宅に入って五か月して住宅の再建が始まった。作業員を雇うことになり、バテー郡内の他の村から来た人が作業員になった。国連ハビタットのプロジェクトで、全部で二五六棟建てた。資金は四か国が出したと聞いている。

仮設住宅にいたときは米や布地や古着の供与の支援を受けた。パンと乾麺の配給はこの時も

---

*10　東グンティン村は二〇〇〜三〇〇世帯で人口は約九〇〇人だったが、津波で一六八人が亡くなった。

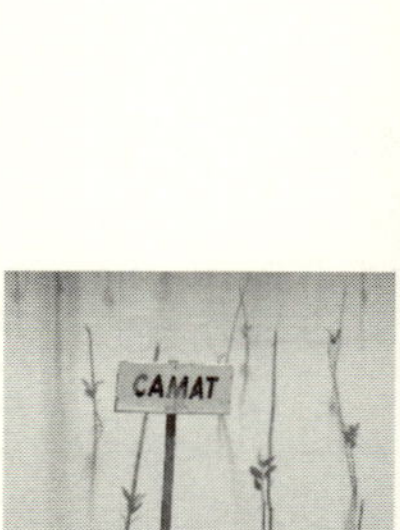

続いていた。住宅再建では地震に耐える家を作るために鉄骨の組み方を教えてもらった。船の支援は、手漕ぎの船の支援はあったけれど原動機つきの船の支援はなかった。*11

津波で船がなくなってしまったので遠くに漁に出られず、バンダアチェまで行って漁船に乗って生計を立てている人もいるけれど、村に残った人は手漕ぎの船でエビを取るぐらい。エビは養殖池があったけれど津波で使えなくなった。アジア開発銀行（ADB）が養殖地を再建したので、あとは潮が満ちて養殖池に水が張るのを待って稚魚や稚エビを入れるだけ。女性は敷物を作る仕事をしている。一つ編み上げるのに一〇日以上かかる。農作業の手伝いをすることもあるが、刈り入れ時に限られていて、収入が多いわけではない。せめてエビの養殖場があれば仕事になるが、働く手段がなくなって困っている。機会を待つしかない。（Aさん）

図7－3　東グンティン村の集会場で復興の様子を語るAさん

二〇〇四年のスマトラ島沖地震・津波では、震源がスマトラ島の西南海岸沖だったため、西南海岸のムラボやスマトラ島北端のバンダアチェは津波で大きな被害を受けたが、東グンティン村のある北海岸はスマトラ島を

*11　Aさんによれば、この村の住民の九割は漁民で、漁には原動機つきの船か手漕ぎの船を使う。津波の前、この村には原動機つきの船は大きなものが一隻、小さなものが六隻あった。大きな船は長さ一八メートル幅四メートルの二五人乗りで、使う網は長さ一〇〇〇メートルに及ぶ。小さな船は三～四人乗り。大きな船は、一度漁に出ると二晩から三晩は海に出たままで、ときには三〇〇マイル先まで行くこともある。捕れるのはカツオで、多いときには一度に二トン捕れる。シグリの近くの漁港で水揚げする。魚の値段は時によって違うが、一キログラムあたり一万六〇〇〇ルピアになることもある。

まわり込んできた津波の被害を受けたため、ムラボやバンダアチェに比べて被害規模は小さかった。このことが北海岸の被災地に二つの特徴を与えた。国内外から押し寄せた人道支援団体やジャーナリストの関心が西南海岸やバンダアチェに集中して北海岸にはほとんど向けられなかったこと、そして、西南海岸やバンダアチェへ支援物資を運ぶ幹線道路が北海岸を通っていたことである。北海岸部は、長年続いたアチェの分離独立運動で政府軍と独立派ゲリラの戦闘が特に激しかった地域であり、津波を契機に紛争は終わっていたが、紛争中に止まっていたインフラ整備や経済再建などの課題を抱えていた。津波でアチェに世界中から支援が寄せられたが、その多くは北海岸部の人々の目の前を素通りしていた。

北海岸にあるピディ県[*12]の副県知事によれば、津波から三年経った現在、経済分野とインフラ・上下水道の問題がある。ピディでは生活用水を川から採っているが、十分な量ではないし、水道設備に問題があるために水質が悪いという。

> 津波前後の変化として、津波の後に立派な家が増え、援助もたくさん来たというよい面もあるが、格差が大きくなっているという面もある。援助は沿岸部の津波被災者に集中しているが、この地域には紛争の被害者もいる。教育や心理的ケアの面では紛争犠牲者も支援を必要としている。紛争犠牲者が住んでいるのは内陸部の僻地なので、津波のための再建復興支援による恩恵を受けていない。津波被災地は県内の一三の郡で、それ以外の郡との格差が広がっている。紛争犠牲者は生業が立ち行かなくなっており、親の収入が下がったために子どもが学校に通えなくなって退学を余儀なくされている状況がある。支援が津波被災地に多く入った結果、津波被災者と紛争犠牲者の間の格差が広がりはじめている。トラウマケアが大切だというなら津波被災者より紛争犠牲者のほうがトラウマは大きい。（副県知事）

---

*12　ピディ県の人口は約三五万人。二〇〇七年に二つに分立してピディ県とピディジャヤ県になった。

4　支援現場に物語を――住民参加型から住民納得型の支援へ

記憶の書き換えが進むなか、失われていく記憶がある一方で、津波から三年以上が経っても記憶が失われず、むしろ集団で共有され、強化されている記憶もある。記憶が維持されている事例に共通しているのは物語があることだろう。物語では、起こったことが正確に語り継がれるとは限らず、多少の脚色が加わったりして、わかりやすい形で語られる。物語になることで、語っている人たちも納得するし、聞いた人々の記憶にも残る。その逆に、物語がないと人々の記憶に残りにくく、記憶が書き換えられたときに別の記憶に押しのけられて忘れ去られてしまったりもする。

被災者が物語を求め、ときに記憶の書き換えまで行っているのは、自分の身のまわりで何が起こっているかを納得したいがためにほかならない。納得したいのは未曾有の津波被害についてだけではない。その後に押し寄せた大規模な支援についても納得のいく説明を探している。忘れ去られる支援と忘れられない支援の違いはこのようなところにあるのかもしれない。

納得を得るには、支援事業のみ見るのではなく、支援事業を社会全体に位置づけることも必要となる。沿岸部と内陸部、津波被災者と紛争犠牲者の違い、地元出身か移住者か、被災前の経済状況はどうだったかなどの全体像を把握して、その上で個別の事業サイトを理解するということである。もっとも、現場の実務者は、支援事業を社会全体の中で位置づけることの必要性を十分理解しているようだ。アチェでの調査で、ＩＯＭや日本赤十字社の現場スタッフが

語ってくれた「現場が抱える最大の悩み」が印象的だった。支援事業全体の中長期的な方針がわからないと、現場ではどちらの方向にむけて調整すればよいかわからないために交渉力が低下し、支援対象者の積極的な参加を引き出しにくいという。

位置づけや方向性が必要なことは支援団体の本部も了解しているが、現場から離れており土地勘がない本部に支援事業の位置づけや方向性を求めるのは酷だろう。他方、現場のスタッフは日々の活動に追われており、位置づけや方向性まで考えている余裕はほとんどない。このような状況で、本部はドナー向けに説明しやすい報告を求め、現場では日々の対応に追われ、本部と現場の認識の溝が広がっていく。さらに、本部が行う事業評価では配給した物資に重複がないかなどの「数えられるもの」が中心となるため、現場で行われている有意義な工夫が掬いあげられることはほとんどない。その一例を挙げれば、スマトラ沖地震・津波で日本の支援団体のいくつかはあえて情報の少ないアチェ西海岸に入って活動を行い、紛争下で治安当局と交渉を重ねながら事業サイトを拡大していき、このことが軍事勢力による「囲い込み」を受けていたこの地域を開放することにつながったが[*13]、このような「数えられない」意義は人道支援業界の論理では評価されにくいようである[*14]。

現場のスタッフが支援事業の位置づけや方向性を求めているということは、支援活動を行う側も自分たちの活動に納得を求めているということである。その肝心の部分が本部と現場の間でうまく橋わたしされていないことも少なくないようだが、支援事業の位置づけや方向性、さらに「数えられるもの」以外の部分での評価などでは、人道支援業界の外部の専門性が活用できる部分も少なくないように思われる。

支援活動では、支援する側もされる側も納得を求めている。納得の形は社会によってさまざ

---

*13　本シリーズ第二巻第2章を参照。

*14　人道支援業界が何に価値をおいて事業を評価するかをめぐっては、日本の報道での取り上げられやすさが支援事業の方向性に影響を与える様子も見られ、マスメディアが果たす役割がかなり大きい。さらにその背景として国民の関心が報道の方向性に影響を与えていることも考慮しなければならないだろう。

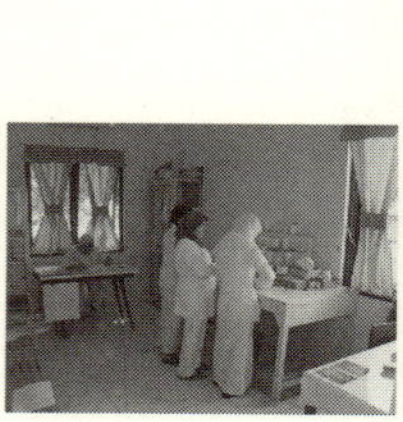

まに異なる。住民全体の集会で決めれば納得する社会もあれば、何らかの方法で選ばれた代表が集まって決めれば納得する社会もある。住民参加は納得を得るための重要な手段ではあるが、複数ある手段の一つでしかない。住民参加自体を目的にすると、形だけの住民集会ばかり行われ、肝心の住民の納得が得られないことにもなりかねない。住民参加型でなく住民納得型の事業を実施するためにも、そして現場での実務者の安全と納得を確保するためにも、「地域のかたち」を見る目が実務者にも必要とされるのではないだろうか。

第三部

流動性と想像力

津浪後は「旅の者によつて満される」等とまで言はれる。
（山口弥一郎『津浪と村』1943年）

第8章

人道支援とビッグデータ

物語や意味を掬い取る

災害対応と物語

右：スマトラ島沖地震・津波では地域の歴史や文化を記録した古文書が多く失われた（バンダアチェ、2005年２月）

本章下部の写真：インドネシアの被災地の人々、2005年８月～2010年３月撮影

これまで見てきたインドネシア（スマトラ）の事例から得られた手がかりをもとに、防災や人道支援の活動現場で活用可能な知見を引き出すにはさらに何が必要なのか。本章では、人道支援とビッグデータの二つの観点から考えてみたい。人道支援は慈善活動ではなく人道的見地にのっとって平等かつ均等に支援を提供し、ビッグデータはサンプル調査ではなく全数調査を可能にするという点において、どちらも普遍性や全体性が強く意識されている。いわば、無限の広がりを持つ単一の層で対象を覆うことで見えてくるものや得られるものを追求する立場であるが、そのような人道支援とビッグデータの有効性を高める上で広がりと重なりを意識することの意味を考えてみたい。

1 「受援力」をこえて――「外助」の功を生かすために

スマトラの災害対応の経験から私たちは何を学ぶことができるのか。これは、国連・国際機関や国際NGOを中心に行われてきた緊急人道支援を現地の文脈に照らしてどのように評価するか、そして、日本の経験や特徴を生かした国際協力や人道支援がどのように展開可能か、さらに、個人として被災者支援にどのように関わるのかという問いとも密接に関連している。

支援者の特性にあわせて要求する被災者たち

人道支援に関して、「地元社会の特性を考慮することは、復興支援では重要かもしれないが、緊急支援では必要ではない」という議論がある。人が生きていく上で必要な水や栄養の量

に地域差はなく、生死に関わる緊急支援の段階では文化や慣習などを考慮する余地はなく、文化や慣習を持ち出すと支援の妨げになる場合もあるとする考え方である。

社会的流動性が高いスマトラにおける災害対応の経験は、この見方に見直しを迫るものである。スマトラに暮らす人々の多くにとって、住居や生業は固定的なものではなく、機会に応じて頻繁に形態が変わる。住居の補修を自力で行うのは日常的であり、そのため、極端に言えば、地震に遭っても被災当日から住居の確保・再建が開始される。また、多くの人が日常的によりよい生業を探しており、被災直後から生業を探すことも一般的に見られる。学校で数年間の訓練を受けてから就職し、いったん職に就いたらそこで長く勤め、住居は建築業者が作り、多くの人はそれを買うか借りるかして住むというように生業や住居の形態がまだ比較的固定的な日本社会とは異なっている。社会的流動性が高いスマトラでは、災害からの復興過程も日本とは大きく異なりうる。[*1]

二〇〇八年に四川大地震を経験した中国は、緊急支援や復興支援を含む災害対応を一年間に圧縮して行ったとして世界を驚かせた。地震で崩れたがれきの処理が進められる一方で、住宅や学校の建設が完成し、さらに震災を記録する博物館まで開館し、これらの過程が一度に進んだ。この中国の経験は特殊な事例なのだろうか。緊急段階と復興段階を分けて、段階を踏んで復興していくという考え方は、被災前に十分に発展し安定した社会があったことが前提となっており、そこから「被災前の状態に戻す」という発想が出てくる。住居や生業が固定的でなく頻繁に形態が変わる社会で、この考え方はどこまで有効なのか。

スマトラの事例が示しているのは、住居や生業に関する流動性が高い社会では、被災者にとって緊急段階と復興段階が被災直後にほぼ同時に始まる可能性である。緊急・復興支援をビ

---

*1　日本では災害からの復興過程を時間の対数で区切った五つの段階から捉える復興カレンダーという考え方がある。被災からの生活再建は「失見当」「被災地社会の成立」「災害ユートピア」「現実への帰還」「生活再建・復興へ」の五つの段階を経てなされ、第一の段階は被災後一〇時間後まで、第二の段階は一〇〇時間後（二〜四日後）まで、第三の段階は一〇〇〇時間後（約二か月後）まで、第四の段階は一万時間（約一年後）まで、第五の段階は一万時間以降が目安とされる。詳しくは［林春男 2003］参照。

ジネス・チャンスと見るのも、緊急・復興段階を経済再建の段階と分けずに捉えているためだと理解できる。そうであれば、緊急段階と復興段階を分けた上で「切れ目のない移行」を求めるのではなく、復興支援の要素を含みながら緊急支援を実施することも必要かもしれない。

緊急支援について考える上でもう一つ重要なのは、インドネシアがボランティア社会の様相を呈していることである。インドネシアで災害が発生すれば、国内の他地域から行政や企業を含むさまざまな団体によって組織されたボランティアが被災地に派遣されて救援活動にあたることが一般的になりつつある。

緊急支援では、水や食糧、医薬品などの基本物資の配給が行われる。現在のインドネシアでは基本物資の緊急配給はかなりの部分が国内のボランティアによって対応できるようになっている。それでは、日本を含む国際社会からの支援者が災害直後に現地入りして緊急支援を行う意義はどこにあるのか。現地で手に入る物資を調達して配布するだけなら現地のボランティアに任せた方が効率がよく、日本人支援者にできることは日本国内で資金を集めて現地に届けることだという極論も出かねない。

この発想の前提にあるのは、緊急人道支援においては支援する側の個性や背景も考慮する必要がないという考え方だろう。人が緊急時に必要とするものが文化や慣習によらないのと同じように、支援者が誰でも支援内容は等しく意味を持つという考え方である。まず、これは、世界の他の国々（特に欧米諸国）が取り組んでいる緊急人道支援に日本も同じように取り組むことができるという考え方を支えるという積極的な意味を持っていることを確認しておきたい。

その上で、支援の現場では、被災者はすべての支援者に等しい支援内容を期待しているわけではないことに目を向ける必要がある。たとえば、二〇〇九年の西スマトラ地震の際に現地入

りして物資配給の緊急支援を行った日本の人道支援団体は、行く先々の支援現場で、地元住民や地元NGOから「日本は耐震技術が進んでいると聞いているので住宅再建支援を行ってほしい」と求められたという。このことは、スマトラの人々が災害対応における日本の特性を正確に見抜いていることを示している。

海外で大きな災害が起こったと報じられると、日本に暮らす私たちは被災地に対して関心と支援のまなざしを向ける。しかし、このまなざしは、私たちから被災地に対してだけでなく被災地から私たちに対しても向けられている。日本には災害対応に関してどのような経験と特性があり、どのような関わり方をしてもらえるのかが観察されている。

支援者の物語を求める被災者

災害が起こると外部社会から緊急支援や復興支援のために人が訪れる。外部社会が支援事業に関わることにはどのような積極的な意味があるのだろうか。*2

支援団体が積極的に支援対象社会に介入して変革をもたらす意図を持って支援を行うこともある。たとえば、日本に拠点を置く国際NGOの「難民を助ける会」は、災害時の緊急対応時に被災地入りすると、通常の支援活動に加えて特に障害者に対する支援を行うように心がけている。障害者はどの社会にも存在し、多くの社会において周縁化されていて、災害時にも緊急支援や復興支援においてほかの人たちが優先されることも少なくない。「難民を助ける会」が障害者への支援に焦点を当てていることは、被災地によっては現地社会であまり一般的でない考え方を外から持ち込んでいる面があるが、それをあえて行うことで従来になかった考え方を紹介することになり、そのことが外部社会による支援の意義の一つであると言えるだろう。

*2 山口弥一郎の『津浪と村』で三陸地方に伝わる「津浪後は「旅の者によつて満される」等とまで言はれる」という言葉が紹介されている。この地方は、これまで何度も巨大津波による被害に襲われ、集落全体、家族が全員命を落とすこともあった。そんなときは、養子に出ていた娘が戻ってきたり、ときにはその家とまったく血縁のない他人どうしの男女が夫婦となって家を継ぐこともあったりしたという。三陸地域の文化は、これらの津波後の「旅の者」の移入によって撹拌されながら形成されてきた［川島 2012］。

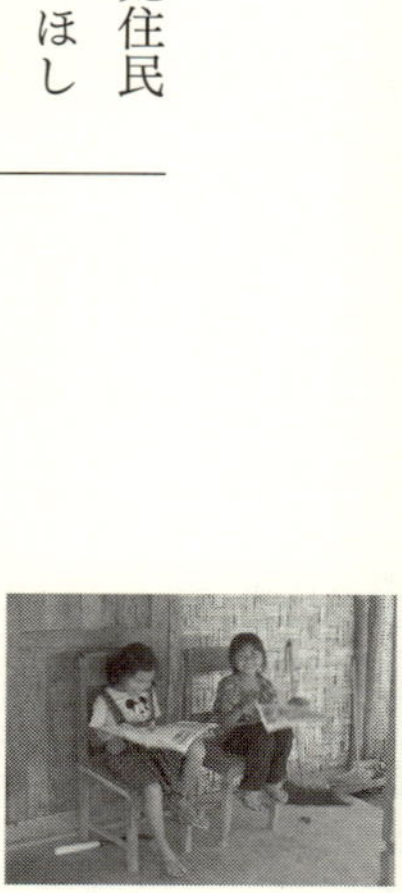

二〇〇四年のスマトラ島沖地震・津波および二〇〇六年のジャワ地震で被災者支援を行った台湾の仏教系慈善団体である仏陀慈済基金会（ブッダ・ツーチー）は、被災地に小学校を建設して供与するとき、インドネシアの学校の慣習にあえて従わず、朝礼台を作っていない。これは、学びの場では校長や教師が一段高いところにいて児童や生徒を教え導くという考え方への批判の意味が込められているという。ここにも、災害時の支援を通じて社会に積極的に働きかけようとする意図を見ることができる。

外部の支援者が支援対象社会に介入することは、その社会の外部にある規範に照らしてその社会を変えようとすることに繋がりかねず、そのため慎重であるべきだが、外部からの介入がすべて否定されるべきではないだろう。*3

インドネシアの被災地でインタビューさせてもらおうとすると、こちらの経歴や関心・専門について被災者から尋ねられることも多い。筆者は支援者ではないが、どんな人が支援者なのかを知りたいということは、支援される側にとって誰が支援しても同じということではなく、支援者がどのような人なのかが重要な意味を持っているということである。支援において重要なのは、支援によってやり取りされるモノだけでなく、支援を通じて意味や物語がやり取りされることである。*4

二〇〇四年スマトラ島沖地震・津波でアチェの人々はトルコとの関係を再強化した。バンダアチェ市郊外の海辺の村が津波でほぼ跡形もなく流され、トルコの赤新月社はこの村に七〇〇棟の復興住宅を建設した。この村を選んだ理由を、かつてトルコの軍艦がアチェに派遣されたときにこの村のそばの海岸から上陸したという縁がある土地だからと説明した。この村の入り口には立派なゲートが立てられ、そこには「トルコ村」と書かれている。行政上は村の正式な

*3 八ッ塚一郎と永田素彦は、コミュニティの復興に重要な「創造力」と「活性化」には異質な他者が必要であるとし、異質な他者としての災害ボランティアが被災住民とボランティアの双方に異質性の認識と変化をもたらす側面を重視する［八ッ塚・永田 2012］。

*4 災害からの復興過程を被災者とそこに関わる人たちによって意味づけられた物語とする見方は、たとえば［宮本 2012］を参照。また、［宮本・渥美 2009］は、被災者と外部支援者が新しい現実についての物語を協働により構築することで創造的な復興を試みているとする。

名称があるが、この村は「トルコ村」として知られるようになった。この支援を通じて、アチェの人々はトルコが兄貴分であるという物語を再び自らのものにした。

なお、復興住宅地に支援者の出身国・地域名をつけた例として、アチェにはほかにも中国赤十字社による「中国村」や台湾の仏陀慈済基金会による「台湾慈済村」などがある。二〇〇四年の津波では、これまで主に人道支援や経済開発援助を受ける側だった国々が支援する側にまわるという役割交替が見られた。これらの新興援助国・地域は、事業サイトに自分たちの国・地域の名前を大きく掲げるなど、支援業界の不文律に囚われない支援事業を展開している。*5

役割交替——受援力をこえて

世界のどこであっても、人道上の危機が生じれば、それが自分の所属する地域社会でなくても人類社会の一員として支援すべきという考え方がある。これは、個人的な関係や同情心から救いの手を差し伸べる慈善事業と違い、人間としての生活に必要な栄養水準や衛生状態を満たしていなかったり人権が守られていなかったりする状態があれば働きかけてその状態を解消する義務があるという考え方である。地域社会の個別の事情を考慮することなくすべての人を等質・等価に扱おうとする態度には、外部社会からの介入という側面がある一方で、伝統的な共同体の中で十分な保護の対象となってこなかった人々や規範からはみ出した人々に対して外部から生活水準を保証するという意味がある。

個人的な人間関係に基づくものでなく行政や金銭授受によって与えられる便宜を「サービス」と呼ぶならば、サービス対象の拡大と技術の向上は意図しない問題を招きうる。サービス提供の専門性を高めるほど、サービスを通じた関係はサービスの授受に限定される関係にな

*5　日本はスマトラ島沖地震・津波の被災地に復興住宅を含めてさまざまな支援を行ったが、日本の国民からの支援であることは小さなプレートに控えめに書かれている程度である。

る。提供者ごとにサービスの質が変わることを避けるため、サービスを提供する側は自身の個性を消そうとする。その結果、サービスを提供する側は、なぜ自分がこの人にこのサービスを行うのかという「わたし」の物語を失いかねない。また、誰にどのようなサービスを提供するのかを公平かつ平等に明示するには、サービスを適切に提供するために必要な条件を提示することになる。サービスを受ける側も、サービスの効率を上げるため、サービスを受ける心構えや工夫や技術を身につけることが求められる。このように効率を追求した結果、効率的にサービスを受ける技術を備えていることがサービスを受ける条件と重ねて見られるようになる。

東日本大震災後の日本では、支援を効率的に受けられるかどうかを示す「受援力」という言葉が使われるようになっている。この言葉は積極的な意味で使われることが多いようだが、この考え方が高じると、条件を満たさないために支援が十分に得られなかった人に対して、不利益を受けても仕方ないとする「自己責任」の考え方に繋がりかねない。

ここで考えるべきことは多くあるが、一つの例として、サービスを提供する側とされる側の役割分担の固定化の問題について考えてみたい。災害時に緊急支援を行うボランティアは、ふだんはそれぞれ仕事をしている市民が、災害に際して支援者の役割を担って支援活動を行うものである。専業の災害対応の支援者ではないので、支援者としての専門性や経験は低く、また、誰もが支援者になりうるために個々の支援者の質のばらつきが大きいという点で、人道支援団体とは性格が異なっている。しかし、このような災害時のボランティアという仕組みは、そこに関わる一人一人を見たとき、災害時に常に支援されるのではなく、ときに支援する側にまわるという役割交替が見られ、支援の効率性だけでなく社会の復興まで考えるならば重要な意味を持つ。

この考え方は、数値で表しにくい人道支援のような事業の成果をはかる上でも応用可能である。人道支援団体では、活動資金を提供する政府・企業や市民に対する説明責任を果たすため、外部の評価者による支援事業のモニタリング評価を行っている。その際に、数えられるものに力点を置きすぎると、物資の配給に重複や漏れがなかったかといった側面にばかり評価の目が向かうことになる。そうかといって、受益者の満足度をはかることに力点を置いても、数値で示すことが難しいため、被災地の子どもたちが支援団体のロゴの入った旗を振って笑っている写真を報告書に並べることになりかねない。もっとも、これは支援団体の問題というより、支援団体の活動を理解して適切に評価するという点において、それを報じるマスコミや研究者の、そして究極的には市民一人一人の支援活動に対するリテラシーの問題でもある。人道支援を評価する際には、相手が必要とするものをどれだけ提供できたかだけでなく、支援する側と支援される側で「役割交替」がどれだけ行われたか、あるいは、支援対象者との関係において支援者が「支援を与える者」以外のどのような役割を担ったかを見るといった評価のあり方も考えられるのではないだろうか。

2　「地域の知」――ビッグデータから世界を読む

限られたデータから全体像を把握する

現地で収集した多種多様なデータをどのように整理・分析すればよいのか。入手可能なデータ量が飛躍的に増えるにつれて、情報技術を積極的に活用した効率的な情報処理も試みられて

いる。現実社会の事例を対象とするためにデータの収集や分析に制約があることを前提として、限定的なデータをもとに対象の全体像の把握を試み、しかも限られた処理時間のうちに何らかの結論を出すことが求められている。ここでは、情報学の方法を用いることで、限定的なデータから全体像を把握することについて考えてみたい。

限定的なデータをもとに全体像を把握するには二つの異なる方法がある。一つは、分散して存在するデータを横断検索等によって統合することで情報の全体性を高める方法である。このような横断検索を可能にするには、年号や地名のように時間や空間に関するデータを網羅的に集めた基礎データベースが必要となる。いったん基礎データベースが完成すると、与えられた任意のデータをその中に位置付けることができるようになる。ただし、そのような基礎データベースの作成には膨大な時間と手間がかかり、専門に実施する機関でなければ実現しにくい。また、網羅的な基礎データベースを作るには、そこに盛り込むべきデータが有限個であることが保証されていなければならない。そのため、この方法が効果を発揮するのは、対象となるデータが有限個であり、しかもデータベース構築と分析にかかる時間の長さを気にしなくてよいような事例、たとえば古典文芸作品の全文データベースによる語彙分析のような研究になる。このような基礎データベースは、辞書や地図と同じくそれ自体が何らかの分析を与えるものではなく、収集したデータ全体の見取り図を与えるものであって、それらを括ったりして分析するには別の方法が必要となる。

もう一つは、災害・病気・事故などの突発的な出来事や、選挙や暴動などの政治的出来事のように、現在の世界で発生し、一定期間内にデータ収集と分析が求められるような事例に対して、断片的で不完全なデータをもとに、限られた時間で対象の全体像を組み立てる方法であ

る。現在生じている事例を対象にする場合、関係するデータが日々増え続け、データを有限個に固定できない。また、インターネットによりデータ収集が容易になったが、インターネット上のデータの多くは一定期間を過ぎるとアクセスできなくなるという課題もある。出来事の発生と同時に急速に増え続けるデータを効率的に収集し、一定期間内に全体像を把握して何らかの分析結果を出すには、網羅的な基礎データベースを整えてからデータを収集・分析する方法では十分に対応できない。

ここでは、自然災害の発生時における被害と救援・復興に関するデータの収集と共有を念頭において、さまざまな制約がある状況でデータを効率的に収集し、分析するための工夫について考えてみたい。

地震情報の地図化——データの中身を読むデータ解析

データの形式が決まっており、特定のデータ部分だけ差し替えられるのであれば、それを自動的に収集・整理する方法は比較的簡単に利用可能である。たとえば、気象庁が発表する地震情報は、

××年××月××日××時××分 気象庁発表
××日××時××分頃地震がありました。
震源地は××県××（北緯××度、東経××度）で、
震源の深さは約××キロメートル、地震の規模（マグニチュード）は××と推定されます。

のかたちで発表され、××にあたる部分だけが地震ごとに差し替えられる。このような定型のデータであれば、震度、時間（年月日と時刻）、位置情報などを機械的に抽出して地図上に表示

することは技術的にそれほど難しくない。

これに対し、新聞記事のような非定型のテキストを処理する場合は難しさが増す。一つ一つのデータに対して0か1か、あるいはプラスかマイナスかという二者択一とは異なる情報を機械的に読み取るには、まず私たちが日常的に使う話し言葉や書き言葉のかたちで書かれたテキストの内容を読み取る必要がある。そのためには、それぞれの文字をどのように認識するかとか、文をどのように区切れば単語ごとに取り出せるかとか、各単語の原形は何かといった判断をしなければならず、文を形態素に区切ったり類義語の辞書を用意したりといった自然言語を解析する技術も必要となる。*6

新聞記事をテーマ別に分類するには、テーマごとの語彙リストを、日本語、英語、現地語などの言語ごとに作る必要がある。防災の分野には防災用語の各言語の対照表があるが、それは専門家どうしが使う対照表であって、日常会話で使われる言葉に近い新聞記事の分類にはほとんど役に立たない。単純な機械翻訳や辞書も不十分であり、現地社会での文脈に応じて語彙リストを作ることが必要である。また、インドネシアで日常生活でほとんど使われていなかった「レラワン」（ボランティア）や「ツナミ」という言葉がスマトラ島沖地震・津波以降に日常的に使われるようになったように、語彙リストは新聞記事などを通じ常にアップデートしていく必要がある。単語の意味がわかっても、文脈をどう捉えるかという工夫も必要になる。分野ごとにキーワードの一覧を作って記事を分類したり、地名から位置を割り出したりすることは可能だが、たとえば「揺れ」という言葉が入っていたら地震の記事として分類するとした場合、「国会が大揺れ」という記述があったとき、実際は地震ではなく議論が紛糾してまとまらなかったのだとしても地震の記事として分類されてしまう。*7 新聞のような書き言葉ではなく、日

*6 インドネシア語がわかる人が機械翻訳の結果を見ながら日本語とインドネシア語の対応表現リストを作ることが試みられている。インドネシア語は、分かち書きされるので単語の区切りは明らかだが、接頭語・接尾語による派生によって品詞が変わる点に工夫が必要となる。なお、現在ではほとんどの文書がローマ字で書かれているが、二〇世紀初頭まではアラビア文字で書かれていた。また、一九七〇年代に旧綴りから新綴りに切り替えられた。インドネシア語は基本的にインドネシア全域で通じるが、地方語が使われているところも多く、一部の地方新聞では地方語の単語が多く入る場合もある。さらに、若者言葉や都会言葉などもある。

*7 インドネシアの新聞では国の呼称がしばしば別名で記述

常用語や会話表現によって表現されたツイッターなどの記事を読み解くことはさらに難しくなる。

ツイッターの記事分析でも、記事の内容を分析する方法はまだ決定版といえるものが得られておらず、一件の記事を内容にかかわらず一件と数え、記事が発せられたか否かという情報を得るか、せいぜい「いいね」「ないね」といった好悪のどちらかに振り分けて処理するものが多いようである。現在の技術では、ビッグデータを扱うにはその程度の処理にとどめないと必要な時間内に意味のある結果が得られないということでもある。*8

さらに、仮にテキストの文法的な意味が機械的に解読できたとしても、文脈を踏まえてそのテキストが示す意味内容を把握できるとは限らない。ただし、これはテキストの機械的な解読に限らず、支援の現場で起こっていることにも通じるものがある。二〇〇六年のジャワ地震では、インドネシア政府や外国の支援者が被災地で救援復興活動に取り組んだ（第3章）。支援者たちは、新聞記事や対面調査を通じて被災状況に関する情報を入手し、必要であれば通訳を介して、その言葉を文法的に適切に理解できた。しかし、地域社会の文脈に通じていなければ、その言葉が何を意味しているか十分に理解できず、場合によっては逆のメッセージを受け止めることにもなりかねない。同様に、被災者も、支援者が前提とするルールや発想に十分に通じていなければ、支援者が与える説明を文法的に理解できたとしても、その意味する内容を適切に理解できるとは限らない。

「地域の知」を捉える

データを収集して分類する上では、情報の広がりと重なりを意識することが大切である。外

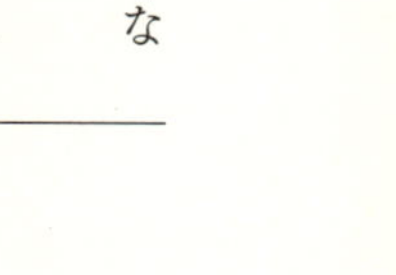

されるため、国名だけで検索するとその国に関する記事を見落とすことがある。たとえば、日本は「桜の国」や「日の出る国」、インドネシアは「農業国」や「赤道のエメラルド」、アメリカは「サムおじさんの国」や「超大国」などと書かれる。このほかに、マレーシアの「隣国」、タイの「千の仏塔」、シンガポールの「千一の禁止事項」などがあり、慣れていないとどの国を指すのかわからず、国名を指しているのかどうかさえわからないものもある。

*8　インターネット上の記事（発言）には、別の記事を転載するだけの記事や、別の記事に対する共感の評価だけ記した記事も含まれる。ある記事に対する転載や共感が多いことはその記事の注目度が高いことを示すが、その記事の信憑性や信用度

国の災害対応に即して言えば、現地語の翻訳も重要だが、それと同じように現地社会の人々がどのような関心で対象を分類して認識しているかを知ることも重要である。筆者らが災害地域情報のマッピング・システムについて紹介し、アチェの人々と活用方法を検討するワークショップを二〇一一年一二月にアチェ州で開催したところ、アチェ側の参加者から「大きな災害」ではなく「小さな災害」も扱えるようにしてほしいとの要望が出された。「大きな災害」とは、わかりやすく言えば死者が出る災害のことを指し、全国紙やテレビで報じられて政府・社会や外国の関心を一定程度集める災害のことである。これに対して「小さな災害」とは、たとえば雨で橋が壊れて渡れなくなるとか、崖が崩れて道が通れなくなるとか、火事で学校の校舎が焼けて教室が使えなくなったというものを指す。地方紙では報じられるので地元の人々はみな知っているが、全国紙やテレビでは報じられず、全国規模で政府や社会から関心が寄せられることはほとんどない。しかし、たとえば道が通れなくなると水源まで水を汲みに行くのが難しくなって衛生状況が悪化するとか、作物を搬出できないために日々の収入がなくなって生活必需品が入手できなくなるとかいった影響が生じ、間接的に生活水準を悪化させることもある。さらに、このような「小さな災害」の解決を自助努力にまかせて放置しておくと、地域社会の不満が高まり、放火や窃盗などの犯罪の度合いが高まる可能性も指摘されている。どこにどのような「小さな災害」があり、それが解決されたかどうかについての情報を人々の目に見える場所に置いておく仕組みは、行政に対応を促すための直接・間接の圧力として意味を持つというのが提案理由だった。

これまで繰り返し述べてきたように、社会の様子を把握するには情報の広がりと重なりを意識することが重要である。すなわち、地域的な広がりと分野・関心の重なりだが、どちらも特

が高いことを意味するとは限らない。ツイッター記事のような情報をビッグデータとして扱うには、もとの記事、それを転載した記事、もとの記事を参照して情報や意見を付け加えた記事をいずれも一件として等質・等価に扱うのか、それとも別のものとして処理するのかを考える必要があるだろう。

定の文脈を持つ範囲であるという共通性を持つため、あわせて「ドメイン」と呼ぶことにしよう。インドネシアやアチェ州といった地域社会もドメインだし、テーマ・分野もドメインである。特定のドメインに依存したデータベースや検索システムを構築すると、他のドメインに応用できず、データが孤立してしまうとして、情報学ではなるべくドメインに依存しない普遍性の高いデータベースの設計が目指されてきた。しかし、第一部で見たように、関心はドメインごとに異なるため、はじめから普遍性の高い設計を目指すと、データは統合されても、結果としてどのドメインの利用者にとっても意味や物語を引き出しにくいものになりかねない。ドメインごとに意味があるシステムを構築し、それを統合して全体像を構築することで、全体としてもドメインごとにも意味を持つシステムの構築が求められている。

地域社会や専門・関心などのドメインごとに情報の束を捉える仕組みを作り、それらを統合するためには、異なるドメインを繋ぐための「翻訳」が必要になる。図式化すれば

（ドメインごとのシステム開発）×（翻訳機能つき横断検索）

となる。これにより得られるものは、地域社会に根ざして世界を捉える「地域の知」を情報技術を用いて表現したものとなる。

「地域の知」を実現するには、まずドメインごとに意味を束ねる仕組みを作らなければならない。地域や関心・専門が異なれば意味を束ねる方法が異なるため、分野や業種を超えて意味の束を抽出するのは簡単ではないが、災害対応のような緊急時には分野や業種を超えた協働が成り立ち、ドメインごとの意味の束を繋ぐ糸口を見つけやすい。その際に、現実の世界で繋ごうとするのが防災や人道支援だとすれば、意味（物語）の世界で繋ごうとするのが地域研究で

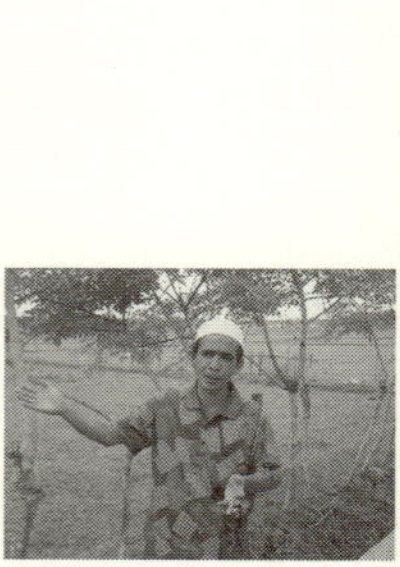

あると言える。防災も人道支援も、それぞれ専門家はいるが、専門家に任せるだけでなく一人一人が防災や人道支援の意識を持って日常生活を送り、災害時にはボランティアの役割を担えることが大切である。地域研究も同様に、専門家にすべて任せるのではなく、一人一人が地域研究的な意識を備えて日常生活を送ることが大切だろう。

経験の可視化――経験に根を張るコミュニティ

情報の広がりと重なりを知ることでデータを地域社会に位置づけることができるが、その逆に、情報の広がりと重なりを考えることを通じて、データが置かれた地域社会のかたちを知ることができる。意味の束から物語を読み解くことに関連して思い浮かぶものに、災害などの証言集がある。インターネット上で利用できる証言集として、地図上に証言者の顔写真を紐付けして、顔写真をクリックすると証言内容がテキストデータや画像、動画などで参照できる仕組みがある。[*9]

現在見られる証言集アーカイブの多くは、それぞれの証言がいつ、どこで、どのような人によってなされたかといった情報をもとに、各証言を地図上で表現するものである。証言者や証言が行われた日時・場所の情報は証言内容と別に与えられており、それをもとに証言が分類されたり地図上に位置づけられたりする。また、証言集の性格として、その場に居合わせた当事者が経験した事態をどのように受け止めたかという情報としての価値があり、証言の内容が歴史的事実として正確であるかどうかは個々の証言の価値を大きく左右しないという了解があるようである。

経験を可視化し、共有する上では、経験をどのような情報と結びつけて表示するかが重要と

*9　広島原爆の証言集を含む「ヒロシマ・アーカイブ」(http://hiroshima.mapping.jp/)、長崎原爆の証言集を含む「ナガサキ・アーカイブ」(http://nagasaki.mapping.jp/)、沖縄戦の証言集を含む「沖縄平和学習アーカイブ」(http://peacelearning.jp/)、東日本大震災の証言集を含む「東日本大震災アーカイブ」(http://shinsai.mapping.jp/)などがある。

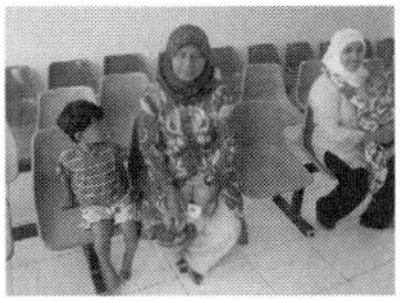

なる。そのことを図式化して考えてみたい（図8-1）。証言を土地に紐付けし、根付かせることで証言が現実世界に紐付けられる。証言の内容の意味を掘り下げるには、その証言がなされた土地（地域）について掘り下げるアプローチと、証言者自身について掘り下げるアプローチがある。地域は複数の層から成り、最も新しい層には震災による被害や復興の経験が積み重ねられ、復興が進む過程で増えていく。その下には、被災前から続いている地域の状況がある。地域の状況は地域ごとに異なるが、たとえば、政治・経済（個々の被災者の生業は復興したか、それを支える行政手続きは十分に機能しているかなど）や生態・環境（生活・生態環境は復旧したか、農地は回復したか、交通網は整備されたかなど）の層があり、さらにその下には、政治・経済や生態・環境の変化を越えて蓄積されてきた歴史・文化の層があるかもしれない。復興を考える場合には、その地域の災害前の状況を踏まえて、それぞれの層に対応した復興が必要となる。

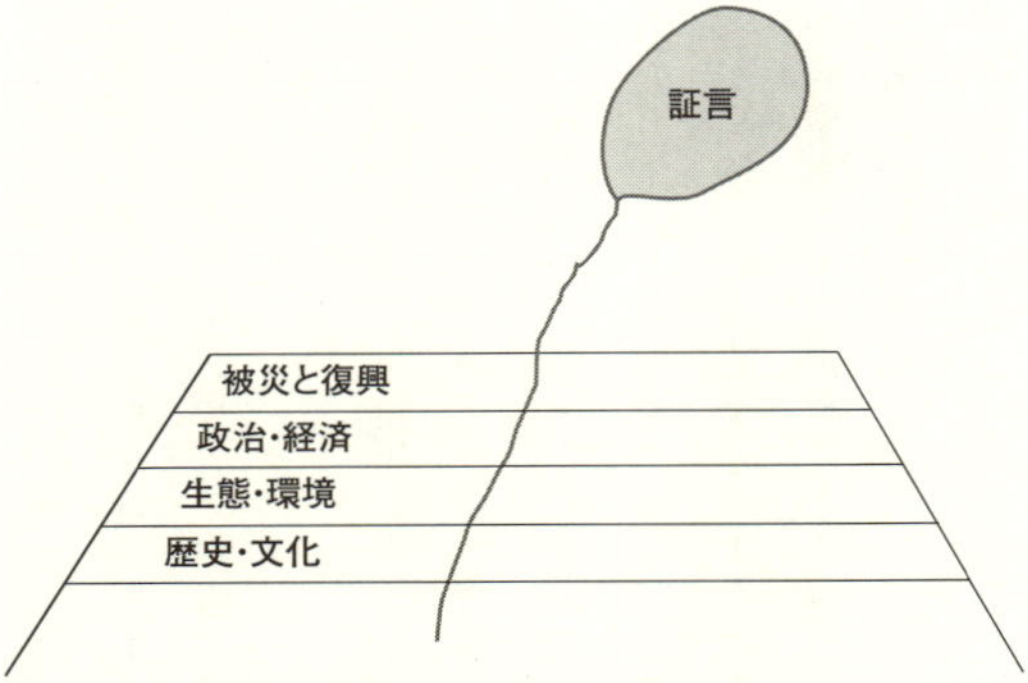

図8-1　証言は地域社会の各層に根ざしている

　これらの多様な層によって成り立つ「地域のかたち」を踏まえることで、地域の文脈に照らした証言の意味をより明確に捉えることができる。同様に、証言者について掘り下げることも重要である。被災時に証言者が何を経験し、その経験が証言者にとってどのような意味を持っているかは、証言者が被災前にどのような人生を歩んできたかによって違ってくるし、被災後

にどのような経験を経てきたかによっても影響を受けるかもしれない。被災は一回限りの出来事であっても、また、ときが経って被災者としての立場を脱したとしても、一人一人の生のなかに被災の影響は残っており、それらが合わさって地域のかたちが作られていく。

3　経験の共有――デジタル・アーカイブとデータベース

アチェ災害情報データベース

ここまでは主によそ者が被災者の物語をどのように読み解くかを考えてきたが、ここからはよそ者が被災者とともに物語を紡ぐことについて考えてみたい。ビッグデータと人道支援の時代では、紡ぎ出される物語の担い手は地元社会の人々に限られず、よそ者であっても当事者として物語の担い手になりうる。地理的に離れた状況で当事者性を確保するための工夫の一つとして情報技術の活用が注目されている。

スマトラ島沖地震・津波では、未曾有の被害および復興の経験をどのように記録し、他地域や後世の人々にどのように伝えるかが課題となっている。その背景には情報の多さや多様さがある。二〇〇四年には一般の人々の間で携帯電話などで写真や動画を撮ることが普及していたため、津波やその直後の様子を撮った写真や動画が多く見られた。また、復興再建庁はアチェの復興再建過程に関わるデータを紙媒体で保管しており、それを移管された文書館の資料収蔵のために新たに建物を一つ建設した（図8-2）。

被災と復興の経験を世界の他地域や次世代に伝えるため、津波後のアチェではデジタル・

図８－２　文書館には復興再建庁の資料約62,000箱が移管された

アーカイブとデータベースが注目されている。大規模な地震災害に繰り返し見舞われてきたインドネシアでは、災害地域情報を整備することで災害に対応しようとする動きが生まれており、国家災害対策庁や国家開発庁もデータベースの整備を積極的に進めてきた。なかでもアチェでは、過去の災害に関する情報を収集・統合して災害リスク・マップを作成し、関係する諸機関が災害に関する情報をもとに防災や社会開発に取り組む環境整備が進められている。そのようなデータベースの一つに、シアクアラ大学津波防災研究センターが開発しているアチェ災害情報データベース（ＤＩＢＡ）がある。

アチェ災害情報データベースは、一九〇七年以降にアチェで起こった災害に関する統計や地図情報を集積している。地震・津波だけでなく、アチェで発生頻度の高い洪水や火事などの情報を郡単位で集積して地図上で表現しており、災害が起こりやすい地域や平時と災害後の土地利用状況などのデータをオンラインと紙媒体の双方から照合できる仕組みがつくられている。

アチェ災害情報データベースをもとにした災害リスク・マップの作成も進められている。災害リスク・マップを提言や実際の行動に繋げるため、政府、学術界、ＮＧＯ、住民の四者の密

接な連携を助けるものとして、オンライン上のデータベースである災害リスク・マネジネント情報システム（DRIMIS）の開発が取り組まれている。災害リスク・マネジネント情報システムはアチェ災害情報データベースを組み込んだ統合的なデータベースで、災害発生時に被害を受けている地域に関する情報を関係各機関が共有できる仕組みの構築を目指している。

同じころ、日本では別の目的でアチェの災害情報のデータベース構築が試みられていた。筆者が所属する京都大学地域研究統合情報センターでは、中越地震の被災地でつくられた中越災害アーカイブ（CHARGE）[*10]を基礎に、インドネシアの状況にあわせた表現や構成を工夫して災害地域情報マッピング・システムを開発していた。

災害地域情報マッピング・システムは、スマトラ島沖地震・津波の際に、インドネシア語の情報は早くから出ていたけれど英語の情報はなかなか出てこなかったため、英語で情報を得ている人たちが現地の被災状況の把握に手間取ったことを踏まえて、インドネシアの新聞社が配信するオンライン記事のうち災害に関するものを自動収集し、それを一枚の地図上で表現することで、災害が発生したときに被害や救援の状況を一目でわかるようにしたシステムである[*11]。記事中の単語をもとに被害や支援内容などのジャンルに分け、また、記事中に現れる地名をもとに地図上の地点に情報を紐付ける仕組みである。オンライン記事のほか、現地で撮影された画像、現地調査メモ、関連文献なども地図上に紐付け、災害対応に関する情報を総合的に提示することができる[*12]。

日本では、東日本大震災を契機にインターネット検索企業などにより同様のサービスが実用化されているが、日本と違って地図・地名一覧や災害情報が十分に整備されていない地域では、先進国の災害情報収集の仕組みをそのままでは適用できないことが多い。本システムは、

---

*10　社団法人中越防災安全推進機構が運営する。システム構築は株式会社ターニングポイントとマルティスープ株式会社による。http://map.c-bosai-anzen-kikou.jp/

*11　第2章で紹介したスマトラHPを発展させ、オンライン記事の収集と分類を自動で行うもの。

*12　自動収集したオンライン記事は、エクセル・ファイルのデータとしてダウンロード可能である。

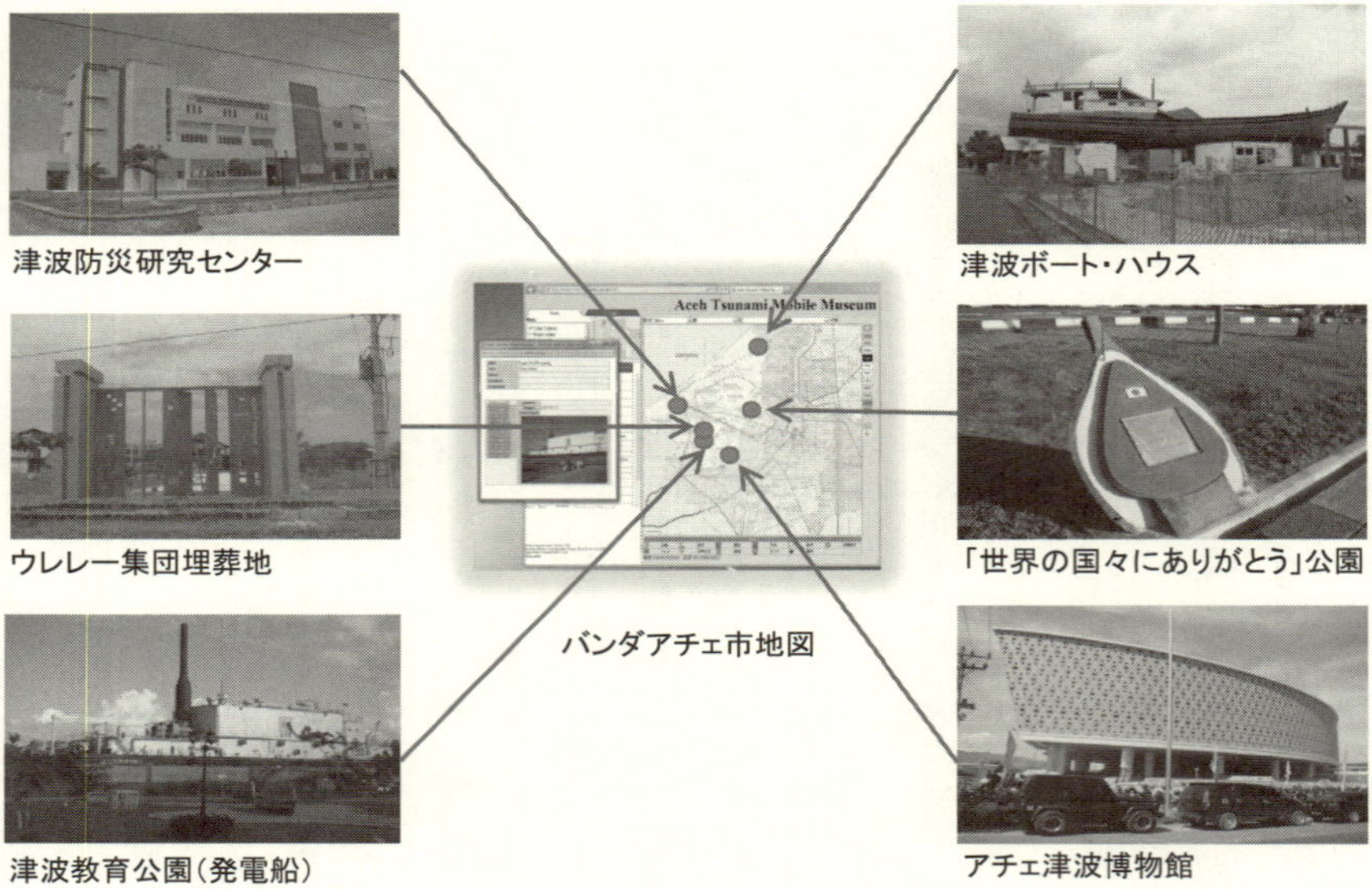

アチェ津波モバイル博物館のトップページ（中央）と、その地図上に紐付けされたさまざまな情報の例

A. バンダアチェ市内の大モスク付近の商店街

B. 大アチェ県ランプウ地区の住宅地（現「トルコ村」）

同じ地点の異なる時間の写真が掲載されており、時間の経過とともに復興が進んでいく様子を見ることができる

図8－3　アチェ津波モバイル博物館より

情報インフラの整備が進んでいない地域を対象とした災害情報収集の仕組みである。インドネシア語の記事を分類するためにどのようなキーワードを設定すればよいかなどの点で工夫が必要となる。

このシステムの開発は、京都大学地域研究統合情報センターがシアクアラ大学の津波防災研究センターおよび大学院防災学研究科と共同で進めてきた。アチェの大学、政府、医療、NGOなどの関係者や津波後世代の若者たちとバンダアチェや京都で会議を重ね、どのような情報をどのように発信すると意味があるかを検討してきた。その過程で、日本側の意図としては、主に防災・人道支援分野での実用化を念頭に置き、日々の情報を収集して災害発生の緊急時に状況が即座に把握できることを望んだのに対し、アチェ側からは、前述の「小さな災害」のほか、防災ツーリズムに活用できるようなツールにしてほしいことや、アチェの人々も自分たちが持っている情報を登録できるシステム設計にしてほしいことなどが要望として出された。これを受けて開発を進めてきたのがアチェ津波モバイル博物館である（図8-3）。

アチェ津波モバイル博物館

アチェ津波モバイル博物館は、二〇〇四年スマトラ島沖地震・津波に関連する情報を一枚の地図上で表現してインターネット上で見られるようにしたもので、アチェの津波による被害と復興の過程を記録したデジタル・アーカイブである。「モバイル博物館」と聞くと、博物館の展示物を各地に巡回させるスタイルが思い浮かぶかもしれないが、アチェ津波モバイル博物館はそれとは異なり、津波被害の現場をそのまま博物館に見立てるという意味でフィールド博物館に近く、モバイル端末を使ったフィールド博物館と言うこともできる。アチェ以外の場所に

図8－4　アチェの大学院生らにデータベース作成の講習を行っている筆者

いながらインターネットを通じてアチェの復興過程を参照できるだけでなく、実際にアチェを訪れ、スマートフォンなどをかざすと目の前の景観の被災直後から現在までの様子が画像や文章で提示され、町全体がオープンな博物館になる仕掛けである。津波で家に乗り上げた船などのように見てわかりやすい津波遺構は残されることもあるが、人々が生活している町並みは復興過程で変わっていき、津波の形跡はすぐに消えてしまう。しかし、被災と復興の経験はそのように日々変化していく生活の中にこそ刻まれている。ただし、変化を記録するために町並みをそのまま保全すれば、その時点で復興過程をピン止めすることになってしまう。日々の生活の中で変化していく様子を仮想空間上で記録することで、いつでも記録を呼び出し、未来にわたって被災と復興の経験を共有する助けにしたいというのがアチェ津波モバイル博物館の発想である。*13

また、アチェの人々が自分の持っているデータを登録できるように、データベース作成の専門的な知識がなくても簡易データベースを製作し公開することができるツールとして京都大学

*13 ジャン=リュック・ナンシー［ナンシー 2001］とモーリス・ブランショ［ブランショ 1997］は、分かち合い、ともに生きることを目指す社会が求められる背景について、「不在のもの」「喪失」といった動機があると論じる［鈴木 2013: 217］。また、鈴木謙介は「失われた」という意識こそが共同体を具現化するとしている［鈴木 2013:217］。

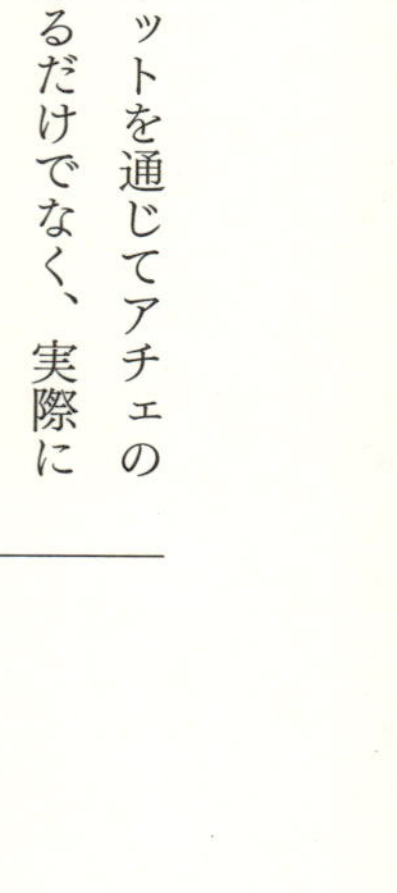

図8－5　アチェ津波アーカイブより

地域研究統合情報センターが開発しているMyデータベースを組み込むよう開発を進めている。

アチェ津波アーカイブ

アチェ津波モバイル博物館を実現するにあたっては、インターネット上で仮想のアチェを立ち上げることと、アチェの現場でスマートフォンをかざすと端末にデータが表示される仕組みが必要である。しかも、一般の利用者に使いやすいものにするためには、高い操作性とデザイン性が求められる。

図8－6　バンダアチェ市内でアチェ津波アーカイブを試している地元の大学院生らおよび共同制作者の渡邉英徳氏（後列右）（提供　朝日新聞社）

この課題にこたえるのが、アチェ津波モバイル博物館のデータをもとに、仮想地球儀（グーグルアースを利用）の上でアチェの被災地を再現する仕組みとして開発されたアチェ津波アーカイブである[*14]（図8-5）。広島や長崎の被爆者の証言集などの記録をデジタル・アーカイブ化してきた経験を持つ首都大学東京の渡邉英徳研究室との共同で開発され、筆者らが被災直後から毎年撮影しているアチェの景観写真や津波被災者の証言集をもとに、被災から今日までの様子を簡単な操作で閲覧することができる。また、スマートフォンなどのモバイル端末を使い現地で復興過程を閲覧できるアプリも開発中である（図8-6）。

デジタル・アーカイブやデータベースの難しさは、専門性を高くして調査研究や実用に使えるものにするか、デザインや使いやすさを重視して一般の人々が関心を持つ入り口にするかにある。専門性や実用性を追求すると、デザインや操作性などの面で敷居が高くなり、利用者の幅が狭くなる。アチェ津波アーカイブは、それ自体で防災や復興についての特定のメッセージを伝えるのではなく、利用者がどのように情報を受け止めるかに委ねる作りになっている。アチェの人々が経験した被災や復興から発せられるメッセージを正確に伝えることに重きを置くのではなく、経験を共有する入り口としての性格が強い。それは、アチェ津波アーカイブの意義が、利用者がアチェの経験を学び、そこから教訓を引き出すことだけにあるわけではないためである。インターネット上で公開され、しかも情報が年々更新されていることは、世界の人々がアチェの復興過程に関心を持って見守っているというメッセージをアチェの人々に伝えることになる。そのことは、世界の人々が見守る中でアチェの人々が復興をどうデザインしていくかを考える助けになるはずである。

アチェ津波モバイル博物館やアチェ津波アーカイブの特徴は、被災や復興の記録の決定版と

---

*14　http://aceh.mapping.jp/（二〇一三年一二月二六日公開）。

して公開するのではなく、アチェの人々との共同作業を通じて情報の追加や仕様の修正が重ねられていき、常にかたちを変えていくことにある。別の言い方をすると、過去の災害についての記録であるとともに、記憶のコミュニティ[*15]を作り出すものである。それは、過去の出来事の記憶を語り継ぐだけでなく、過去の出来事が現在に至るまで、そして将来にわたって、どのように経験されているかを語りあい、日々の暮らしを記憶として積み重ねていく記憶のコミュニティであり、不断に更新され続ける記憶のコミュニティである。そこでは被災者とよそ者の区別はなく、当事者であるかどうかが意味を持つ。今から約一五〇年前、ジョン・スチュアート・ミルは、人々が歴史を共有することで記憶のコミュニティとしての国民が形成されると書いた［ミル 1997］。ビッグデータと人道支援の時代では、記憶のコミュニティは国民の形成に収斂するとは限らず、よそ者であっても当事者として共同の記憶を紡ぎ出すことができる。

4　今こそ「災害対応の地域研究」を

災害は、人命や財産を奪うだけでなく、人々から生きる意味までも奪おうとする。スマトラ島沖地震・津波の被災地となったアチェで、津波で村が跡形もなく流され、家族・親戚や友人たちを一度に失った人が、津波の直後、自分が誰であって、いまどこにいるのかに自信が持てなくなったと言っていたのが印象に残っている。まわりの人々との関係性を一度に失い、また、ほかの人々の記憶のもととなる写真や手紙などを一切失い、日々の暮らしのなかで慣れ親しんでいた景観を失い、そのため自分がこの世界に存在する意味を一時的に失ったというので

*15　アチェ津波アーカイブの共同開発者でもある渡邉英徳氏は、広島と長崎の原爆や東日本大震災などの歴史や大災害の記憶のデータを仮想地球儀グーグルアース上で表現することで記憶のデジタル・アーカイブ化を進めるとともに、それを契機に対象社会で記憶を掘り起こして継承していこうとする「記憶のコミュニティ」が立ち上がっている様子を紹介している［渡邉 2013］。

ある。このことがよく示しているように、人は、意味や、それが束になったものである物語を失ってなお生きていくのは難しい。

意味や物語のもととなるものは情報である。将来起こりうる災害への備えとして、情報についてもバックアップを取っておくことが重要である。ただし、情報のバックアップと言っても、パソコンのハードディスクのデータを複製して別の場所で保管しておく物理的なバックアップとは限らない。人々がそれぞれこの世界に存在する意義に関する意味や物語の担い手は一人一人の人間であり、それぞれの専門性に応じて頭の中や身体的な所作の中に意味や物語がバックアップされる。地域研究の専門性に照らして考えるならば、個々の情報に対して地域社会でどのような物語や意味が与えられているかを地元社会の人々と一緒に考えることで、それらの物語や意味を蓄積することになるし、また、万一不幸にして災害によって物語や意味の担い手が被害を受けたり失われたりしたときにも、残された情報から物語や意味を再構成する助けとなるはずである。

このように考えれば、世界のさまざまな地域社会を対象に、現地の言葉を身につけ、その地域社会の歴史や地理や生態について調べ、政治や経済の仕組みを記述する地域研究の基礎研究は、地域社会が持つ物語や意味を掬い取り、別のかたちでバックアップするという意味を持つものだと言えるだろう。地域研究者が行っている研究には、一見すると地味な研究で、「いま、ここ」で目の前に生じている事態に直接の役に立たないように思われるものもあるが、そのような基礎研究も含めて災害を契機とした社会の断絶を修復する上で重要な役割を果たしうる。それぞれの地域にある情報をもとに、その地域に住む人々と共同で意味や物語を読み取り、他の地域の人々や他の分野・業種の専門家に利用可能なかたちで示したものを「地域の

知」と呼ぶならば、「地域の知」を探りだし、共有しようとする日ごろの研究が、災害などの突発的な社会秩序の崩壊に際して意味や物語の再生と復興を助ける「災害対応の地域研究」となる。

「災害対応の地域研究」が世界の諸地域の現場に根ざして物語や意味を掬い取り、共有しようとする営みであるとすれば、それを行うのは狭い意味の地域研究者に限らない。今日では、外国旅行に行く機会や外国人の訪問者と出会う機会が増え、世界のこんなところに日本人が住んでいるかと思うような場所にテレビカメラが入り、インターネットを通じて世界のさまざまな情報が飛躍的に容易に手に入るようになった。また、外国に限らず、家庭でも、学校や職場でも、地域社会でも、私たちが子どものころから慣れ親しんできたのとは異なる考え方や行動と接する機会が日常的に増えている。このような時代に生きている私たちは、学校で地域研究という名前で学んだかどうかにかかわらず、それぞれの持ち場で、それぞれの信念を持ち、それぞれの流儀で世の中に関わろうとする地域研究の考え方を必要としており、そして多くの人がおそらく無意識のうちにそれを身につけている。自分自身や身のまわりの人たちについて、意味や物語を意識しながら関わろうとすることは、私たちが暮らす社会をよりよくし、不幸にも災害に見舞われた場合でも復興過程を豊かにするはずである。

第9章 そして日本

東日本大震災（二〇一一年）

文化空間の復興に向けて

右：東日本大震災の被災地では津波によって一変した風景を再び暮らしの場とするための試みが続けられている（気仙沼市、2013年４月）

本章下部の写真：大船渡市および気仙沼市にて、2013年４月、９月撮影

本章では、前章までのインドネシアの災害対応についての議論を踏まえて、情報の広がりと重なりを意識しながら、東日本大震災後の日本における文化空間の復興について考えてみたい。東日本大震災とそれに伴う原発事故は、日本社会で暮らす私たちにいくつもの課題を示し、私たちはどのように判断し行動するかという岐路に立たされている。ここでは、救援と復興はどの基準や方法に従うのか、そして震災を誰がどう語るかという三つの岐路について考えた上で、溢れんばかりの情報の海の中で「正しさ」が判断できなくなっている状況にどう対応するかについて考えてみたい。

一つ目は、国際的な規範と国内の慣行の食い違いである。これは、従来は海外で活動してきた人道支援団体が日本の被災地で支援事業を展開したことによって顕在化した。緊急人道支援においてはすべての人が平等かつ均質な支援を受けられることが重視され、そのための優先順位に関するガイドラインが作られているが、実際の支援事業の対象となる被災者はそれぞれ個別の地域性や文化性を背負っているため、このガイドラインが示す優先順位と摩擦を起こすことがある。

二つ目は、震災をどう語るかを巡る相違である。未曾有の大災害に対し、被災地から離れていて直接の被害を受けていない人々は、自分たちの災害であると受け止めて「国民的災害」であると語ろうとした。これに対して直接の被災地では、被害の深刻さに応じて語るべきであり、究極の犠牲者である死者を差し置いて被害について語れないという態度が見られた。私たちは、東日本大震災を「私たちの災害」として語ってよいのかという岐路に立たされている。

三つ目は、情報の過剰さに対する態度と関わっている。震災後、新聞やテレビで連日多くの報道が行われたほか、インターネット上でもさまざまな情報が発信され、多量の情報は洪水に

図9－1　中越地震の被災地に立てられた案内板。被災当時の写真を載せ、被災地を訪れるいくつかのモデルコースが示されている。

たとえられた。情報の洪水に飲み込まれて、どこかに隠されているはずの正しい情報を捜し求めて情報の海に漕ぎ出していき、得た情報が正しくないと判断するとそれを排除しようとする態度は「情報災害」とも呼ばれた。[*1]

これらはいずれも、震災後の状況に対して積極的にコミットしようとするがゆえに生じた岐路である。

1　ペットとケータイ——人道支援の戸惑い

東日本大震災の被災地で救援活動を行った人道支援団体には日本を拠点とするものもあった。人道支援の専門家として海外の紛争地や被災地で緊急人道支援の経験を豊富に持っており、自分たちが所属する社会の未曾有の災害に直面して、日ごろの経験をもとに日本でも専門性が発揮できると考えたが、日本の支援現場ではいくつかの戸惑いを覚えたという。

その戸惑いとは、冒頭でも触れたように、日本では人道支援と慈善事業の区別が明確でなく、人道支援はボランティア活動と同じ括りに入れられたことと、日本では災害対応が行政主導で行われるため、人道支援団体は支援現場で行政の支援事業を補完する役割を期待されたこ

＊1　坂井修一は、非常時の情報伝達、情報開示、情報インフラ、非常時のデマ、報道と個人情報など、東日本大震災の具体的な事例をもとに情報をめぐるさまざまな論点を整理している［坂井 2012］。

とである。また、国際基準に基づいて活動してきた人道支援の専門家から見れば、日本の被災地では国際基準が十分に満たされておらず、しかもそのことに対応しようとした人道支援団体の主張が十分に受け入れられなかったことである。

これを人道支援団体側から見れば、日本が国際基準に遅れをとっており、そのため国内の被災地でも被災者が劣悪な環境で避難生活を余儀なくされており、この状況に介入して改善するのが人道に基づく使命ということになる。これを逆の立場から見れば、阪神淡路大震災や中越地震の経験を踏まえて行政とボランティアの組み合わせで救援・復興事業を進めるやり方が確立し、それに基づいてボランティアが組織だって活動している日本社会に国際基準を持ち込んで仕組みを壊そうとする態度にも映りかねない。

追いかけてくる被災者

この食い違いは人道支援団体にとっても新鮮なものだったようである。これまでは海外で、しかも多くの場合は紛争や災害によって現地政府が十分に機能していない状態で支援事業を行ってきたため、人道支援団体が現地政府にかわって公的サービスを担うことも珍しくなかった。実際には人道支援団体のそのような振る舞いに地元社会から不満や批判が出ることもあり、地元の新聞やテレビで報じられたり、人々が会話の中で発していたり、外国人の人道支援スタッフが立ち寄りそうな場所に落書きなどのかたちで書き記されたりもしていたが、人道支援団体の国際スタッフは言葉の問題のために地元のメディアを参照することがほとんどなく、地元社会の声はほとんど届かない。人道支援団体は英語がわかる現地人を通訳に雇うことが多いが、通訳ができるような人は外国人と接して考え方に馴染んでいることが多く、しかも通常の職業よりも高給である通訳の仕事を失いたくないため、上司である国際スタッフに現地社会

の不満や批判を積極的に伝えようとはしない。もし人道支援団体の国際スタッフが社会的文脈を捉える訓練を受けていれば、たとえ地元の言葉がわからなかったとしても、被災者の態度や行動に見られるちょっとした違和感を捉え、それをもとに現地社会の不満や批判を読み解くことができるかもしれないが、今のところ、人道支援団体の国際スタッフに現地社会の思いがうまく届くことは少ないようである。

東日本大震災では、人道支援団体の日本人スタッフが事業実施者として、あるいは海外の人道支援団体に対する現地人通訳として、被災地入りして支援事業の一翼を担った。多少の方言の違いはあっても同じ日本語であるため、通訳を介さずに意思疎通することができる。*2 すると、人道支援団体による正式なインタビューで質問に答えた後の休み時間にトイレまで追いかけてきて、さっきは正式な場なので言えなかった部分があると言って別の角度からの話を聞かせてくれる人もいたという。また、被災地の食堂や喫茶店に入れば、隣のテーブルで地元の人たちが復興支援について議論しているのが耳に入ってくる。新聞やテレビでも連日のように震災への対応が報じられ、積極的に情報を集めようとしなくても、食堂のテレビや書店に並べられた雑誌や人々の会話などを通じて、人道支援団体にとって耳が痛い意見も含めた情報が入ってきてしまう。

携帯電話の充電

人道支援団体の日本人スタッフは、海外で何度も支援事業を実施した経験があり、しかも東日本大震災では被災地である日本社会について十分な知識を持っていた。また、これまでの緊急人道支援の経験から政府や民間企業との連携も十分にあり、支援物資やその輸送手段を提供してくれる民間企業を探すこともできた。災害で緊急事態に陥った社会を助けるために必要な

---

*2 『風俗画報』などを通じて津波の被害の大きさが中央に伝えられるとともに、救助を困難にする東北方言の存在も中央に伝えられ、いわゆる「ズーズー弁」として東北の言語を中央から蔑む視点は明治二九年の三陸地震・大津波以降のことである［河西 2001］。

ものを知っており、それを調達して配布するノウハウも経験も持っていたにもかかわらず、日本の被災地支援では想定外の事態や謎に直面した。

避難所で直面した戸惑いとしてしばしば言及されたのが、避難所で解決すべき優先課題についての認識の食い違いである。避難所で真っ先に取り組むべきものの一つは衛生状態の改善であるはずだったが、避難所で寝泊りしている人たちは、トイレやお風呂は多少なら我慢できるので、それよりも携帯電話を充電するサービスがほしいと言ってきたという。人道支援の国際標準では、人の生死がかかる緊急時では命に直接の影響がないことは優先順位が低くなる。清潔な水の確保や避難所の衛生状態の維持は命に関わるために第一に優先されなければならないが、携帯電話の充電は優先順位が低い。そのことを理解せずに避難所の衛生状況の改善よりも携帯電話の充電を求める人が多いことに閉口したという。

これが海外の支援事業地ならば、国際スタッフが被災者からそのような要求を直接受けることはないだろうし、仮にそのような要求が耳に入ったとしても、優先順位が低いと拒否しただろう。しかし、日本の被災地では行く先々で同じリクエストを受け、しかもほかの人道支援団体のスタッフからも似たような話を聞き、このことをどう考えればよいのかという思いが残ったようだった。

被災時のペットの扱い

これと別の例として、被災時にペットをどう扱うかについての話がある。ペットも家族同然に考える人が増えており、ペットを残して自分だけ避難するわけにいかないと思う人が増えている。避難所によってはペット同伴での避難を認めているところもあるが、多くの人が集まってそれぞれ不便な思いをしているところにペットが加わるとトラブルの元になりやすいことも

確かであり、避難所に入らずに自家用車でペットと寝泊りする人もいたという。

災害時のペットの扱いが問題になるのは避難所への入所だけではない。津波のときにペットを助けようとして自宅に戻って犠牲になった人もいる。津波に関する講演会などでは、いったん避難したのに引き波のとき通帳と印鑑を取りに家に戻ったために津波に襲われて亡くなった人の話がしばしば紹介され、お金はまた稼げばいいけれど命は一つしかないのだから、通帳や印鑑は気にしないで身一つで逃げなさいと教訓が語られる。その話の延長上で、避難して助かったのに、飼い犬を助けようとして家に戻り、津波に襲われて帰らぬ人となった話が紹介されることもある。この話の教訓も、ペットの命も大切だけれど人の命には代えられないのだから、津波がきたらペットのことは諦めなさいというものとなる。お金はまた稼げばよいという意見は誰もが納得するだろう。ペットの命より人間の命の方が大切だという考え方も、その意味は十分に理解できるが、お金の話のようには割り切って考えにくいという人もいるのではないだろうか。

社会的存在としての人間の生存

避難所で携帯電話の充電を求める人とペットを救おうとして津波の犠牲になった人を同列に扱うことはできないが、このことを災害対応の現場で防災や人道支援の常識に照らしたときの想定外の事態という観点から考えてみたい。想定外の事態とは、考え方の食い違いが明らかになったところで生じる。そこを捉えて背景を探ることで、個々の被災者が置かれた状況や被災地の様子が見えてくることがある。

この食い違いの謎を解くには、携帯電話やペットを求める状況を被災者に即して想像するとともに、この事態が防災や人道支援の分野のどのような常識を問うているのかを考えてみるこ

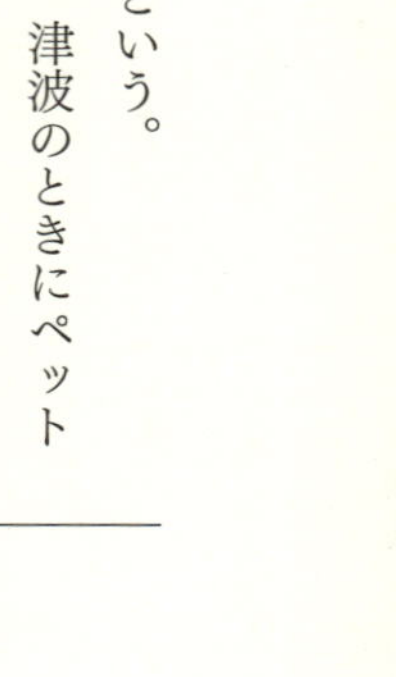

とが必要である。携帯電話やペットは、人々が自分の存在を社会に位置づけ確かめるために求められていたものと想像される。*3 他者との関係を確認することは自分が確かに存在することを確認することである。隣近所の付き合いが希薄だと言われる今日の日本の都市部のような社会では、それが失われれば孤独死を招くという意味で、他者との関係を繋ぐ手段は、場合によっては水や栄養と同じように人の生死を左右しうるとも考えられる。防災や人道支援では、生物としての人間の生存に必要な物資についての基準は整っているが、社会的存在としての人間の生存に何が必要かについてはまだ十分に考慮されていないということかもしれない。

タイガーマスクの復権

東日本大震災の直前、児童養護施設などにランドセルが贈られる「タイガーマスク現象」が流行した。発端は、二〇一〇年一二月二五日、群馬県中央児童相談所の玄関先に新品のランドセル一〇個が置かれ、「伊達直人」と記した紙片が添えられていたことだった。「伊達直人」とは漫画『タイガーマスク』（梶原一騎原作）の主人公の名前で、孤児院出身の伊達直人は覆面レスラーのタイガーマスクとなり、正体を伏せながら自分が育った孤児院にファイトマネーを贈り続けた。このことが報じられると同様の寄付行為が拡大し、各地の児童養護施設や児童相談所にランドセルが贈られた。贈り物はランドセルだけでなく、鉛筆やノートなどの文房具、さらに野菜、焼き豚、カニ、米、ブリなどの食料品、そして現金や金塊まで届けられるようになった。贈り主の名前も、漫画『あしたのジョー』（高森朝雄原作）の主人公の名前である「矢吹丈」のように作中で覆面を被らないものを含め、さまざまな「覆面」が用いられた。「タイガーマスク現象」は全国に広がり、二〇一一年一月一二日には全国四七都道府県のすべてに及び、寄付は一〇〇〇件を超えた。

*3 震災から電気が復旧するまでの七日間、使命感に突き動かされて手書きの壁新聞を発行した石巻日日新聞の記者によれば、災害時に被災者が一番欲しかった情報は家族や大事な人の安否情報だった。通常の災害の場合は数時間で携帯電話やメールがつながるけれど、東日本大震災では何日経っても埒があかず、また携帯電話のテレビで情報にすがったために多くの人はバッテリー切れで孤立し、情報から隔絶された環境に置かれることになった［石巻日日新聞社 2011：241］。

この現象に対し、寄付行為自体には一定の評価をした上で、寄付を一過性のものにするのではなく、施設を出た後の身の振り方を含めた児童養護施設の現状や児童虐待が激増している社会的な背景にも関心を持ってもらいたいとする意見や、こうした善意の行為を隠れ蓑にして国や地方公共団体による再分配の強化は必要ないという風潮が強まるのを恐れるといった意見が識者らによって寄せられた。ここに見られるのは、子どもたちに学用品を与えるのは個人の善意によって行われるべきではなく、政府の財政（税金）によって行われるべきであり、人の善意やボランティアや寄付は大切だが、それは公的サービスを充実させた上で、そこでまかなえきれない部分を補うために使われるべきとする考え方である。

タイガーマスク現象に対する是非を論じることは本書の目的ではない。ここで注目したいのは、他人に善意を与える側にも意味や物語が必要だということである。日本で慈善事業や人道支援が十分に発達しないとすれば[*4]、それは他人への善意の施しにもさまざまな決まりや作法があることが一因とは考えられないだろうか。タイガーマスク現象は、そのような規制に縛られず、施しを与えたい人が気まぐれで行うものだった。「伊達直人」たちは、それぞれが抱く意味や物語に基づいて施しを行った。そこにタイガーマスク現象が広まった一つの背景があったようにも思われる[*5]。

図9－2　能登・輪島市の街灯に掲示されている段駄羅。5・7・5の中の7の部分（よきしなかった）**に二つの意味を持たせている。**

＊4　人道支援と慈善事業の関係に関連して、アメリカや開発途上国では政府による公的支援が充実していないために慈善事業が入る余地が大きく、また、そのような国では国を越えて行う人道支援も発達するという指摘がある。

＊5　東島誠は、年末になると第二、第三の「伊達直人」が現れるという季節性に目を向け、誰でも「伊達直人」になれ、いつでもその仮面を外すことができ、交代でつけることもできるボランティアのあり方に可能性を見出している［東島 2014］。

2 言葉の力──震災をどう語るか

雑誌に見る東日本大震災

二〇一一年三月一一日から二〇一二年一月までの間に日本国内で刊行された雑誌のうち、表紙または目次に震災や復興に関する特集や記事が掲載されているものを収集し、地震・津波の被害および復興に関する記事を調べたところ、収集した雑誌は五九四点、記事数は三一八二点に上った。*6 雑誌の収集にあたっては、定期的に書店を訪れ、実際に店頭で販売されているものを購入した。主な購入場所は京都市内の書店だが、福島、仙台、盛岡、青森を訪れた際に購入したものもある。刊行されても一般書店の店頭に並ばない雑誌もあるが、多くの人が書店の店頭で目にし、手に取る機会がある雑誌のかなりの部分が収集されたと考えられる。

東日本大震災は、雑誌だけでなく新聞、テレビ、ラジオ、インターネット、書籍などのさまざまなメディアで語られた。それらのうち特に雑誌に注目するのは以下の理由による。新聞やテレビは公共性が高いメディアであり、掲載されている情報の客観性が重んじられるのに対し、雑誌は特定の業種やジャンルの読者層を意識して誌面が作られるものが多く、業種やジャンルごとの関心や課題が濃縮されたかたちで誌面にあらわれるため、社会の各層が災害をどう捉えているかを把握しやすい。また、公開後も修正が容易であるインターネット上の記事と異なり、雑誌は限られた準備期間と限られた誌面で定期的に発行されるメディアであり、それぞれの時期に応じた社会の関心を知る上でも有益である。そのため、立場や関心・専門に応じて

*6 この数字には原発事故に関する記事は含まれていない。東日本大震災の被害と復興を考える上では原発事故を完全に切り離して考えることはできないが、同じ場所で繰り返し起こる特徴を持つ自然災害を社会がどう捉えようとしているかを考えるため、繰り返し起こることがないはずの原発事故については直接の対象とせず、地震・津波に関する特集や記事に含まれる場合にのみ原発事故に関する記事も含めた。

人々が東日本大震災にどのように取り組んだかを把握する上で貴重な情報源となる。[*7]

「私たちの災害」

収集した雑誌を概観すると、東日本大震災をどのように語ってきたかについて、発行時期や発行形態によって大まかな傾向を見ることができる。

被災直後である二〇一一年の三月から四月にかけて発行された週刊誌では、連載コラムで「そのとき私はどこで何をしていたか」に関する記事が多く書かれた。東日本大震災では、地震・津波や原発事故のように被害が広範囲かつ複層的に広がり、濃淡の差はあれ、多くの人々が「その日・その時」に関わるそれぞれの経験を有していた。人口が密集する首都圏でも、地震が体感され、多くの人が帰宅難民となり、また、コンビナート火災や液状化などの直接的な被害を受け、計画停電を経験した。被災地から遠く離れた場所にいた人たちも、テレビで津波の映像が放送され、現在進行中の事態として津波の被害を見た。「そのとき私はどこで何をしていたか」に焦点を当てる記事が多く見られたことは、たとえ直接の被害を受けていなかったとしても、自分たち一人一人が東日本大震災という歴史的状況に身を置いていたことを互いに確認しあう意味があったように思われる。別の言い方をすれば、直接の被災地以外に住む人々も含めて、東日本大震災を「私たちの災害」と捉えようとしたということである。

今、何ができるか

五月号から六月号にかけての月刊誌では、業界やジャンルごとに「いま何をすべきか」「いま私たちにできること」という特集が目立った。たとえば以下のようなものがある。

「日本の女性ができること」(『女性セブン』、二〇一一年四月一四日)

「東日本大震災の教訓　いま商人は何をすべきか」(『商業界』、二〇一一年五月)

---

*7　この方法の背景には、二〇〇四年スマトラ島沖地震・津波の際に、インドネシア社会が津波災害をどのように受け止めたかを把握するためにインドネシアで刊行されている雑誌を網羅的に収集した筆者らの経験がある。収集した雑誌は「災害と社会　情報マッピング・システム」(http://www.cias.kyoto-u.ac.jp/database/category/40)によって公開する準備が進められている。

「大震災　今、私たちができること」（『製菓製パン』、二〇一一年五月）
「東日本大震災　料理人が今すべきこと、できること」（『専門料理』、二〇一一年五月）
「今、音楽に何ができるか？」（『Rockin'on Japan』、二〇一一年六月）
「今、エンタテインメントに何ができるか」（『日経エンタテインメント』、二〇一一年六月）

興味深いのは、これらの特集を組んでいる雑誌が扱う業種やジャンルが、日常的に災害などの危機対応を専門としておらず、むしろ災害対応から縁遠いと思われているものであることである。このことは、この震災が業種やジャンルを超えて取り組むべき課題として捉えられたことを物語っている。

社会的弱者と民族マイノリティ

東日本大震災が日本社会全体で取り組むべき災害と位置づけられる一方で、社会的弱者や民族マイノリティの被害状況や避難に焦点を当てた特集や記事はあまり見られなかった。*8 表紙と目次を見る限り、『現代思想』の第三九巻第七号（二〇一一年五月）が「大規模複合災害における在宅医療・介護提供」「障害者は避難所に避難できない」「大震災で見えてきた在日外国人たちの姿」といった記事を含む特集を組んでいたのを除けば、以下のように単発の記事が見られた程度である。

「被災した朝鮮学校（仙台）に支援物資を届けて」（『社会評論』、一六五号、二〇一一年春）
「見逃される被災者　「情報弱者」を救済せよ　高齢者や外国人のケアが不可欠」（『日経ビジネス』、二〇一一年四月一一日）
「盲人たちは大津波からどう逃げたのか」（『AERA』、二〇一一年四月二五日）

表紙と目次を見る限り、社会的弱者や民族マイノリティに焦点をあてた記事は、約三二〇〇

*8 東日本大震災直後に外国人被災者への情報提供を目的とした電話相談窓口「多言語ホットライン」にはさまざまな相談が寄せられ、中でも在日外国人からボランティアとして何かできないかとの声が寄せられたという［土井 2012］。

点の記事のうち数点しかなかった。

日本人らしさ

これと裏表の関係にあって目を引くのは、東日本大震災への対応に「日本人らしさ」を見出そうとする記事の多さである。いくつか例を挙げると次のようになる。

「思いやり、助け合う、美しい日本人の姿」
「「助け合う日本人」の陰で跋扈する「残念な人々」」
「「側隠の情」「献身」……忘れかけていた日本人らしさを被災者と自衛隊員が見せてくれた」
「東日本大震災を戦う　日本人「不滅のサムライ魂」壮絶現場」

これらの言葉が雑誌の表紙や目次を飾ったため、新聞広告や電車のつり革広告を見ていると、東日本大震災は日本国民の災害であり、日本国民は忘れかけていた日本人の魂を取り戻して心を一つにすることで震災に取り組むべきとのメッセージが感じられる。「オール・ジャパン」と言ったとき、記事では「日本在住のすべての人々」を意味していることも多いが、雑誌の表紙や目次ではそれが「全ての日本国民」であるかのように「翻訳」されることになる。ここでは東日本大震災は日本国民の災害として捉えられている。

もっとも、実際にそれぞれの記事を読んでみると、記事名には反映されていないものの、社会的弱者や民族マイノリティに関心を向けた記事も多い。それらの記事からは、この震災が外国籍を含む日本在住のさまざまな人たちに大きな影響を及ぼしていることがうかがえる。被災者の救援や復興にあたって海外の支援団体やメディアの動向に関心を向けた記事も多い。また、震災への日本社会の対応が世界経済や国際秩序に及ぼす影響にも関心が払われている。*9

東日本大震災では、メディアを通じて原発事故が世界で大きく取り上げられ、それと連動し

*9　東日本大震災に関するシンポジウムやワークショップでは社会的弱者や民族マイノリティをテーマしていた。例として、JCASのシンポジウム「情報災害」からの復興――地域の専門家は震災にどう対応するか」（二〇一一年一一月、大阪大学）の第1セッションや、京都大学地域研究統合情報センター「災害対応の地域研究」プロジェクトによる公開ワークショップ「東日本大震災を考える――スマトラの経験をふまえて」（二〇一一年五月、東北大学）での山田直子報告がある。また、仙台メディアテークの「3がつ11にちをわすれないためにセンター」や山形国際ドキュメンタリー映画祭の東日本大震災復興支援上映プロジェクト「ともにある Cinema with Us」の映像資料のように、東日本大震災を扱った映像作品には社会的

て日本在住の外国人の国外避難の動きが大きく報じられたことで、日本社会は期せずして日本国内が国際化していたという事実に直面した。[*10] 日本社会は、原発事故を含めた東日本大震災を日本国民だけの災害とすることができず、災害を通じて日本が世界に位置づけられていることを自覚させられた。

被災を語る資格

震災後、仙台を中心に、震災の体験をうかがう会合に参加する機会が何度かあった。震災で日常生活が影響を受けた人が自分の体験を語るとき、「私はあまり被害を受けなかったので被災者とは言えないかもしれないけれど」と前置きするのをしばしば見たことが印象に残った。[*11] 被害状況が目に見えるかたちで示される被災地では、被害の程度が「被災者として語る資格」という言い方で表現され、その結果、究極の被災者である死者を前にして誰もが言葉を失いつつある状況が見られた。[*12] これに対し、雑誌記事が示すように、直接の被災地以外に住む人々は被災地の人々に対して震災と復興を一緒に受け止めようと呼びかけるが、それが表現される際に「国民的災害」という側面が強調される仕組みがある。

防災・復興研究

なお、多くの記事に埋もれがちだが注目すべきものとして、東日本大震災の発生以前から社会に焦点を当てて防災・復興研究に取り組んできた専門家による記事がある。『東北学』（第二八号、二〇一一年夏）の特集「地震・津波・原発―東日本大震災」には、「災害コミュニケーション」（渥美公秀）、「東北発の震災論へ」（山下祐介）、「震災地復興の主体と条件」（大矢根淳）のように、災害と社会に関する研究者の論考も掲載されている。

そのほかにも、社会に焦点を当てて防災・復興研究を行ってきた専門家による記事として以

弱者や民族マイノリティに焦点を当てたものが多い。

*10　外国人による被災地支援については［小林 2012］を参照。

*11　芥川賞の最終候補作となったいとうせいこうの『想像ラジオ』（二〇一三年）に対して震災の犠牲者を小説に描くことが倫理的に許されないとする批判が向けられたことについては［木村 2013］の第一章を参照。

*12　究極の当事者は犠牲者であるという考え方は［佐々木 2013: 183］も参照。

下のようなものがある。*13

・河田惠昭「被災地復興のグランドデザインはこれだ」（『東洋経済』、二〇一一年五月一四日）
・塩崎賢明「世界の災害現場を見たからわかった鉄則は「復興メニュー」を被災者にすぐ提示すること」（『SAPIO』、二〇一一年四月二〇日）、同「住宅復興の展望　被災者の目線で生活の回復へ」（『経済』、二〇一一年六月）、同「阪神・淡路大震災の失敗を繰り返す仮設住宅問題」（『POSSE』、二〇一一年八月）
・永松伸吾「キャッシュ・フォー・ワークの提案」（『atプラス』、二〇一一年五月）、同「キャッシュ・フォー・ワーク　復興事業に被災者を雇用せよ」（『エコノミスト』、二〇一一年五月三／一〇日）、同「防災対策から「減災」政策へ」（『環』、二〇一一年summer）
・林春男「生死を分けた防災教育プラン」（『社会科教育』、二〇一一年八月）
・牧紀男「地震活動期の建築」（『atプラス』、二〇一一年五月）
・室﨑益輝「「高台移転」は誤りだ」（『世界』、二〇一一年八月）、同「復興を巡る三つのポイント」（『オルタ』、二〇一一年九／一〇月）
・山中茂樹「復興報道に求められる上滑りせぬ地道な検証」（『Journalism』、二〇一一年六月）

防災・災害対応では、設備や制度を整えるだけでは想定外の事態に十分に対応できない。過去の災害の経験を踏まえて社会や個人が災害にどのように対応すべきかを議論するには、社会に焦点を当てて防災・災害対応を研究してきた専門家の知見が一般の人々の目に触れるかたちで発表され、活用されることが大切だろう。

言葉の力

また、防災・災害対応の専門家ではないが、言葉や思想を専門とする人たちのあいだで、東

*13　二〇〇四年スマトラ島沖地震・津波の事例をもとに国外での大規模自然災害の被災地の復興について検討したものに、『地域研究』第一一巻第二号（二〇一一年三月）の総特集「災害と地域研究」がある。

日本大震災に直面して社会の立て直しに言葉が果たす役割が検討された。『思想地図 beta』（vol.2、二〇一一年九月）の特集「震災以後」には、「シンポジウム　災害の時代と思想の言葉」「シンポジウム　震災で言葉になにができたか」「福島から考える言葉の力」などの記事が掲載された。また、「災害言論インデックス——震災でひとはなにを語ったか」も掲載されている。『早稲田文学』（四号、二〇一一年九月号）の特集「震災に。」には鼎談「震災と「フィクション」との「距離」」が、『歌壇』（二〇一一年一一月）の特集「震災後の表現の行方——言葉はどこへ向うか」には鼎談「震災後の表現の行方」が掲載されている。

図9－3　震災で失われた商店などがあった場所に立てられた言葉のボード。海に向かって展示され、きりこと今の思いが表されている。（南三陸町、2013年4月）

東日本大震災では、社会が壊れたときにどのように社会を直すか、そして壊れにくい社会をどのように作るかが改めて問われた。災害は人命や財産を奪い、道路や港湾設備といった社会的インフラを壊すが、復興や建て直しは物理的な再建だけでなく、どうやって社会を立て直すかという観点からも取り組まれなければならない。そして、社会を立て直すための最良の道具はやはり言葉であるということが改めて確認されたように思われる。

3　震災映画――異なるリアリティを架橋する

「情報災害」

大きな事件や災害が起こると、マスコミ等を通じてさまざまな情報が氾濫する。どれが正しい情報かわからなくて不安になった人々は、どこかに正しい情報が隠されているはずだと考え、際限なく情報収集を続けてしまう。作家の瀬名秀明氏はこのような状況を「情報災害」と呼んだ。*14

これは、災害で情報インフラが被害を受けたために情報が得られなくなるという「情報の欠如」ではなく、その逆の「情報の過剰」という意味だ。政府、電力会社、マスコミ、研究者など、これまで多くの人がその発表・発言を正しいものとして受け止めてきた組織や個人が権威を失い、その裏で、人々はどこかに真実が隠されているはずだと思い、インターネットをはじめとする膨大な情報の海に身を投じて、雑多な情報の波にのまれながら、どこかにあるはずの「正しい」情報を掴もうとする。そして、「正しい」情報を探り当て、それをほかの人たちに伝えていくことに対して、すでにマスコミは機能不全に陥ったとし、それにかわって個人が使命感を帯びていく。

揺らぐ知の権威

個人の心理状態から少し離れて一般化を試みれば、政府やマスコミや研究者が発信する情報や知識は常に正しいはずという人々の信頼が揺らぎ、社会における知の基盤が損なわれている

*14　東日本大震災による報道の偏りと震災・原発事故による社会の分断については［関谷2012］を参照。

状態が「情報災害」だと言うこともできる。その一方で、一定の手続きに従って発信者や発信内容が取捨選択された上で発信される従来の情報と違い、個人が独自に発信し、集める情報は、参照可能な情報量が多くなればなるほど、入手した情報をもとにした判断結果がそれぞれ異なることになる。

これまでは、政府やマスコミや研究者といった権威が出す情報や判断に対して、個人はそれを受け入れるか否かを判断すればよかった。しかし、原発事故に際して、人々はかつての権威が発する情報は正しくないと判断するだけでなく、それにかわる正しい情報を必要とした。インターネットにはいろいろな発信者によるさまざまな情報があふれており、それぞれ正しさを主張していた。このため、人々は「正しい情報はない」のではなく「正しい情報がどこかにあるはず」と感じ、正しい情報を求め続けた。この結果として、一人一人が無数の情報の中から正しい情報を自分で選ばなければならないという状態をもたらした。このような状況では、どのような情報も手に入るが、どの情報がより適切かを判断することはできない。

情報を大量に集める

情報や判断は、その適用範囲が限定されることによって正しさが定まる。見かけの上では同じ情報や判断であっても、いつの時代の、どの場所の、どのような状況についての情報や判断であるかによって適切さは異なる。政府やマスコミや研究者が発信する「正しさ」は、いずれも想定された範囲内での正しさである。

これに対して、インターネットなどを通じて独立して提示される正しさは、それが有効となる範囲が明示されていなかったり、示されていたとしても互いに重なり合わなかったりする。そうなると、自分と他人を含めた広がりの中で最適解を求める調整が困難になり、集団での合

意形成が難しくなる。異なる立場や考え方を持つ人々の間で譲歩や交渉を行った結果、個人ごとに見ると部分的に譲歩しているという意味で最適ではないが、全体で見れば最適になっているという集合的な正しさが見えにくくなる。

この問題を解消する試みとして、情報がいずれも等価に見えてしまう状況を逆手にとって、情報を大量に集めることで傾向を読み、そこから集合的な正しさや最適解を得ようとする試みがビッグデータの考え方と重なっていく。ただし、その際に注意すべきなのは、ビッグデータの利用では分析対象のデータが数えられるかたちでなければならないということである。譲歩や交渉は数値で表現しにくいため、「いいね」の件数を数えるように、あるいは「総選挙」で投票するように、せいぜい分析対象のデータを好悪の感情に置き換えて、それを数えることで最適さを探すことになる。このような積み上げ式では、交渉によって押し引きしたり譲歩したりする動きは見えてこない。

「自分たち」を狭める

問題解消の別の試みとして、正しさが通用するように「自分たち」の範囲を作り直すことが考えられる。「自分たち」の範囲が広いほどその中で正しさを決めるのが難しくなるため、異なるものを排除して、同じものどうしでまとまることで正しさが通用する範囲を確保しようとする考え方である。ここでも譲歩や交渉は省かれ、「自分たち」の正しさを確認するために「自分たち」以外の人たちとの違いが強調される。

今日の社会では、伝統的な価値が薄まり、個人主義的な考え方が強くなって、人々のまとまりが希薄になっているという指摘がある。個人が砂状化することへの対応として、国家や民族に対する意識を建て直し、国家的や民族的なまとまりを強化しようとする考え方がある。大き

な物語が失われた状況では、国家や民族は広い範囲の人々が意味や物語を共有する対象として有力なものの一つである。ただし、国家や民族という強い一つのまとまりに意味を与え、そこに勢力を結集すべきとする物語を唯一の正しい物語と位置づけようとするならば、さまざまな意味や物語によって結びうる多様な関係の排除を招き、かえって勢力を弱めることになりかねない。

震災映画

これに対し、ただ一つの物語に束ねられることをよしとするか、それとも物語を語るのをやめて個人がばらばらになる方向に向かうのかという二者択一の綱引きから脱する第三の道として考えられるのが、外部との繋がりに目を向けて新しい関係を構築することである。そこで求められるのは、自分と出自や立場が異なる場に生きる人々と繋がるための物語を構築する力である。タイガーマスク現象に表れるように、その物語は一通りに定まっている必要はなく、個人がそれぞれの状況に応じた物語を見出して相手と関係を結べばよい。ビッグデータと人道支援の時代が持つ可能性を意味のあるものにする上では、自分と相手の個性を踏まえたそれぞれの物語を紡ぐ力が問われている。

大きな災厄は社会に深刻な亀裂をもたらす。物質的な復興を遂げ、日常生活を取り戻した後も、社会に撃ち込まれた深い亀裂が修復されるには長い時間がかかる。この亀裂にどう向き合い、どう繋ぎ直すのかという問いは、東日本大震災と原発事故を経験した日本社会のすべての人に突きつけられた課題である。この問いへの答えは、一人一人がそれぞれの現場でそれぞれの関心や専門に応じて考えていく必要があるが、さまざまな現場のさまざまな関心や専門を持った人々をつなぐメディアとして、映画（映像）の持つ可能性を指摘しておきたい。

『おだやかな日常』

原発事故後の日本社会を舞台にした映画『おだやかな日常』（内田伸輝監督、二〇一二年）の登場人物であるユカコとサエコも、それぞれ自分で原発事故に関する情報を入手し、そこから得られた判断をほかの人たちと共有しようとするが、ほかの人たちはそれぞれ別の情報をもとに判断しているため、判断を共有することが難しくなっている。

娘が幼稚園でマスクをすることを認めさせようとするサエコの苦闘は、フランスの公立学校でのスカーフ着用問題を思い起こさせる。公的な場に宗教要素を持ち込まないという原則を貫こうとするフランスでは、ムスリムの女生徒が宗教上の理由からスカーフを被って学校に行くことを認めていない。互いに異なる背景を持つ人が集まって一つの社会を作っているとき、社会を運営するにはその場のルールを決める必要がある。そのルールによって社会が円滑に運営される側面がある一方で、そのルールが個人の幸せの追求を制限することもある。

想定外の事態に直面して人々の判断が分かれたとき、身近なグループの間で判断を同じにすることで問題を分かち合うという解決方法がとられることがある。この解決方法は、コミュニティ内の結束を固めて一丸となって問題に取り組むという利点があるが、その一方で、判断や行動を共有しない人の居場所を奪いかねない。

放射能汚染にリアリティを感じるサエコは、娘にマスクをさせて幼稚園に行かせる。娘が通う幼稚園に対して、園児の遊び場や食べ物に細心の配慮を払うよう求める。これに対し、他の園児の母親たちはサエコの考え方が共有できないし、幼稚園の先生たちも、サエコの考え方が極端であり、幼稚園という場の秩序やルールを壊すものとして排斥しようとする。

もっとも、原発事故を恐れて国外に脱出しようとするフランス人を登場させ、日本社会の外

まで目を向ければ放射能汚染を恐れて避難するという考え方や行動があり得ることを示すことで、サエコが少数派として排斥されているのは日本国内の限られた範囲でしかないことも描かれている。日本国内の国際性に目を向けることで、それぞれの正しさが持つ広がりと重なりがうまく提示されている。

『希望の国』

日本の架空の長島県で発生した原発事故を題材にした『希望の国』（園子温監督、二〇一二年）では、原発から半径二〇キロ圏内が強制避難区域となり、小野泰彦と智恵子、洋一といずみ、ミツルとヨーコの三組は別々の道を歩むことになる。ただし、杭が打たれてもその隙間から人々が行き来しているように、杭が人々を分断したのではない。夫婦関係のステージが異なる三組は原発事故以前からそれぞれ事情を抱えており、杭はそのことを顕在化させたにすぎない。

『希望の国』は、異なる立場の人々を登場させながら、互いに和解させるでもなく、かといってどちらかを断罪するでもない点で、東日本大震災後の日本のあり方をよく捉えている。小野夫妻に避難を迫る町役場職員も、大げさな防護服を着るいずみを笑う町の人たちや洋一の同僚たちも、誰も物語内で罰せられない。象徴的なのはいずみと洋一の夫婦の物語の結末である。過剰な行動に走るいずみに対してはじめ消極的だった洋一は、「これは見えない戦争なの！」といういずみの言葉を受けていずみに寄り添うことを決める。最後に二人が選んだのはさらに遠くに避難することであり、一見するといずみの希望に沿っているかに見える。そこでも放射能は検出されるが、そのことを知らないいずみは防護服を外し、結果として洋一がはじめに求めていた生き方が実現されている。

『なみのおと』

『おだやかな日常』がメッセージ性を明らかにし、全ての観客に共感してもらえなくてもある範囲の人に共感してもらえればよいとして、皮肉をきかせることで特定の立場に立脚していることを表明したのに対して、『希望の国』は、互いに立場が異なる人々を並べて接合を試みた。異なるリアリティの架橋をさらに意識的に行ったのが、東日本大震災で津波被害を受けた三陸沿岸部に暮らす人々の「対話」を撮り続けたドキュメンタリー映像の『なみのおと』（酒井耕・濱口竜介監督、二〇一一年）である。

姉妹、夫婦、消防団仲間などの親しい人どうしが互いに向き合い、震災時の経験を語り合う。この映画は語り合いを成立させるために工夫を凝らしており、異なるリアリティを持つ人々を映像で繋ぐ試みである。

社会の亀裂とは、立場や考え方が異なる人々の間でコミュニケーションが成り立たなくなっている状態である。映画は、異なる立場に立ち、異なる考え方を持つ人々を一つの画面の中に並べて映し出し、そこに一つの物語を作り出して観客に見せる。情報量が増え、情報の需要が個別化していくなかで、立場や考え方が異なったままで情報のやり取りをするためのメディアが求められている。

災害時には、既存の秩序が崩壊し、既存の物語の有効性が問われる。想定外の現場に直面するため、一人一人が物語を作ることが迫られる。雑誌記事に見られるように、直接の被災者でない人々が持ち出したのは国民の物語だった。これに対し、直接の被災地では当事者であるほど口を閉ざすことになり、この結果、震災について語ろうとすることによって社会の亀裂が深まっていった。そのことが極端に現れたのが原発事故への対応だった。

映画は多声的という特徴を持つ。亀裂を亀裂として描きつつ、それらを同じ画面に並べて見せることによって亀裂を修復する力を持ちうる。日本社会は困難に直面すると国民の物語に頼ろうとする傾向があるが、今日では国民の物語を呼び出しても十分に機能しない。それは、日本社会の内部が多様になっていることや、日本を取り巻く状況が国際化しており国外からの介入が及ぶことに加え、原発事故のように日本だけの問題では済まない事態が生じているためである。国民の物語に対し、個の自立とグローバルな繋がりで対抗しようとする試みもあるが、個とグローバルを結び付ける物語力が弱いためか、十分に機能しているようには思われない。可能性があるとすれば、状況の変化に応じてこれまでとは違う広がりと重なりで物語を作ることができる力ではないだろうか。

図 9－4　倒壊した商店跡に建てられた仮設店舗。この場所に津波前にあった商店街の写真を張り出している。（気仙沼市、2013年 4 月）

おわりに

防災スマトラ・モデル

本書では、緊急対応時に外部社会から関心や支援が寄せられる際の情報に注目して、二〇〇四年スマトラ島沖地震・津波以降のインドネシアにおける地震・津波の事例をもとに、文化的・科学的な正しさをどのように判断し、地域社会のかたちをどのように捉えるかについて検討してきた。多様な関係者に由来する多様な情報がある状況で、現場に即した適切な理解と対応を得る手がかりはどこにあるのかという観点から本書の議論をまとめておきたい。

今日の世界ではさまざまな媒体を通じて得られる情報が多くなっているが、情報量が増えれば適切な理解や対応が得られるとは限らない。重要なのは情報を整理する枠組みであり、多種多様な情報を関心や課題に即して分類・整理することで目的に応じた理解が得られる（第1章）。また、現場に近づけば近づくほど詳しい情報が入るとは限らず、出来事への関わり方によって関心の向け方が異なる（第2章）。全体像を捉えるには広がりと重なりを意識して情報を読み解く必要がある。

災害対応では誰が「地元」を語るのかが重要である。外国からの支援が入ったり、首都の政治家や役人たちが「国民的災害」として扱おうとしたりすると、直接の被災地を抜きにして救援・復興事業が進められかねず、誰が「地元」を語るのかが問われる。ジャワ地震では、被災者どうしで情報を共有し、被災地としてどの

人道支援・ボランティアの人々

ように対応するかについての議論を導く役割を果たしたのが、地方紙の壁新聞であり、地元NGOが発行するコミュニティ・ペーパーだった（第3章）。個々の被災者を見ると、地元NGOが主張する「地元」らしさとは異なる主張や振る舞いが見られることもあるが、重要なのはどの正しさがより正しいかを決め、一つの正しさで他の正しさを排除したり否定したりすることではなく、複層的にあらわれる正しさを調節することである。

複数の正しさが現れる状況は、文化を語る際だけでなく、科学的な知識をめぐる議論においても生じている。地震のためオフィスビルから一時避難した人や帰宅した人で首都が混乱した西ジャワ地震では、オンライン新聞が科学的知識や防災のガイドラインを伝えようとし、記事の投稿欄を通じて災害が発生する原因の捉え方や防災マニュアルをめぐる議論が行われた（第4章）。正しさは場所や状況や人によって異なり、誰にとっても、どの場所でも、どの状況においても正しい判断や対応を追求すれば誰にとっても正しくない結果しか得られず、正しい判断や対応を得るには、誰にとって、どの場所で、どの状況においてであるかを踏まえる必要がある。目的に応じて適切な範囲を定め、それがどのような文脈や特色をもった範囲なのかを理解することで、適切な広がりと重なりにおける正しい判断や対応を得ることができる。

救援復興支援を行う上でも広がりと重なりを考えることは重要である。多様な文化的背景や立場を持つ人が入り混じって協業が行われる災害時の緊急対応の現場では、地元と外部の関心がぶつかり、しかも救命救急や復興再建などの具体的な目的をもって活動が行われるため、異なる考え方が出会い、互いの違和感に気づくことがある。防災や人道支援の専門家は、被災直後に現地入りしてそれぞれの専門性に基づいた調査や活動を行う過程で、他地域での経験に照らして被災地で観察されることがらに対する疑問や違和感を表明し、これが地域のかたちを読み解く鍵となることがある。ベンクル地震の被災地で、支援物資の米を道路に投げ捨てた人や、支援者の車を止めようとした人がいたのは、この地域には幹線道路沿いの住民と沿岸部や内陸部の住民の間に階層格差があり、それが被災と緊急支援の過程で表面化したものだった（第5章）。また、西スマトラ地震

の被災地で、水が乏しく地崩れで危険な尾根筋に集落を作っていたのは、この地域では水を十分に管理できず、水害の危険を避けて尾根筋に住まざるを得なかったためであり、その結果、清潔な水を得るのが難しいという問題を抱えることとなり、水の確保がコミュニティの確保と結びついていることがわかった（第6章）。アチェの津波被災地では、ときが経つと人々の記憶は書き換えられていくが、忘れられずに記憶に残る支援があり、そこで重要なのは支援を受ける側がどのような物語を見出すかであるとともに、支援する側も同じように物語を必要としている（第7章）。防災や人道支援の専門家が現場で判断を重ねる上で得られる違和感を認識し、それがなぜ生じるかを検討することによって、地域のかたちが明らかになり、現場に即した対応が得られるとともに、防災や人道支援の活動の意義を現地社会の事情に即して理解することにもつながる。第二部の三つの章を通じて、スマトラでは幹線道路が重要な役割を果たしており、そこから外れる沿岸部や内陸部との間に地域内格差が見られ、被災と救援・復興過程はそのような地域のかたちを露わにすること、そして地元の人々は移住や転職といった社会的流動性を高めることで地域内格差の解消を試みており、災害対応時はとくに流動性を大きく高める機会となることなどが浮かび上がってきた。

「防災」から「bosai」へ――混沌の時代に光を探る

人々はいろいろな不安を抱えている。しかも、ただ不安を抱えているだけでなく、それぞれが抱える不安の内容が異なっている。別の言い方をすると、世の中が全体でどの方向に向かうべきかという定まった目標がないため、自分がどのような立ち位置にいるかがわからず、どの方向にどのような努力をすればどのような目標に到達するかがわからない「混沌の時代」に私たちは置かれている。

かつては世の中全体で目標とする価値や方向性があった。人々が物語を信じることができ、その物語のなかで自分がどのような立ち位置にいて、どのような努力をすればどのように報われるか想像がつき、その目標に

向かってそれぞれが努力するというのが物語がある時代の生き方だった。世の中全体を覆い、それを受け入れるにしろ反発するにしろ大多数の人に影響を与える「大きな物語」が失われたため、よい大学を出てもよい会社に就職できるとは限らないし、会社のために何十年も働いても、経費削減の名目で簡単にリストラされるようになった。そもそもどれがよい大学でどれがよい会社かについての共通の認識もなくなった。「大きな物語」が失われて人々の価値観が多様になった今日では、「大きな物語」を作り出すのは容易ではない。多様な人々をまとめるのに効果がある外部の強敵という物語を持ち出せば人々は一時的に一致団結できるかもしれないが、仮想敵との関係が悪くなり、人の出入りが激しい今日の社会では、この方法はかえって自分たちの立場を弱くすることになりかねない。

混乱の時代において希望に導く光はどこにあるのか。人々の価値観が多様になった世の中全体に共通した光を指し示すのは難しいが、誰でも当事者になりうるという意味で、災害時に人々が助け合いの手を差し伸べることに光を見ることができるのではないだろうか。

日本では、一九九五年一月の阪神淡路大震災を契機にボランティア社会が顕在化したと言われている。このときのボランティアとはもっぱら国内の災害被災地への支援が想定されていたが、その一〇年後の二〇〇四年一二月に発生したスマトラ島沖地震・津波（インド洋津波）を契機に、日本の災害ボランティアは外国の被災地にも活動対象を拡大した。それ以前は、国外で災害が発生すると、消防隊や医者・看護師といった緊急対応の専門家が被災地入りして救援・復興支援を行っていたが、今日では、緊急対応の専門家でない人も早い時期から被災地入りして、何かできることはないか探す態度も見られるようになった。このように、専門家だけでなく一般市民も海外の被災地で災害ボランティアとして救援・復興支援に携わるようになった時代という意味で、ポスト・インド洋津波の時代と呼ぶことにする。

ポスト・インド洋津波の時代には、災害対応に関わる支援の質と量が増大している。それらの支援は大きく

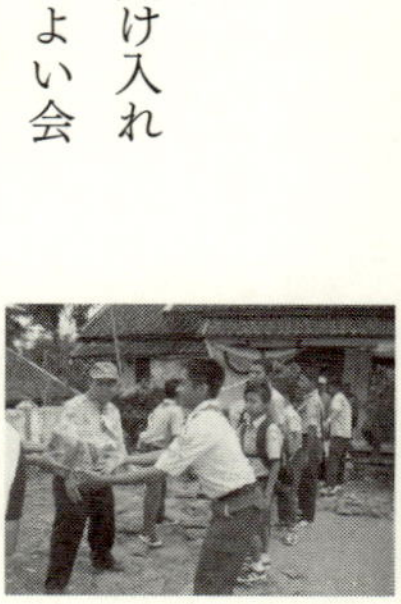

二つに分けられる。一つは日本の最先端の先進技術を伝えようとするもので、受け入れ社会側の対応が十分に整っていないため、そのままではうまく活用できないことも少なくない。もう一つは日本的な助け合いの発想をそのまま持ち込むものである。この二つに共通しているのは、与えるものを作り出す側はどの社会でも通用する普遍的な技術や価値を提供していると考えるが、実際にはそれらの技術や価値は日本社会という固有の状況で発展したものであり、他の社会にはそのままの形では伝わらないことである。日本発の防災を世界各地で使われるように伝えるには、形を変えて伝えていく必要がある。このことを象徴的な言い方で言うならば、日本語の「防災」をローマ字の「bosai」にしなければならない。

日本の食文化である寿司が海外に行って、カリフォルニア巻きのような変わり種を生みながら横文字のsushiになり、さらにそれが日本に逆輸入されて日本の寿司文化が発展したように、横文字のbosaiが日本の防災技術をより発展させることになるかもしれない。

地域研究的想像力と創造的復興

スマトラの事例から得られた手がかりをもとに、防災や人道支援の活動現場で活用可能な知見を引き出すには何が必要なのか。ビッグデータと人道支援の二つを念頭に置き、自然災害から一歩引いて考えてみたい。

本書の冒頭で述べたように、現代世界は「決められない」という課題と「実施できない」という二つの課題に直面している。多様なものが互いにまじりあって一つの大きな袋に入れられてしまい、その中で何かを決めようとしてもひとつに定まった解が得られないし、何か解が示されても、それが自分にとって正しいと思えないという状態に置かれている。また、何かを実施しようとしても、対象も評価も多様であるなかで、何をどうすればよいのかわからなくなっているし、実施する主体が誰であるべきなのかもわからなくなっている。

本書の第一部では互いにまじりあう情報を選り分ける方法を示した。情報は、それが置かれた場や文脈や設

定があってはじめて意味が生まれる。情報を選り分け、その情報が乗っている文脈や設定を取り出して情報を区切るという考え方は、文脈が異なれば情報の解釈の仕方が異なることを前提としている。重要なのは、情報を扱う際に文脈を意識して、その情報が「正しい」範囲に限りがあることを認識することである。

文脈が異なる場が複数あり、それらが互いに混じりあっている状態ではどうすればよいのか。この問いに答えようとするのが第二部である。第二部では、スマトラの地震被災地を舞台に日本の人道支援団体と現地住民の異文化接触の事例を見た。

災害をきっかけに支援と復興の現場で日本人と現地人が出会えば、自分と相手が違うことは互いに明らかだが、どこがどう違うのかははっきりとわからないまま共同作業するという課題にどう対応するのか。自分の文脈すなわち個性を極力消して、無色透明な存在になって関係をつくる対応と、相手の文脈を読み解いて個別に行う対応がある。

どのように相手の文脈を読み解くのか。ここで重要なのは、いつでも誰に対しても適切な対応の仕方があるのではなく、現場ごとに目の前にいる人の文脈を捉えて行動する必要があることである。現場で目の前の人を相手に文脈を見つける方法を、具体的な事例に即して第二部で示した。

人道支援の現場で観察されたのは、人道支援の現場の人々も自分を無色透明にする方向では幸せになれないと感じていることである。支援する側は、自分がなぜその支援を行うのかという物語を求めている。そして支援される側も、自分がなぜこの人に支援されるのかという物語を必要としている。人道支援の成果を決定づけるのは、その事業を通じて相手と自分の間にどのような関係がつくられたかという物語の部分ではないか。

他者を理解するときに個別事例としてではなく社会の構造の中において捉えるという社会学的想像力の考え方は、さらに相手と自分が異文化である可能性に積極的に意識を向ける人類学的想像力へと展開した。今日では、その系譜上で、自分が相手に働きかけ、また、相手が自分のことを観察しており、観察を通じて相手の態

度が変わりうることを前提とする地域研究的想像力が求められている。

地域研究的想像力は、社会が均質であるという前提を捨て、異なる文化が並立していることを認めた上で、互いに関わりあうなかで作られる世界を思い描く。人道支援とビッグデータの時代をよりよく生きる上では、多様な世界をばらばらのままにするのでなく、相手と自分の色の違いを知ったうえで、互いを繋ぐ物語をうまく紡ぐ力が求められている。既存の物語をそのまま使うことはできず、新しい物語を作りだす必要がある。その意味で、今こそ地域研究的想像力が求められている。

補論

災害・復興研究の系譜

地域研究の視点から

東日本大震災を経て防災や復興への関心が高まっているが、災害対応研究が必要とされるのはそのためだけではない。「戦争の時代」から「人道支援の時代」へと大きな転換を迎えつつある今日の世界にあって、災害対応研究は災害対応以外の分野にも有効であると考えるためである。[*1]

国連が調整役となり「史上最大の救援作戦」と呼ばれた二〇〇四年のスマトラ島沖地震・津波の復興過程が示したように、今日では大規模自然災害が生じると国際社会が支援するようになった。そのことは数多くの大規模自然災害に見舞われてきたインドネシアで顕著に見られるが、世界の他の地域の災害でも国際社会が緊急・復興支援を行う姿を見ることができる。これを別の面から見れば、今日の国際社会における自立とは、災

*1 「『戦争の時代』から『人道支援の時代』へ」の議論は［上野・西ほか編著 2012］所収の西芳実報告を参照。地域研究における災害対応研究の意義について、東日本大震災後に発表されたものとして、文化人類学については［市野澤・木村ほか 2011］がある。『歴史学研究』の第八八四号（緊急特集「東日本大震災・原発事故と歴史学」、二〇一一年一〇月）では、歴史学が原発問題などの社会問題を研究対象として批判する必要性が唱えられている。

被災地での調査風景

害などの非常事態が発生したときに自分たちだけで復興できることではなく、国内外から差し伸べられる支援の手をうまく掴む態勢を整えておくことだとする理解も可能である。

このことは地域情報や地域研究の位置づけにも変化をもたらすと考えられる。「戦争の時代」においては、外交とは紛争を予防し、あるいはすでに発生した紛争を解決するものであり、地域情報もそのために必要とされた。地域研究は、帝国主義的な支配に抗する人々の動きや思想を理解することで、そのような人々に寄り添おうとした。これに対し、「人道支援の時代」においては、災害や紛争などの人道上の危機に直面した国や地域を支援することが求められる。ただし、災害の発生は正確に予測できないため、いつどの地域に救援を派遣すればよいか事前に準備することができず、各地域の事情に通じた専門家との協力が必要となる。

歴史的に、東南アジアは世界のさまざまな文明世界の周縁に位置づけられてきた。これに対し、東南アジア研究は、東南アジアの人々が外来文明を一方的に受容してきたとする見方を退け、東南アジアの人々が外来文明と地域の論理との間で折り合いをつけながら外来文明を改変して受容してきたことを積極的に評価してきた。そのように考えるならば、外部社会からもたらされる防災や人道支援の論理が災害対応の現場でどのように受け入れられ、地域社会の人々に受け入れやすいかたちに変えられているかに着目する「災害対応の地域研究」は、東南アジア研究の延長上にあり、スマトラ島沖地震・津波以降の「人道支援の時代」にあってそれをさらに発展させるものと言えるだろう。

本補論では、スマトラ島沖地震・津波以降を主な対象として、防災および人道支援との関係を意識しながら地域研究による災害対応研究の動向を整理し、「災害対応の地域研究」の意義と可能性を考えてみたい。

1　スマトラ島沖地震・津波と地域研究

災害と防災・人道支援

災害[*2]とは、特定の地域において社会秩序が突如として崩壊し、外部社会からの支援などを得て再編される契機となる出来事である。社会秩序が崩壊して再編される過程である災害対応過程は、現場の状況が刻々と変化し、また、居合わせた人々すべての災害対応へのコミットが求められるという特徴を持つ。

災害は、同じ場所で繰り返し発生するが、それがいつどこで起こるかを正確に予測することはできない。また、災害は、地震・津波や火山噴火、台風などのように類型化して捉えられるものの、被害と復興は災害ごとに常に異なる過程として経験される。これらの特徴のため、災害対応の現場では、災害のたびに異なる被害と復興の経験をどのようにして共有し、地域や時代を越えて、さらに分野の違いを超えてどのように伝えていくかが課題となる。

日本では、国内の災害対応は防災研究が[*3]、国外の緊急・復興支援は人道支援が中心になって取り組んできた[*4]。防災も人道支援も、時代や地域の違いによらずに適用できるように設計されてきた。防災研究は国内の災

*2　災害の捉え方は社会によって異なる。たとえば社会を対象とする災害研究の古典である［ソローキン 1998］は、災害（calamity）として「飢餓」「ペスト（疫病）」「革命」「戦争」を扱っている。この補論は自然災害に限定している。自然災害以外を含む災害の類型は［山本 2011a］および［ラファエル 1989］［ホフマン・オリヴァー＝スミス 2006］を参照。

*3　この補論では、日本の防災研究を意識しているために「国内」「国外」という区分を用いて記述している箇所がある。「国内」とは日本国内、「国外」とは日本国外を指す。「国外」は具体的にはインドネシアやその一部の地域を指すが、東南アジアやより広い範囲での議論の有効性も念頭に置いている。

害の事例を中心に経験を蓄積し、また、人道支援では国際標準に沿った支援プログラムが進められてきた。しかし、国外の被災地への適用において、防災と人道支援はいずれも標準化された技術や支援と地域の文脈のあいだでどのように折り合いをつけるかという課題を抱えている。たとえば人道支援事業は、世界のどこでも適用すべき基準を持ち、その基準に照らして人道支援事業を展開する。世界のどの人々にも同質・同量のサービスを提供すべきとする人道支援の理念と、それぞれの地域の文脈に沿った支援を行うべきという理念は、人道支援事業の現場でしばしばコンフリクトを引き起こしている。*5 災害対応の現場において、地域の文脈を理解する地域研究の見方が求められている。*6

契機としてのスマトラ島沖地震・津波

地域研究における災害へのアプローチは、清水展によるフィリピンのピナトゥボ山噴火に関する研究［清水 2003］を除けば、二〇〇四年一二月に発生したスマトラ島沖地震・津波を契機に大きく進展したといえる。災害対応と社会を結びつける上で、スマトラ島沖地震・津波は以下の二つの意味を持つ。

第一に、国際社会において社会の課題にアプローチする方法として災害対応が位置づけられ、防災・災害復興支援が国際協力の重点課題となった。スマトラ島沖地震・津波では、国際機関や日本を含む各国政府が自然災害の被災地支援事業に取り組み、防災や復興支援における国際協力の枠組みづくりを促した。二〇〇五年一月には神戸で国連世界防災会議が開催され、また、世界銀行は開発途上国の貧困削減のための重要な項目として防災・災害復興支援を位置づけ、貧困削減のための取り組みとして災害リスクの軽減を主流化する方針を示している。

第二に、防災や人道支援においても地域研究の重要性が認識されるようになり、地域研究者を含んで共同研究プロジェクトが組織されるようになった。スマトラ島沖地震・津波が複数の国にまたがる広域災害だったた

め、緊急人道支援や復興支援にあたっては各地域社会の事情に詳しい専門家の協力が求められた。*7 また、防災において災害前と災害後の対応を連続して扱うようになったこともあり、防災研究でも地域研究との協力の重要性が認識されるようになった。*8 この結果、それまで災害対応にほとんど縁がなかった地域研究者が災害対応に関わることも見られるようになった。*9

災害対応と地域研究をめぐる新しい展開の中で、地域研究の側から防災・人道支援に協力・連携する動きも見られるようになってきた。たとえば東南アジア学会は、二〇〇九年九月の西スマトラ地震に際して緊急研究

*4　日本の災害研究に関して、近代以後は［大矢根・浦野ほか 2007］を、近代以前は［宮瀧 2010］を参照。社会学系と人類学系を中心とした災害に関する国内外の研究史は［木村 2005］に詳しい。国内を中心とした防災・災害対応の文献解題は［板倉 2008］、災害の記憶に関する文献案内は［林・池田ほか 2005］がある。なお、災害の社会科学の研究課題をジェンダー化した初めての包括的な試みに［Enarson & Morrow 1998］がある。また、*International Journal of Mass Emergencies and Disasters* の第一七巻第一号（一九九九年）でも災害とジェンダーの問題が特集されている。

*5　タイにおける救援復興支援について、佐藤仁は、援助物資の配分のかたよりは「横取り」によるものではなく、援助する側の配分の論理と援助される側の配分の論理が食い違うためであるとし、その原因はよそ者による地元文化の読み間違いや軽視、そして援助を受け取る側の誤解のためと論じている［佐藤 2007］。また、地元文化にではなく事業の構造自体に問題があるとする見方もある。タイの津波被災地で調査を行った小河久志が指摘するように、ドナーとの関係もあって常に確実性や即効性を求められる国際ＮＧＯには、いくら住民のニーズがあっても問題が起こる可能性があるプロジェクトは実施できず、支援を求める被災者が自力で復興再建しなければならないというアイロニーがある［小河 2010］。

*6　［矢守・渥美編著 2011］は、従来の防災・復興などで用いられてきた諸概念を災害対応の現場の経験をもとに捉え直そうとする試みであり、対象は国内の災害であるが、本書の「災害対応の地域研究」に通じるものがある。［矢守 2009］も参照。

*7　地域研究者と人道支援コミュニティを結ぶ共同研究プロジェクトとして、文部科学省「世界を対象としたニーズ対応型地域研究推進事業」「人道支援に対する地域研究からの国際協力と評価：被災社会との共生を実現する復興・開発をめざして」（二〇〇六～二〇一〇年度、代表者：大阪大学・中村安秀）がある。同プロジェクトの内容は［中村・山本編 2009］を参照。

*8　ＪＳＴ－ＪＩＣＡ地球規模課題対応国際科学技術協力事業「インドネシアにおける地震火山の総合防災策」（二〇〇八～二〇一一年度、代表者：東京大学・佐竹健治）にはサブグループ「地域文化に即した防災・復興概念」（リーダ機関：京都大学地域研究統合情報センター）が置かれた。同サブグループの研究内容は［西・山本編著 2012］を参照。

集会を組織し、防災研究者や人道支援の実務者と情報共有を行ったほか、[10] 東南アジアにおける災害の発生にあたって被災地に詳しい地域研究者を人道支援団体に紹介するなど、具体的な協力・連携を通じて地域研究の知見と防災・人道支援の知見を接合する努力を積み重ねてきた。

地域研究による災害対応へのアプローチ

地域研究者による災害対応研究は、防災研究を学んだり人道支援の経験を身につけたりした上で被災地で調査研究を行うのではなく、歴史学、政治学、文化人類学、開発学などの専門分野や関心をもって災害と無関係に研究を行っていた地域研究者が、研究対象地域の被災を契機に災害対応を観察し、記述するところから始まったものが多い。地域の文脈を重視する地域研究者は、日本の事例をもとに組み立てられた防災研究の枠組みがそのまま国外の被災地に適用されることや、[11] 国際標準に沿った人道支援の支援パッケージが地域の文脈を考慮しないかのように実施されることへの違和感を抱きながらも、自分たちの研究が被災地の「いま・ここ」での緊急・復興支援に直接の役に立たないという現実に直面しながら被災地の災害対応に寄り添ってきた。

地域研究者は、災害対応の現場で「役に立つ」知見の提供を求められることを通じて、地域や分野の違いを超えて活用される知のあり方を模索することになった。防災や人道支援では研究者や支援者が研究や支援の対象である住民や被災者と明確に区別されていたのに対し、対象地域を柔軟に設定しうる地域研究においては、防災研究者や人道支援の実務者を（さらには地域研究者自身をも）アクターとして災害対応過程を捉える視点も可能である。災害発生から数か月で事業を終えて別の被災地に移る防災や人道支援の実務者と異なり、特定の地域に比較的長期にわたって関わる地域研究者は、スマトラ島沖地震・津波から現在に至る約九年間の復興過程を観察してきた。

このようにして積み重ねられてきた「災害対応の地域研究」においては、繰り返しになるが、災害とは日常

生活から切り離された特殊な時間・空間ではなく、社会が抱える潜在的な課題が極端なかたちで現れ、人々の目に露わになっている状態であると捉える。したがって、災害からの復興とは、単に被災前の状態に戻すことではなく、被災を契機に明らかになった社会の課題に働きかけ、それを解決することでよりよい状態にすることと理解される。*12

このような創造的復興を可能にするには、被災後の状況だけでなく被災前の状況も理解する必要があり、また、直接の被災地だけでなくそれを関連する社会のなかに置いて捉える必要があり、被災地や被災者を時間や空間の広がりの中に置いて捉える地域研究の重要性はますます高まっている。

そのためには、既存の特定の学問分野の中で専門性を深めるだけでなく、学問分野の違いを越え、さらに業

---

*9　他方で、スマトラ島沖地震・津波は、被災社会に関する十分な知識や理解を持たない人文社会系の防災研究者が被災地で調査研究を行う機会ともなった。そのような研究の例として［木股・田中ほか編著2006］がある。また、［林編著2010］は、［木股・田中ほか編2006］の分担執筆者と地域研究者の論考を掲載している。たとえば田中重好は、アチェでは被災から一年目まではコミュニティが助け合って復興が進んだが、被災から一年が過ぎると中央官庁であるアチェ・ニアス復興開発庁（BRR）が設置されて行政組織と非政府組織（NGO）が中心になって復興事業を進めたため、復興住宅が建てられても入居が進まないなどの遅れが見られると論じている［田中2010］。ここでは、被災前から社会的流動性が高いアチェ社会において人々が流動性を高くすることで災害に対応しようとしたことが全く考慮されず、コミュニティが固定的に捉えられている。

*10　二〇〇九年一一月に緊急研究集会「支援の現場と研究をつなぐ――二〇〇九年西スマトラ地震におけるジェンダー、コミュニティ、情報」［山本編2010］が、二〇一〇年六月に研究大会パネル「学術研究と人道支援――二〇〇九年西スマトラ地震で壊れたもの・つくられるもの」［西・山本編2010］が行われた。また、二〇一一年タイ洪水災害では二〇一二年五月に研究会「タイ洪水が映すタイ社会――災害対応から考える社会のかたち」［山本・西編2013］が、二〇一三年一一月のフィリピン台風災害では一二月に緊急研究集会が開催された。

*11　林勲男は、地域研究（文化人類学）が作り上げてきたフィールド調査の方法を十分に身につけずに被災地調査を行うと、現地に赴いて災害体験を直接聞き取り、単にそれを書き写したものか、それらの語りを研究者が統合・編集しただけのものを生み出すことにしかならないと批判する［林2010］。災害対応における「文化」の捉え方に関しては［木村2005］も参照。

種や専門性の違いも越えて学術研究と社会的実践を積極的に結びつけることが重要である。研究成果を公開発表する際に、特定の学問分野の中だけで理解される様式ではなく、必要であれば専門性を下げてでも、異業種・異分野の専門家に伝わり、活用できるような様式を工夫することも必要となる。「災害対応の地域研究」とは、このように、研究対象の地域社会に対する深く広い知識と理解、異業種・異分野の専門家による協業と連携、専門性が異なる人に活用可能なかたちで提示される研究成果の三つが重なりあって進められる災害対応への取り組みである。

以下では、「災害対応を通じた社会の再編」と「情報共有とレジリエンス」の二つに分けて「災害対応の地域研究」の研究動向を紹介したい。

2 災害対応を通じた社会の再編

災害は、社会の潜在的な課題を露わにし、それまで触れられなかった課題への取り組みを促す契機となりうる。また、災害対応を通じて、被災前の社会には存在しなかった考え方や、実現が難しいように見えた制度が形成されることがある。このように、災害は社会に損害を与え、社会の力を弱める一方で、社会が被災前から抱えていた課題を克服する契機となる側面もある。その意味で、被災後の社会の対応は、壊れたものの修復や失われたり損なわれたりしたものの回復という観点からだけでなく、災害への対応を通じて社会がどのような新しい制度や思想を生み出すのかという観点からも見るべきである。

災害対応の当事者は被災地の行政や住民だけではない。特に、大規模な自然災害では国際機関や国際ＮＧＯが被災地入りし、救援・復興支援に取り組む様子が見られる。このため、被災地では、災害の発生で社会が人

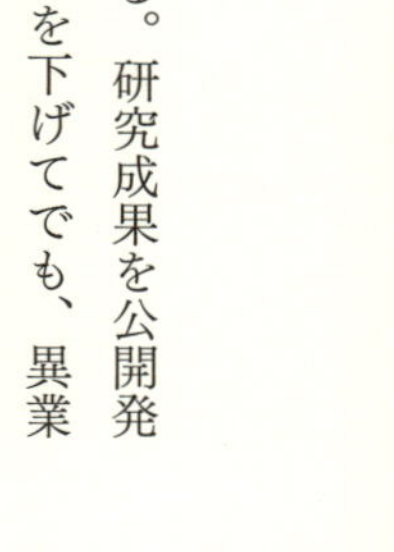

的・物的被害を受けるだけでなく、それまで被災社会になかった新しい関係の場が作られることもある。[*13]

日本とインドネシアでの災害対応における際立った違いの一つは、日本では甚大な被害が出ても災害時には行政主導で復興事業を進めようとするのに対し、インドネシアでは国外からの支援も含めて救援・復興を進めようとすることである。国内の災害対応では、自らを助ける「自助」、コミュニティで助け合う「共助」、行政による「公助」の三つの要素があると言われるが、これに「外助」とでも呼ぶべき外部社会からの支援も加わりうる。

移動と自立

スマトラでの緊急人道支援において、防災や人道支援の実務者と地域研究者が協働するなかで出てきたのが「社会的流動性の高さ」という考え方である。社会的流動性の高さとは、ここでは社会の構成員が固定的でなく入れ替わりが激しいことを指し、さらに、住居や生業といった生存基盤のかたちが固定的でなく、よりよい住居や生業を求めて人々が日常的に改築や転職を行っている状態も指す[*14]［山本 2010b］［西・山本 2010］。この点が

*12　国内を中心に災害対応に取り組んでいる大矢根淳は、被災を契機に災害に強い町づくりをしようとすることは被災者一人一人の生活再建よりも都市計画を優先することにつながると批判し、日本ではこうした事例が関東大震災前後から一般化していると指摘している［浦野・大矢根ほか 2007］。被災前の社会が発展し安定しており、被災を契機に発展や安定が一時的に失われるという理解が前提とされる国内の災害対応への批判としては理解できるが、本書で述べるインドネシアのように社会的流動性が高い社会においては、災害を契機に「よりよい」社会を作るという考え方が有効であるように思われる。これは、「よりよい」をどう捉えるかという問題とも関連している。なお、「よりよい」とは誰が決めるのか、地域研究者が研究対象地域の「よりよい」状況を判断してよいのかとの問いがありうる。これに対して、被災地における救援・復興が国内外の別なく多様な背景の人々によって織りなされることを強調することで、地域研究者も、その一人であるとの自覚のもと、自らが考える「よりよい」あり方を発してよいとする積極的な立場として［西 2011a］がある。

*13　アチェを事例として、被災を契機とした人道支援が地元社会に負の側面をもたらすという議論に［佐伯 2008］がある。

十分に理解されれば、行政や支援団体が提供した復興住宅に入居者が少なく「空き家」が多く見られることに対しても、その背景を考えることが可能になる。[*15]

西スマトラのミナンカバウ社会に「ムランタウ」と呼ばれる出稼ぎの慣行があることはよく知られているが、「社会的流動性の高さ」とは、それを現地社会の固有性によって説明するのではなく、防災や人道支援の実務者に理解しやすいかたちで表現したものであり、防災や人道支援の分野での有効性も検討されている［牧 2011a］［山本理夏 2011］。

地元住民の要請と無関係に事業地を区切って支援を展開する人道支援事業への対応に関連して、インドネシア社会はポスコ（posko）の利用によって対応した。ポスコは、災害などに際して自生的に組織され、必要がなくなると解散する「連絡詰所」（pos kordinasi）の略語で、一般名詞である。災害時には被災地内外の団体や組織がポスコを設置し、ポスコどうしが連絡をとりあうことによって、行政区画の枠を超えて移動する被災者に行政やＮＧＯが領域ごとに行う支援を届ける役割を果たした［山本 2010a］。

インドネシアの災害対応では、移動によって災害に対応しようとし、また、ポスコなどを利用して外部社会が差し伸べる支援と結ぼうとする態度が見られる。[*16] 他者の支えに頼らない自立ではなく、複数の他者による支えを受けることによる自立が見られ、自立の意味が問い直されている。

社会変革の契機

社会における災厄の位置づけ方には、①災厄の原因をつくった人物・集団や思想・主義を特定し、それに責任を負わせることで社会における正義や秩序の回復・維持をはかろうとする責任追及型と、②人為的な災厄を含めて、あたかもそれが自然災害であるかのように人知を超えたものに原因を帰することで社会の深刻な亀裂を回避する自然災害化型の二つがあるとする議論がある［上野・西ほか編著 2012］。[*17]

災害を契機に社会が抱えていた課題が解決した例として、アチェの和平合意がある。スマトラ島沖地震・津波の最大の被災地となったアチェ州は、インドネシアからの分離独立を掲げる自由アチェ運動（GAM）が一九七六年以来インドネシア政府との間で武装闘争を行い、三〇年に及ぶ紛争状態が続いていた地域である。インドネシア政府が軍事戒厳令を敷いた二〇〇三年からは、報道関係者や人道支援関係者ですらアチェへの入境が許されず、アチェは外界から完全に閉ざされた状況に置かれていた。このような状況で、津波を契機とした国際社会による人道支援のアチェへの流入は、「囲い込み」の状態にあったアチェを外部社会に開いた。*18 この過程でGAMとインドネシア政府は和平合意に至り、三〇年に及ぶアチェの分離独立運動は幕を閉じた。人道

---

*14 防災や人道支援の現場で観察される食い違いを地域の文脈を把握する方法として見る例として［山本2011b］を参照。本書第5章および第6章を参照。

*15 復興住宅に「空き家」が多いことを問題として捉える防災研究の例として［阪本・河田ほか2008］がある。地域研究の立場からは、支援団体から供与された復興住宅を津波で亡くなった娘の追悼のための「墓」にした例［西2010a］や、支援する側が支援内容の用途を指定した上で支援を行ったために支援される側の行動を縛った例［山本2010a］がある。アチェの復興住宅に関しては［牧・山本2010］も参照。また、復興住宅に関しては、持続可能な平常の住宅市場に収斂させるために国際機関が自律的にNGOと地方政府の橋渡し役を演じるべきとする指摘［小林2006］や、ジャワ島ではコミュニティの成員間の関係が密であるために迅速な住宅再建がなされたとする議論［塩崎2009］がある。

*16 移動する被災者と地域の再生については［牧2011b］がある。アチェにおける移動する被災者と地域の再生については［山本2012］も参照。

*17 ただし、この考え方が日本以外でも成り立つかは検討の余地がある。西谷修によれば、フランス人であるジャン＝ピエール・デュピュイは「悪」を「自然的悪」「人間のうちに潜む悪」「システム的な悪」の三つに分け、あらゆる「厄災」をすべて「悪」と一括しており、これは西洋的思考に固有の特徴であるとしている。西谷は、その考え方は自然災害に悪意を見出さない日本的思考と異なるとしたうえで、近代においては「道徳的悪」が「自然的悪」を呑み込み、その果てに誰の責任に帰すこともできない「システム的な悪」が生まれると論じるデュピュイの議論と接合しうると論じている［西谷2011］。これに関連して、ミャンマーのサイクロン災害を例とし、自然災害では社会内に責任を問わないという考え方をめぐる議論については［林・山影ほか2011］を参照。

支援事業を通じて、紛争を支えてきた「囲い込み」という構造が失われたことが和平合意の背景の一つとなったと考えられる。[19]

外部者の役割

人道支援はアチェの「囲い込み」を解いたが、皮肉なことに、人道支援事業が被災地を行政区域ごとに区切って実施されたことで、人道支援はアチェに新たな「囲い込み」を生むことになった。大手の国際NGOは、アチェで支援事業を実施するにあたり、テレビなどの報道関係者が訪れやすい事業地を選ぼうとした。被災地入りした支援団体は早い者勝ちで事業地を取り合い、支援団体が増えると調整のための会議を行い、後に支援団体どうしで事業地を交換したり、調整会議に参加していない支援団体による独自の支援活動に対して抗議したりした。支援団体側の事情で事業期間が終わると、地元NGOに支援事業の監督を委ねて事業地から撤退していった。これらの様子は、かつて欧米列強が東南アジアを訪れて早い者勝ちで拠点を取り合い、必要に応じて領土を交換して植民地分割を進め、また、撤退時には、宗主国の言語を解し、宗主国の政治経済の仕組みを理解している地元エリートに政権を託して独立を付与した植民地化と脱植民地化の過程をわずか一年程度に圧縮したかの様相を呈している。

災害時には、被災という非常事態に対応し、日常を取り戻すために平時には見られなかったような対応がとられることがある。それは、一見すると場当たり的で、被災前や平時の常識や基準から逸脱しているように見えるものもあるが、同時に、新しい担い手や決まりが導入され、被災前の社会の課題の克服につながる社会再編や新しい制度導入の契機になりうる。[20]

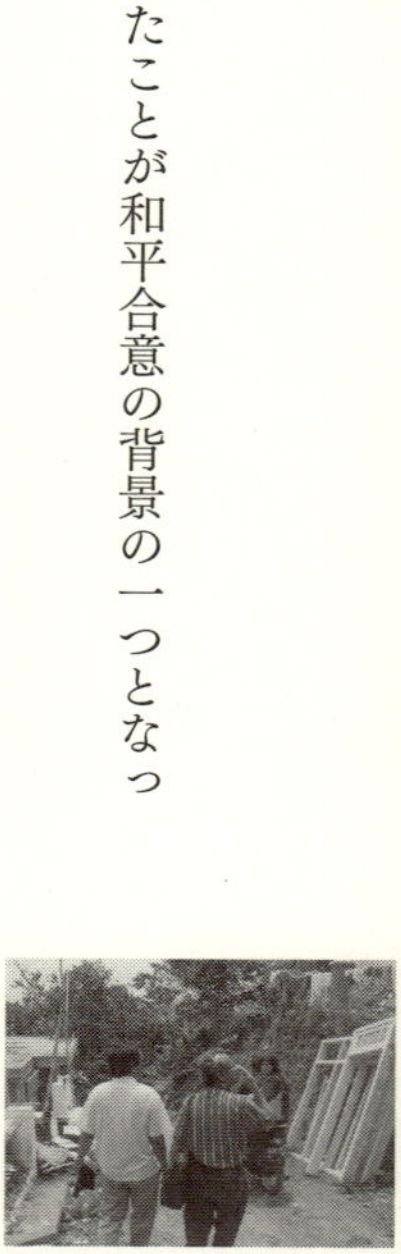

3　情報共有とレジリエンス

災害は人命や財産を奪うだけでなく、記録や記憶のよりどころとなる博物館・文書館、景観、文化・芸能の担い手にも大きなダメージを与え、被災前と被災後の社会の間に断絶をもたらす。また、運輸・通信インフラが被害を受けることで、被災の現場に関する情報が手に入りにくくなることから、被災した社会内での情報共有や、被災した社会と被災していない社会のあいだの情報共有に困難をきたす。*21 被災前と被災後、そして被災した地域と被災していない地域という二つの断絶に対し、断絶した経験をつなぎあわせ、被災前と被災後の歴

＊18　本シリーズ第二巻を参照。アチェ紛争の構造とその和解の経緯については［西 2007b］を参照。災害が地域社会と外部世界との繋がり方を再編する契機となることについては［西 2008a］で論じられている。また、災害犠牲者を弔うことが紛争中に弔うことのできなかった紛争犠牲者の弔いを可能にしたことについては［西 2011b］を、アチェ紛争がアチェ内外の人々によってどのような語られ方をしてきたかについては［佐伯 2005］を参照。

＊19　スマトラ島沖地震・津波後のインドネシアでは、「公正な生き方をする人も災害の犠牲者になる」という言い方によって、災害で被害を受けることをその人の生き方の良し悪しと結びつけない考え方が生まれ、被災者と被災していない人の相互扶助の促進が見られた［西 2010b］。

＊20　本シリーズ第三巻では、さまざまな災害の事例について、非常時における現場の対応がその社会が抱える課題の克服のためのどのような取り掛かりとなったかを考える予定である。

＊21　二〇〇六年のジャワ地震では、被災者に情報提供するために地元ＮＧＯがコミュニティ・ペーパーを発行した［西・山本 2009］。インドネシア地域研究者の浜元聡子は、二〇〇六年のジャワ島中部地震を契機に被災地に住み込み、地域社会に対する理解をもとに地域社会の防災情報拠点を開設・運営した［浜元 2010］。スマトラ島沖地震・津波の際に現地語情報を日本語に翻訳してインターネットで配信することで被災地と外部社会の情報の断絶を解消しようとした試みについては［山本 2008a; 2010c］を参照。

史を結び直し、社会の連続性を回復させるのは人々の記憶や物語である。

災害の情報に対するダメージは、主に情報の欠如として現れる。[*22] 災害では文書が損壊し、被災前の情報が失われることがある。さらに、情報が個人の記憶や経験としても蓄積されることを考えれば、災害によって社会の成員の多くが失われることで、その社会にあった情報が失われることにもなる。このようにして生じる情報の欠如は、救援・復興事業を進めるのに必要な情報が不足するだけでなく、被災後の社会の再建に必要な社会の記憶や技術・経験の継承の問題としても現れる。

被災によって生じた情報の欠如に対応するには、事前に情報を分散させたり、情報が失われないように保管したりすることや、情報のかたちを変え、媒体が変わっても情報が継承されるようにしておくことで情報の耐久力を確保する考え方がある。これは、近年の災害対応で取り入れられている回復力や復元力に関わる「レジリエンス[*23]」の考え方に通じている。

社会の亀裂の修復——文化遺産と歴史・行政文書

災害は、人々にそれぞれ異なる経験をもたらし、被災前に一つの社会を成すと思われていた人々の間に大きな亀裂を与えることがある。文化遺産や歴史文書を被災前の状況に修復することは、社会の亀裂を修復することにつながりうる。

災害によって損壊・損失した文化遺産や歴史文書・行政文書の修復・保全は、地域研究者、とりわけ人文社会系の研究者が自らの専門性を生かす機会となる。[*24] 発災直後は人命救助や生活再建が優先され、歴史文書や行政文書の修復・保全や復興過程の記録は後回しにされることが多い。しかし、復興・再建にあたってはさまざまな行政文書が必要になり、また、被災によって断絶してしまった記録や記憶を結びなおす際には、地域の被災前の歴史に関わる資料や復興過程の記録が必要となる。文化遺産や歴史文書は、研究者にとっての研究資源

となるだけでなく、地域社会にとっての歴史的記憶のよりどころでもある。域外で保全されていた資料を活用して被災地の記憶や記録の修復・復興をはかる関わり方もある。[*25]

文化遺産や文書は地域社会の人々が記憶や物語を再構成する上で重要な役割を果たすが、記憶や物語の再構成にあたっては地域の文脈に通じた地域研究者も重要な役割を果たしうる。地域研究において地域社会の言語・文化や諸制度を記述する基礎研究は、被災した地域社会の人々が記憶や物語を回復する助けとなりうる。

社会の亀裂の修復は、何世代もの歴史の中で行われる。一度入った亀裂は繰り返し社会の問題として表れ、あるとき亀裂を修復する合意が形成されたように見えても、後の時代に再び亀裂が問題になることもある。[*26]

---

*22 情報の過剰が問題となることについては［上野・西ほか編著2012］を参照。

*23 レジリエンス概念の災害対応への応用は、国外では *Natural Hazards Review*（American Society of Civil Engineers）などの学会誌で頻繁に議論されている。国内では、『環境社会学研究』の第一六号（災害特集号、二〇一〇年）や日本建築学会の『建築雑誌』の第一六二八号（特集：「東日本大震災一周年：リジリエント・ソサエティ」、二〇一二年三月）が災害対応におけるレジリエンス概念を紹介・検討している。

*24 東京外国語大学では、スマトラ島沖地震・津波により甚大な被害を受けたアチェ地域の史資料を中心とする文化財の復旧・保存に協力するため、二〇〇五年三月にアチェ文化財復興支援室を開設し、バンダアチェ郊外の内陸部にあるタノアベ・イスラム寄宿塾での写本の調査およびカタログ化を行った［Fathurahman 2010］。

*25 アチェではバンダアチェ市内に位置するアチェ資料情報センター（Pusat Dokumentasi dan Informasi Aceh）が津波により全壊し、保管されていた歴史文書が流出した。これらの歴史文書の多くはオランダに写しがあったため、オランダで保管されていた資料をもとに再建がはかられた。アチェの外部で保管されていた歴史文書をアチェ内の各地域に位置づけて由来と意義を解説し、これにより世界史におけるアチェの位置づけを再構成しようとする試みとして［Feener, Daly & Reid 2011］がある。

*26 本シリーズでは今後、世界各地の災いの歴史を振り返り、戦争や災害によって深刻な社会的亀裂がもたらされた社会が亀裂の修復のためにどのような試みをしてきたかも考える予定である。

記録と記憶の継承——小説、記念碑、ミュージアム

被災によって失われた情報を回復するための方策は、被災前の情報を取り戻すだけではない。被災によって断絶した記憶を繋ぎ直し、世代を越えて継承されるものとする上では、小説、記念碑、ミュージアムなどの被災後に作られたものの役割も重要となる。被災を契機に新しく作り出された物語を被災地・被災者の間で、さらに地域や時代を越えて共有することは、被災によって断絶が生じた社会の復興を助けることになる。

災害は、被災者にとっても外部社会の人々にとっても記録や記憶に残す対象となる出来事である。被災者の経験や記憶を記録として残し、他の人々と共有する試みはさまざまなかたちでなされている。[*27] 文学は、公的な記録に掬い取られない個々人の思いや、災害によってもたらされた解消しえない思いを掬い取る。[*28] また、ミュージアムは、災害を記録するためだけの施設ではなく、それを被災地以外の人々や次世代の人々に伝え、被災地を世界および人類史に位置づけようとする試みでもある。[*29]

体験の共有化——災害エスノグラフィーと津波モバイル博物館

被災前から存在する文化遺産や歴史文書だけでなく、災害からの復興過程も「遺産」として保全され、次世代に伝えられるべきものである。ここで考えるべきことは、知のかたちに応じた地域情報の共有の方法である。統計資料は地域情報を共有する方法の一つであるが、図像や音声などの表象資料、さらには人々の体験などをどのように共有するかという課題がある。災害に関するミュージアムでは、関係した人々の語りを録音やビデオ映像で利用できるようにしたり、関係者が語り部として体験を語ったりする工夫が見られる。

災害対応の体験を共有するために国内の防災研究が進めているのが災害エスノグラフィーという方法である。その名前を冠した書籍［林・田中ほか 2009］も刊行されており、今日では国内の行政において防災の一環として認知されている。災害エスノグラフィーとは、行政や警察・消防などで災害対応に当たった人々にインタ

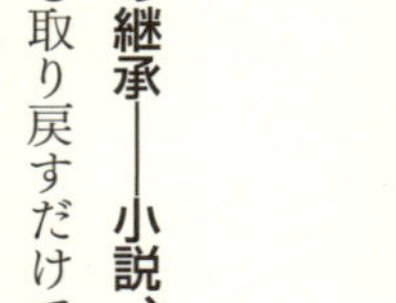

ビューを行い、災害発生時の状況を記録する方法である。これは、マスコミによる紋切り型の報道によっても専門家による数値データを使った説明によっても災害の全体像は理解できないとして、災害の現場に居合わせた人々の話を聞き、そこから他の災害にも適用できる事実や知恵を明らかにしようとする試みであり［重川2005］、災害発生から刻々と変化する被災地の状況や、被災者や支援者の置かれた環境やそこでの判断や行動などを「異文化」と捉え、それを被災地以外に住む人々や後世に伝える方法と捉えることもできる［林2011］。事例が持つ固有性の抽出ではなく、事例の違いを超えて成り立つ共通性の抽出に力点を置いており、この点において文化人類学のエスノグラフィー（民族誌）と強調点が異なっている。*30

被災と復興の過程を人々の暮らしの中に置いたままで示す試みとして、地域研究の知見と地域情報学の手法を用いてアチェの津波被災と復興の経験を地元社会と世界で共有するアチェ津波モバイル博物館およびアチェ津波アーカイブの試みが進められている。

*27　アチェの被災地を歩いて被災者の言葉を集めたものに［広瀬2007］がある。また、過去の災害に関する伝承に、アチェ州のシムル島に伝わっているスモンの言い伝えがあり、高藤洋子氏（立教大アジア地域研究所）が紹介している。スモンには二〇〇四年のスマトラ島沖地震・津波を経て伝承の再強化が見られる。

*28　インドネシアの短編小説における被災の描かれ方については［柏村2011］や［西2008b］がある。

*29　アチェの津波博物館については［阪本・木村ほか2009］［阪本・矢守2010］がある。災害ミュージアムの歴史的展開は［寺田2008］にまとめられている。

*30　体験を共有する方法として、西芳実はアチェ州で「タイプライター・プロジェクト」と呼ぶ活動を行っている［西2011c］。被災から数年が経ち、住宅を手に入れ、暮らしが落ち着いてきたころを見計らってタイプライターと紙を提供し、生い立ちから人生を振り返って書いてもらい、その中に津波後の経験を織り込んでもらう方法である。本シリーズ第二巻参照。

参考文献

Enarson, Elaine & Bettey Hearn Morrow. (eds.). 1998. *The Gendered Terrain of Disaster: Through Women's Eyes*. London: Praeger.
Fathurahman, Oman. (ed.). 2010. *Katalog Naskah Dayah Tanoh Abee, Aceh Besar* (*Aceh Manuscripts: Dayah Tanoh Abee Collection*). Jakarta: Komunitas Bambu.
Feener, R. Michael, Patric Daly & Anthony Reid. (eds.). 2011. *Mapping the Acehnese Past*. Leiden: KITLV.
石巻日日新聞社編 2016『6枚の壁新聞——石巻日日新聞・東日本大震災後7日間の記録』（角川マガジンズ）、角川グループパブリッシング。
板倉有紀 2008「補論〈災害の社会学〉関連文献解題」吉原直樹編『防災の社会学——防災コミュニティの社会設計に向けて』東信堂、pp. 217–230.
市野澤潤平・木村周平・清水展 2011「資料と通信——東日本大震災によせて」『文化人類学』、第76巻第1号、pp. 89–93.
岩崎信彦・田中泰雄・村井雅清・林勲男編 2008『災害と共に生きる文化と教育——〈大震災〉からの伝言』昭和堂。
上野稔弘・西芳実・山本博之編著 2012『「情報災害」からの復興——地域の専門家は震災にどう対応するか』（JCAS Collaboration Series 4）、地域研究コンソーシアム。
植村泰夫 1997『世界恐慌とジャワ農村社会』勁草書房。
臼杵陽・家田修・国末憲人・旭英昭 2012「座談会　中東から変わる世界」『地域研究』、第12巻第1号、地域研究コンソーシアム、pp. 14–38.
内海成治・中村安秀・勝間靖編 2008『国際緊急人道支援』ナカニシヤ出版。
宇野常寛・濱野智史 2012『希望論——二〇一〇年代の文化と社会』（NHKブックス1171）、NHK出版。
浦野正樹・大矢根淳・吉川忠寛編 2007『復興コミュニティ論入門』（シリーズ災害と社会 第2巻）、弘文堂。
大矢根淳・浦野正樹・田中淳・吉井博明編 2007『災害社会学入門』（シリーズ災害と社会 第1巻）、弘文堂。
小河久志 2010「分断するコミュニティ——タイ南部津波被災地の復興プロセス」林勲男編著『自然災害と復興支援』明石書店、

pp. 181–202.
河西英通 2001『東北――つくられた異境』(中公新書)、中央公論新社。
柏村彰夫 2011「ただ悲嘆だけでなく――インドネシア短編小説に描かれた被災者イメージの諸相」『早稲田文学』、4号、pp. 197–202.
加藤剛 1996『時間の旅、空間の旅――インドネシア未完成紀行』めこん。
加納啓良 1988『インドネシア農村経済論』勁草書房。
―― 1994a『中部ジャワ農村の経済変容――チョマル郡の85年』東京大学東洋文化研究所。
―― 1994b『現代インドネシア経済史論――輸出経済と農業問題』東京大学出版会。
川島秀一 2012『津波のまちに生きて』冨山房インターナショナル。
木股文昭・田中重好・木村玲欧編著 2006『超巨大地震がやってきた――スマトラ沖地震津波に学べ』時事通信社。
木村周平 2005「災害の人類学的研究に向けて」『文化人類学』、第70巻第3号、pp. 399–409.
木村朗子 2013『震災後文学論――あたらしい日本文学のために』青土社。
倉沢愛子 1992『日本占領下のジャワ農村の変容』草思社。
黒瀬陽平 2013『情報社会の情念――クリエイティブの条件を問う』(NHKブックス1211)、NHK出版。
小林真生 2012「外国人による被災地支援活動」駒井洋監修・鈴木江理子編著『東日本大震災と外国人移住者たち』明石書店、pp. 88–98.
小林英之 2006「二〇〇四年一二月二六日スマトラ沖地震津波災害におけるバンダアチェの住宅被害と再建」『地域安全学会梗概集』、No. 18, pp. 13–16.
近藤誠司 2012「復興支援とマスメディア報道」藤森立男・矢守克也編著『復興と支援の災害心理学――大震災から「なに」を学ぶか』福村出版、pp. 219–237.
佐伯奈津子 2005『アチェの声――戦争・日常・津波』コモンズ。
―― 2008「グローバル援助の問題と課題――スマトラ沖地震・津波復興援助の現場から」幡谷則子・下川雅嗣編『貧困・開発・紛争――グローバル/ローカルの相互作用』上智大学出版、pp. 149–180.
坂井修一 2012『ITが守る、ITを守る――天災・人災と情報技術』(NHKブックス1187)、NHK出版。
阪本真由美・河田惠昭・奥村与志弘・矢守克也 2008「開発途上国の災害復興に対する国際支援事例研究(1)――インドネシア

の地震・津波災害復興に関する考察」『地域安全学会論文集』、No. 10, pp. 243–251.

阪本真由美・木村周平・松多信尚・松岡格・矢守克也 2009「地震の記憶とその語り継ぎに関する国際比較研究――トルコ・台湾・インドネシアの地域間比較から」『京都大学防災研究所年報』、B、第52号、pp. 181–194.

阪本真由美・矢守克也 2010「災害ミュージアムを通した記憶の継承に関する一考察――地震災害のミュージアムを中心に」『自然災害科学』、第29巻第2号、pp. 179–188.

佐々木敦 2013『シチュエーションズ――「以後」をめぐって』文藝春秋。

佐藤仁 2007「財は人を選ぶか――タイ津波被災地にみる稀少財の配分と分配」『国際開発研究』、第16巻第1号、pp. 83–96.

――編 2008『資源を見る眼――現場からの分配論』東信堂。

塩崎賢明 2009『住宅復興とコミュニティ』日本経済評論社。

重川希志依 2005「災害エスノグラフィーによる知恵の共有化の試み」『民博通信』、No. 110, pp. 8–11.

清水展 2003『噴火のこだま――ピナトゥボ・アエタの被災と新生をめぐる文化・開発・NGO』九州大学出版会。

鈴木江理子編著 2012『東日本大震災と外国人移住者たち』明石書店。

鈴木謙介 2013『ウェブ社会のゆくえ――〈多孔化〉した現実のなかで』(NHKブックス1207)、NHK出版。

関谷直也 2012「分断と格差の心理学」藤森立男・矢守克也編著『復興と支援の災害心理学――大震災から「なに」を学ぶか』福村出版、pp. 196–217.

ソルニット、レベッカ(高月園子訳)2010『災害ユートピア――なぜそのとき特別な共同体が立ち上がるのか』亜紀書房。

ソローキン、P. A.(大矢根淳訳)1998『災害における人と社会』(社会学調査研究全書11)、文化書房博文社。

大黒岳彦 2010『「情報社会」とは何か?――〈メディア〉論への前哨』NTT出版。

「大災害と国際協力」研究会(明石康・大島賢三監修、柳沢香枝編)2013『大災害に立ち向かう世界と日本――災害と国際協力』佐伯印刷。

田中重好 2010「スマトラ島沖地震の緊急対応、復興過程とコミュニティの役割」林勲男編著『自然災害と復興支援』明石書店、pp. 279–305.

デュピュイ、ジャン=ピエール(嶋崎正樹訳)2011『ツナミの小形而上学』岩波書店。

寺田匡宏 2008「ミュージアム展示における自然災害の表現について――関東大震災「震災復興記念館」の事例」岩崎信彦・田中泰雄・村井雅清・林勲男編『災害と共に生きる文化と教育――〈大震災〉からの伝言』昭和堂、pp.176–189.

土井佳彦 2012「多言語支援センターによる災害時外国人支援」駒井洋監修・鈴木江理子編著『東日本大震災と外国人移住者たち』明石書店、pp. 159–173.

長坂俊成 2012『記憶と記録――311まるごとアーカイブス』（叢書　震災と社会）、岩波書店。

中村安秀・山本博之編 2009『開かれた社会への支援を求めて――アチェ地震津波支援学際調査』大阪大学大学院人間科学研究科「共生人道支援研究班」。

ナンシー、ジャン＝リュック（西谷修・安原伸一朗訳）2001『無為の共同体――哲学を問い直す分有の思考』以文社。

西芳実 2006「大規模自然災害における地域研究者の役割を考える」『アジア地域文化研究』（東京大学大学院総合文化研究科アジア地域文化研究会）、No. 2, pp. 49–52.

―――2007a「津波後一年のアチェから考える復興の現場を見る見方」林勲男編『二〇〇四年インド洋地震津波災害被災地の現状と復興への課題』（国立民族学博物館調査報告73号）、国立民族学博物館、pp. 83–93.

―――2007b「アチェ紛争の起源と展開――被災を契機とした紛争の非軍事化」『ODYSSEUS』（東京大学大学院総合文化研究科地域文化研究専攻紀要）、No. 11, pp. 51–63.

―――2008a「インド洋津波はアチェに何をもたらすのか――「囲い込み」を解くためのさまざまな繋がり方」『インド洋海域世界――人とモノの移動』（『自然と文化そしてことば』No. 4）、言叢社、pp. 22–32.

―――2008b「「犠牲者の物語」を乗り越えて――「スルタンの杖」を知るために」『すばる』二〇〇八年五月号、集英社、pp. 129–136.

―――2009「スマトラ沖地震・津波／インドネシア（二〇〇四年）――変革の契機としての自然災害」『アジ研ワールド・トレンド』、No. 165, pp. 19–22.

―――2010a「裏切られる津波被災者像――災害は私たちに何を乗り越えさせるのか」林勲男編著『自然災害と復興支援』明石書店、pp. 383–402.

―――2010b「現代インドネシアの公正／正義――リスク社会における災害対応の観点から」西尾寛治・山本博之編著『マレー世界における公正／正義概念の展開』（CIAS Discussion Paper No.10）、京都大学地域研究統合情報センター、pp. 48–56.

―――2011a「災害がひらく社会――スマトラの経験を世界に」『地域研究』、第11巻第2号、pp. 40–48.

―――2011b「災害からの復興と紛争からの復興――二〇〇四年スマトラ沖地震津波の経験から」『地域研究』、第11巻第2号、pp. 92–105.

——2011c「記憶や歴史を結び直す——二〇〇四年スマトラ沖地震津波被災地におけるコミュニティ再生の試み」『季刊民族学』、第138号、pp. 83–88.

西芳実・山本博之 2009「災害対応を通じたコミュニティ再編の可能性——二〇〇六年ジャワ島中部地震におけるコミュニティ・ペーパー発行の事例から」『日本災害復興学会 2009 長岡大会講演論文集』、pp. 67–79.

——・—— 2010「流動性の高い社会における復興——二〇〇九年西スマトラ地震における日本の人道支援の事例から考える」『日本災害復興学会 2010 神戸大会論文集』、pp. 93–96.

——・——編 2010『学術研究と人道支援——二〇〇九年西スマトラ地震で壊れたもの・つくられるもの』京都大学地域研究統合情報センター。

——・——編著 2012『スマトラにおける災害遺産と創造的復興——地域情報学の知見を活用して』京都大学地域研究統合情報センター。

西谷修 2011「解説「大洪水」の翌日を生きる——デュピュイ『ツナミの小形而上学』によせて」ジャン＝ピエール・デュピュイ『ツナミの小形而上学』岩波書店、pp.127–150.

服部美奈 2001『インドネシアの近代女子教育——イスラーム改革運動のなかの女性』勁草書房。

浜元聡子 2010「震災からの社会的復興支援活動の現場——生態環境の復元とともに」『シーダー』、No.3, pp. 17–23.

林勲男 2010「総論：開発途上国における自然災害と復興支援——二〇〇四年インド洋津波被災地から」林勲男編著『自然災害と復興支援』明石書店、pp. 13–32.

——編著 2010『自然災害と復興支援』（みんぱく実践人類学シリーズ9）、明石書店。

—— 2011「災害のフィールドワーク」鏡味治也・関根康正・橋本和也・森山工編『フィールドワーカーズ・ハンドブック』世界思想社、pp. 244–262.

林勲男・池田恵子・寺田匡宏 2005「リーディング・ガイド」『民博通信』、No. 110, pp. 16–17.

林勲男・山影進・伊東利勝ほか 2011「座談会　災害研究の新しい視座をめざして——国際社会・国家・コミュニティ」『地域研究』、第11巻第2号、pp. 14–37.

林春男 2003『いのちを守る地震防災学』岩波書店。

林春男・田中聡・重川希志依・ＮＨＫ「阪神淡路大震災秘められた決断」制作班 2009『防災の決め手「災害エスノグラフィー」——阪神・淡路大震災秘められた証言』日本放送出版協会。

東島誠 2014「「伊達直人」が社会をつなぐ」『朝日新聞』(二〇一四年一月九日、一三面)。
広瀬公巳 2007『海神襲来――インド洋大津波・生存者たちの証言』草思社。
ブーケ、J．H．(奥田彧ほか共訳) 1943『ジャワ村落論』中央公論社。
福島真人 2002『ジャワの宗教と社会――スハルト体制下インドネシアの民族誌的メモワール』ひつじ書房。
藤森立男・矢守克也編著 2012『復興と支援の災害心理学――大震災から「なに」を学ぶか』福村出版。
ブランショ、モーリス(西谷修訳) 1997『明かしえぬ共同体』(ちくま学芸文庫)、筑摩書房。
ホフマン、スザンナ・M．& アンソニー・オリヴァー＝スミス編著(若林佳史訳) 2006『災害の人類学――カタストロフィと文化』明石書店。
前田俊子 2006『母系社会のジェンダー――インドネシア ロハナ・クドゥスとその時代』ドメス出版。
牧紀男 2011a「社会の流動性と防災――日本の経験と技術を世界に伝えるために」『地域研究』、第11巻第2号、pp. 77–91.
――― 2011b『災害の住宅誌――人々の移動とすまい』鹿島出版会。
牧紀男・山本直彦 2010「バンダアチェの住宅再建――現地再建と再定住地」林勲男編著『自然災害と復興支援』明石書店、pp. 331–360.
水野廣祐 1999『インドネシアの地場産業――アジア経済再生の道とは何か?』京都大学学術出版会。
宮瀧交二 2010「環境史・災害史研究と考古学」水島司編『環境と歴史学――歴史研究の新地平』(アジア遊学136)、勉誠出版、pp. 46–54.
宮本匠 2012「復興を可視化する――見えない復興を見えるように」藤森立男・矢守克也編著『復興と支援の災害心理学――大震災から「なに」を学ぶか』福村出版、pp. 114–132.
宮本匠・渥美公秀 2009「災害復興における物語と外部支援者の役割について――新潟県中越地震の事例から」『実験社会心理学研究』、第49巻第1号、pp. 17–31.
ミル、ジョン・スチュアート(水田洋訳) 1997『代議制統治論』(岩波文庫)、岩波書店。
ミルズ(鈴木広訳) 1995『社会学的想像力』(新装版)、紀伊國屋書店。
ムハマッド・ラジャブ(加藤剛訳) 1983『スマトラの村の思い出』めこん。
八ッ塚一郎・永田素彦 2012「変革と発見としてのコミュニティ復興」藤森立男・矢守克也編著『復興と支援の災害心理学――大震災から「なに」を学ぶか』福村出版、pp. 155–169.

山口弥一郎（石井正己・川島秀一編）2011『津浪と村』三弥井書店。
山本博之 2007a「津波後のアチェに見る外部社会と被災社会の交わりの形」林勲男編『二〇〇四年インド洋地震津波災害――被災地の現状と復興への課題』（国立民族学博物館調査報告73号）国立民族学博物館、pp. 71–82.
――― 2007b「人道支援事業のニーズ調査と「評価」――地域研究の立場から」『世界を対象としたニーズ対応型地域研究推進事業「人道支援に対する地域研究からの国際協力と評価」ワークショップ報告書』、pp. 15–21.
――― 2008a「ポスト・インド洋津波の時代の災害地域情報――災害地域情報プラットフォームの構築に向けて」『アジア遊学』、第113号、pp. 103–109.
――― 2008b「アジアにおける自然災害と政治経済変動」『アジア政経学会ニューズレター』No. 31, pp. 11–12.
――― 2008c「災害発生時の人道支援と地域研究の合同調査――二〇〇七年スマトラ島南西部沖地震の事例」『地域研究コンソーシアム・ニューズレター』、No. 6, p. 10.
――― 2010a「人道支援活動とコミュニティの形成」林勲男編著『自然災害と復興支援』明石書店、pp. 361–382.
――― 2010b「転用・改築に強い耐震技術を――インドネシアが日本の防災に期待するもの」『建築雑誌』、第125巻第1604号、pp. 38–39.
――― 2010c「災害対応と情報――二〇〇四年スマトラ沖地震・津波の報道記事をもとに」『シーダー』、No. 3, pp. 24–31.
――― 編 2010『支援の現場と研究をつなぐ――二〇〇九年西スマトラ地震におけるジェンダー、コミュニティ、情報』（東南アジア学会緊急研究集会報告書）、大阪大学大学院人間科学研究科「共生人道支援研究班」。
――― 2011a「災害と地域研究――流動化する世界における新たなつながりを求めて」『地域研究』、第11巻第2号、pp. 6–13.
――― 2011b「災害対応の地域研究――被災地調査から防災スマトラ・モデルへ」『地域研究』、第11巻第2号、pp. 49–61.
――― 2012「移動する人々と地域の再生――インドネシア・アチェ州」『建築雑誌』、第127巻第1629号、pp. 36–37.
山本博之・西芳実編 2013『洪水が映すタイ社会――災害対応から考える社会のかたち』（CIAS Discussion Paper No. 31）、京都大学地域研究統合情報センター。
山本理夏 2011「スマトラでの学びをハイチへ――緊急人道支援の現場から」『地域研究』、第11巻第2号、pp. 62–76.
矢守克也 2009『防災人間科学』東京大学出版会。
矢守克也・渥美公秀編著、近藤誠司・宮本匠著 2011『防災・減災の人間科学――いのちを支える、現場に寄り添う』新曜社。
ラファエル、B.（石丸正訳）1989『災害の襲うとき――カタストロフィの精神医学』みすず書房。

渡邉英徳 2013『データを紡いで社会につなぐ――デジタルアーカイブのつくり方』(講談社現代新書2234)、講談社。

あとがき

もともとマレーシアの独立期の民族意識の形成について研究してきた筆者がインドネシアの災害対応に関する本書を書いたことは、奇妙な巡りあわせとしか言いようがない。

大学院を出てから常勤の職に就くまで、一、二年の有期雇用の職場を転々とする時期が続いた。その職場の一つが、インドネシアの北スマトラ州メダンにある日本の総領事館だった。当時紛争中だったアチェで、二〇〇二年一二月に停戦合意が成立した。和平プロセスを確かなものにするために国際社会が「平和の配当」として開発援助を投入することになり、その案件発掘が主な仕事だった。紛争とはほぼ無縁であるマレーシアのサバ州を研究してきた自分が、現地の言葉はわかるけれど土地勘がほとんどない紛争地のアチェで何ができるだろうかと自分に問いながら着任した。ところが、着任の翌月に束の間の停戦合意が破棄されてアチェに戒厳令が敷かれ、政府軍による独立派勢力の掃討作戦が展開された。外国人のアチェ入域は禁じられ、筆者の担当は北スマトラ州へのアチェ避難民支援の案件発掘になった。それでもアチェの人たちは、紛争下で住民組織を強めるさまざまなアイデアを持って総領事館を訪ねてくれた。しかし、狭い範囲の人々にのみ裨益するように見えてはいけないなどの縛りがあり、そしてなによりも紛争が再開したアチェへの開発援助が事実上凍結されたため、アチェ支援の枠組みで実施できた案件がないまま、一年間の任期を終えて二〇〇四年三月に帰国した。

紛争という特殊事情があったとはいえ、特殊事情のある現場では現地事情の理解は現場での実務にほとんど役に立たなかったという思いが残った。自分が研究しているのは何のためなのか、そして、自分が専門とする地域研究とはどのような学問分野なのかを考えるようになった。そのころ、二〇〇四年一二月二六日にスマトラ島沖で巨大地震と大津波が発生し、アチェを中心に甚大な被害が出た。その報に接すると、当時の勤務先で同僚だった石井正子さん（現大阪大学准教授）は、直ちに休職してNGOとともにインドネシアに飛び、津波発生の五日後には被災地入りして支援活動を行っていた。その行動力に圧倒されるとともに、その地域の専門家を任じる地域研究者は、現地事情をほとんど知らずに現地入りする支援者に対して支援活動に意味のある現地情報をどのように伝えることができるのかという課題を与えられた思いがした。

災害対応の現場で役に立つ現地情報とはどのようなもので、それをどう伝えればよいのかを考えるには、災害対応の専門家が現場で何を見てどのように考え、どのような活動をしているかを知る必要がある。そのため、緊急人道支援の実務者との共同研究や理学・防災研究者の共同研究のプロジェクトに加えていただいた。はじめて接するものごとが多く、カルチャーショックの連続で、まるで共同研究がフィールド調査のようだった。

地域研究者は「暗黙知」などと呼ばれる土地勘を持っており、それが地域研究者の強みでもあるが、そのような土地勘はどのようにして養うことができるのか。そして、土地勘がある人は、現場で何をどのように見て、どのように考えているのか。さらに、災害対応という関心を共有するが互いに専門性が異なる人たちに対してそれをどう説明するのか。筆者の現在の勤務先は地域研究と情報学の統合に取り組んでおり、情報学の専門家との共同研究を通じて情報の整理や伝達のさまざまな考え方や工夫を知ったことは、このような問いへのアプローチの幅を広げてくれた。本書は、このように異分野・異業種の方々との共同研究の経験を踏まえて、筆者がインドネシアの災害対応の現場で見聞きしたり考えたりしたことを、なるべくその過程を見せながら示そうと試みたものである。

本書は、以下の各研究プロジェクトにおける研究がもとになっている。

トヨタ財団研究助成「インドネシア・アチェ州の災害対応過程における情報の整理と発信に関する調査研究」（研究代表者：国立民族学博物館・山本博之、2005–2007）。

文部科学省「世界を対象としたニーズ対応型地域研究推進事業」「人道支援に対する地域研究からの国際協力と評価：被災社会との共生を実現する復興・開発をめざして」（研究代表者：大阪大学・中村安秀、2006–2010）。

JST－JICA地球規模課題対応国際科学技術協力事業「インドネシアにおける地震火山の総合防災策」（研究代表者：東京大学・佐竹健治、2009–2011）。

科学研究費補助金（基盤A）「災害対応の地域研究の創出——「防災スマトラ・モデル」の構築とその実践的活用」（研究代表者：京都大学・山本博之、2011–2014（予定））。

科学研究費補助金（基盤B）「自然災害からの創造的な復興の支援を目指す統合的な民族誌的研究」（研究代表者：京都大学・清水展、2011–2014（予定））。

京都大学地域研究統合情報センター地域情報学プロジェクト（研究代表者：柳澤雅之、2010–）。

京都大学地域研究統合情報センター「災害対応の地域研究」プロジェクト（研究代表者：山本博之、2011–）。

二〇〇四年一二月に地震・津波の報に接してスマトラHPにより情報発信を行ったことは本文で書いた通りである。それまで災害と無縁の研究をしていた筆者は、当初は一時的に情報提供を行うだけのつもりだったが、結果としてその活動を二年間続け、さらにその後も災害対応研究を続けることになった。その後押しとなったのは、最初にトヨタ財団からいただいた研究助成だった。東日本大震災後の今日では想像しにくいかもしれないが、当時は外国の災害対応研究の意味は十分に認知されておらず、どの方向に研究が進み、どのような成果が出るかが見えない状況で助成していただいたことは、研究費の面で支えとなっただけでなく、研究活動の意義（の潜在性）が認められたという点でとても心強い思いがした。

本書は、筆者がこれまでに発表した次の文章を再構成し、書き下ろしの文章を加えたものである。

「災害対応の地域研究 ―― 被災地調査から防災スマトラ・モデルへ」『地域研究』第11巻第2号、2011, pp. 49–61.（はじめに）

「災害対応と情報 ―― 二〇〇四年スマトラ沖地震・津波の報道記事をもとに」『シーダー』第3号、2010, pp. 24–31.（第1章）

「ポスト・インド洋津波の時代の災害地域情報 ―― 災害地域情報プラットフォームの構築に向けて」『アジア遊学』第113号、2008, pp. 103–109.（第2章）

「災害対応を通じたコミュニティ再編の可能性 ―― 二〇〇六年ジャワ島中部地震におけるコミュニティ・ペーパー発行の事例から」『日本災害復興学会二〇〇九長岡大会論文集』、2009, pp. 67–70（西芳実との共著）。（第3章）

「災害の複合性を念頭においた災害対応 ―― 二〇〇九年西ジャワ地震に見られる避難と議論の混乱の事例から」『日本災害復興学会二〇一一東京大会講演論文集』、2010, pp. 44–47（西芳実との共著）。（第4章）

「「数える」から「ともに語る」へ ―― 地域研究による人道支援の創造的評価に向けて」『人道支援に対する地域研究からの国際協力と評価』大阪大学大学院人間科学研究科、2011, pp. 38–48.（第5章、第7章）

「流動性の高い社会における復興 ―― 二〇〇九年西スマトラ地震における日本の人道支援の事例から考える」『日本災害復興学会二〇一〇神戸大会論文集』、2010, pp. 93–96（西芳実との共著）。（第6章）

「社会を修復する地域研究 ―― 物語・意味を再生する「地域の知」」上野稔弘・西芳実・山本博之編『「情報災害」からの復興 ―― 地域の専門家は震災にどう対応するか』地域研究コンソーシアム、2011, pp. 28–32.（第9章）

「震災はいかにして国民的災害になったか」山本博之監修『雑誌に見る東日本大震災』京都大学地域研究統合情報センター、2012, pp. 3–5.（第9章）

「災害対応の地域研究――ポスト・インド洋津波の時代の東南アジア研究の可能性」『東南アジア　歴史と文化』第41号、2012, pp. 105–124.（補論）

ただし、本書をまとめるにあたって、オリジナルのデータを追加したほか、一般の読者に読みやすくすることを念頭に置いて内容を大幅に書き直したものもある。また、本書には、共同調査の結果として発表した共著論文を再構成したものも含まれている。現地調査やその内容の考察においては、共著論文の共著者を含む多くの方々の考えを参考にさせていただいたが、本書の内容は全て筆者個人の責任において執筆したものである。

本書が成るにあたっては数多くの出会いと導きがあった。その一部をごく簡単に紹介することでお礼に代えさせていただきたい。スマトラＨＰでの情報発信を二年間にわたって一緒に行ってくれたアチェ研究の西芳実さんとマレーシア研究の篠崎香織さん。当時の勤務先である国立民族学博物館で災害対応の共同研究に導いてくださった林勲男先生。災害対応の地域研究の大先輩で、常に研究上の的確な助言を与えてくださった清水展先生。人道支援と地域研究の連携に関する研究プロジェクトを通じて、支援の現場に立って考えることの大切さを教えてくださった中村安秀先生。インドネシアの地震・火山に関する理学・防災研究の研究プロジェクトに門外漢である筆者らを加え、思うように研究させてくださった佐竹健治先生と加藤照之先生。現在の勤務先で災害対応の地域研究を積極的に進めてくださっている林行夫先生をはじめとする同僚や共同研究者や事務スタッフのみなさん。いつも大胆な発想で共同研究を大きく展開してくれるシアクアラ大学のムハンマド・ディルハムシャーさん。アチェ津波アーカイブの共同開発で豊富なアイデアを次々と実現してくださった渡邉英徳さん。現地調査でいつもお世話になっているアチェや北スマトラの方々。そして、本書が「災害対応の地域研究」シリーズの一冊として刊行されるにあたっては、企画から編集の段階まで京都大学学術出版会の鈴木哲也さんと福島祐子さんにたいへんお世話になった。

最後になるが、筆者が馴染みと愛着のあるマレーシアを離れてインドネシアに長期滞在してアチェ避難民支援の調査に取り組むきっかけを与え、二〇〇四年の津波後には日々の情報整理に追われて数か月にわたって避難所のような生活になった我が家を支えてくれ、その後もインドネシアの友人・知人のネットワークによって調査を支えてくれ、筆者の考察に対してマレーシアとインドネシアでの勤務経験をもとにいつも鋭い指摘をしてくれる妻の多恵に深く感謝したい。

二〇一四年二月

山本博之

［ま行］

［や行］

［ら行］

［わ行］

[な行]

[は行]

[た行]

索　引

著者略歴

山本 博之（やまもと ひろゆき）

1966年千葉県生まれ。2001年、東京大学大学院総合文化研究科博士課程・地域文化研究専攻単位取得退学。マレーシア・サバ大学専任講師、東京大学大学院総合文化研究科助手、在インドネシア・メダン日本国総領事館委嘱調査員、国立民族学博物館地域研究企画交流センター助教授などを経て、2006年より京都大学地域研究統合情報センター助教授（2008年より准教授）。博士（学術）。専門は東南アジア地域研究。主な研究テーマは、マレーシアの民族性と混血性、災害対応と情報、地域研究方法論、混成アジア映画。

主な著作に、『脱植民地化とナショナリズム ── 英領北ボルネオにおける民族形成』（東京大学出版会、2006）、*Bangsa and Umma: Development of People-Grouping Concepts in Islamized Southeast Asia*（Kyoto University Press, 2011, Anthony Milnerらとの共編著）、*Film in Contemporary Southeast Asia: Cultural Interpretation and Social Intervention*（Routledge, 2011, David Limとの共編著）など。

復興の文化空間学
──ビッグデータと人道支援の時代
（災害対応の地域研究 1）

2014年3月31日　初版第一刷発行

著　者　山本博之
発行人　檜山爲次郎
発行所　京都大学学術出版会
京都市左京区吉田近衛町69番地
京都大学吉田南構内（〒606-8315）
電　話（075）761-6182
FAX（075）761-6190
URL http://www.kyoto-up.or.jp
振　替 01000-8-64677

ISBN978-4-87698-491-6
Printed in Japan

印刷・製本　亜細亜印刷株式会社
装　幀　鷺草デザイン事務所
定価はカバーに表示してあります